쏘나쌤의
소방관계법규
소방합격노트

목차

합격 POINT 정리

POINT 1   목적
POINT 2   위원회/조사단
POINT 3   계획 시리즈
POINT 4   결격사유
POINT 5   청문
POINT 6   자격취소, 등록취소(1차)
POINT 7   권한의 위임, 업무의 위탁
POINT 8   벌칙
POINT 9   N차 과태료
POINT 10   N차 행정처분
POINT 11   연기/면제신청
POINT 12   서류의 보관기간, 보완기한/교육의 시간, 주기
POINT 13   시스템, 정보망
POINT 14   소방공무원 경력/직책
POINT 15   소방시설업 vs. 소방시설관리업의 등록절차

PART 1 소방기본법

제1장 | 총칙

1 목적

| 화재의 예방 · 경계 · 진압 | → | 국민의 생명 · 신체 · 재산보호 |

+

| 구조 · 구급 | → | |

↓

① 공공의 안녕 ② 질서 유지 ③ 복리증진

이 법은 화재를 **예방 · 경계**하거나 **진압**하고 화재, 재난 · 재해, 그 밖의 위급한 상황에서의 **구조 · 구급** 활동 등을 통하여 국민의 생명 · 신체 및 재산을 보호함으로써 ㉠ **공공의 안녕** 및 ㉡ **질서 유지**와 ㉢ **복리증진**에 이바지함을 목적으로 한다.

궁극의 목적
1. 공공의 안녕
2. 질서유지
3. 복리증진

2 정의

용어	정의
소방대상물	건축물, 차량, 선박(항구에 매어둔 선박만!), 선박 건조 구조물, 산림, 인공 구조물, 물건 💣항해 중인 선박 💡 건축물 차량 산 인물 선박 건조
관계지역	소방대상물이 있는 장소, 그 이웃 지역으로서 화재의 예방 · 경계 · 진압, 구조 · 구급 등의 활동에 필요한 지역
관계인	소방대상물의 ㉠ 소유자 · ㉡ 관리자 또는 ㉢ 점유자 💡소관점
소방본부장	시 · 도에서 화재의 예방 · 경계 · 진압 · 조사 및 구조 · 구급 등의 업무를 담당하는 부서의 장 💣기관의 장
소방대	화재를 진압하고 화재, 재난 · 재해, 그 밖의 위급한 상황에서 구조 · 구급 활동 등을 하기 위하여 다음의 사람으로 구성된 조직체 ㉠ 소방공무원, ㉡ 의무소방원, ㉢ 의용소방대원 💣자위소방대원, 자체소방대원, 사회복무요원
소방대장	소방본부장 또는 소방서장 등 화재, 재난 · 재해, 그 밖의 위급한 상황이 발생한 현장에서 소방대를 지휘하는 사람

관계인등(화재조사법)
1. 소유자, 관리자, 점유자
2. 화재현장을 발견하고 신고한 사람
3. 화재현장을 목격한 사람
4. 소화활동을 행하거나 인명구조활동 (유도대피 포함)에 관계된 사람
5. 화재를 발생시키거나 화재발생과 관계된 사람

3 **소방기관의 설치**

① 소방업무

　㉠ 시·도의 화재 예방·경계·진압 및 조사

　㉡ 소방안전교육·홍보

　㉢ 화재, 재난·재해, 그 밖의 위급한 상황에서의 구조·구급 등의 업무

② 소방본부장 또는 소방서장은 그 소재지를 관할하는 **시·도지사**의 지휘와 감독을 받는다.

③ **소방청장**은 화재 예방 및 대형 재난 등 필요한 경우 시·도 소방본부장 및 소방서장을 지휘·감독할 수 있다.

④ **소방본부의 위치**: 시·도지사 직속

⑤ **소방기관의 설치에 필요한 사항**: 대통령령

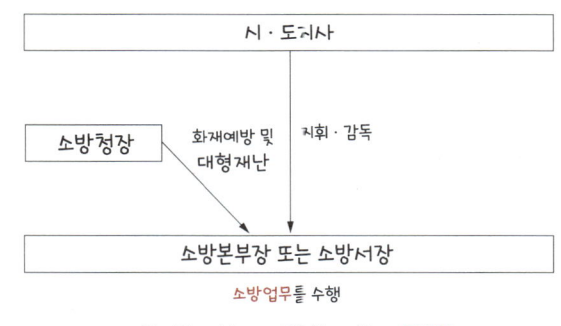

[소방기관의 설치에 필요한 사항: 대통령령]

4 **119종합상황실: ~설치·운영하여야 한다.**

① 수행업무: ㉠ 정보의 **수집·분석**과 판단·**전파**

　　　　　㉡ **상황관리**

　　　　　㉢ **현장 지휘 및 조정·통제** 💡 정보 수분단전 현상 조통

② **설치·운영권자**: 소방청장, 소방본부장, 소방서장

③ **소방본부에 설치하는 119종합상황실**: 경찰공무원을 둘 수 있다.

④ **설치·운영에 필요한 사항**: 행정안전부령

　㉠ 설치위치: 소방청, 소방본부, 소방서 각각! 설치·운영

　㉡ 전산·통신요원(「소방력 기준에 관한 규칙」)

　㉢ 유·무선 통신시설(소방청장)

　㉣ 24시간 운영체제

⑤ **실장의 보고화재**

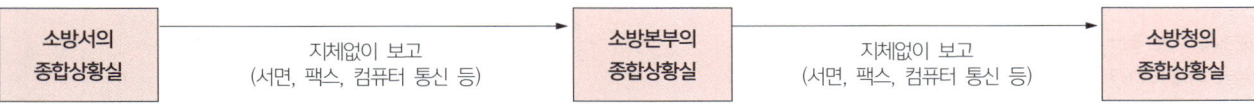

　㉠ 사망 5인 ↑, 사상 10인 ↑, 이재민 100인 ↑, 재산피해액 50억원 ↑ 화재

　㉡ 관공서, 학교, 정부미도정공장, 문화재, 지하철, 지하구 화재

　㉢ 관광호텔, 층수 11층 ↑, 지하상가, 시장, 백화점의 화재

　㉣ 지정수량 3천배 ↑ 위험물 제조소·저장소·취급소의 화재

　㉤ 5층 ↑ 또는 30실 ↑ 숙박시설, 5층 ↑ 또는 병상 30개 ↑ 병원(종합, 정신, 한방), 요양소 등 화재 💣🔨치과병원

　㉥ 연 1만5천m² ↑ 공장 화재, 화재예방강화지구 화재

　㉦ 철도차량, 항구에 매어둔 총 톤수 1천톤 ↑ 선박, 항공기, 발전소, 변전소 화재

　㉧ 가스 및 화약류 폭발 화재, 다중이용업소 화재

　㉨ 재난상황: 긴급구조통제단장의 현장지휘 / 언론보도 / 소방청장

⑥ **실장의 업무** 🧨 피해조사, 상급 소방기관 + 출동지령

 ㉠ 신고접수   ㉡ 사고수습   ㉢ 출동지령(하급 소방기관) 또는 지원요청(동급 이상 소방기관)

 ㉣ 재난상황의 전파 및 보고   ㉤ 현장에 대한 지휘 및 피해현황의 파악   ㉥ 수습에 필요한 정보수집 및 제공

⑦ **소방정보통신망 구축 · 운영**

 ㉠ 목적: 119종합상황실 등의 효율적 운영을 위함

 ㉡ 구축 · 운영권자: 소방청장 및 시 · 도지사(~할 수 있다)

 ㉢ 통신망의 회선: 이중화(서로 다른 사업자로부터 제공)

 ㉣ 소방정보통신망의 구축 · 운영에 필요한 사항: 행정안전부령

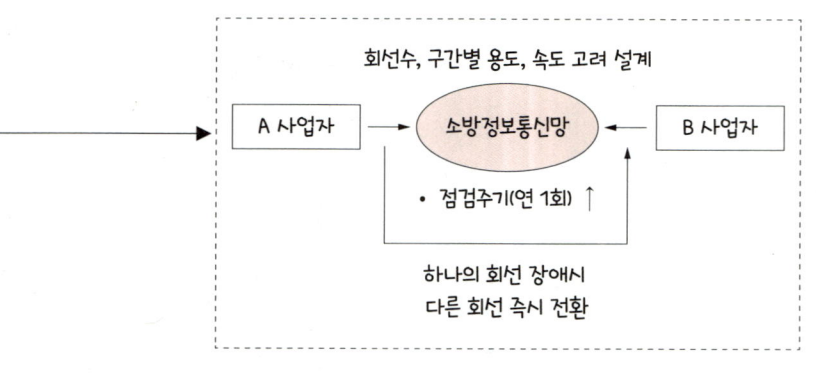

5 **소방기술민원센터: ~설치 · 운영할 수 있다.**

① **수행업무:** ㉠ 소방시설, 소방공사와 위험물 안전관리 등과 관련된 **법령해석** 등의 민원의 처리

     ㉡ **질의회신집** 및 해설서 발간

     ㉢ **정보시스템**의 운영 · 관리

     ㉣ **현장** 확인 및 처리

     ㉤ 소방청장 또는 본부장 필요 인정 업무

     💡 법질 현장 정보

② **설치 · 운영권자:** 소방청장, 소방본부장

③ **설치위치:** 소방청, 소방본부 각각! 설치 · 운영

④ **설치 · 운영에 필요한 사항:** 대통령령

⑤ **구성:** 18명 이내(센터장 포함) 🧨 센터장 ≠ 소방청장, 소방본부장

⑥ **소속 공무원 또는 직원의 파견요청:** 소방청장, 소방본부장 필요 인정 → 소속 공무원 또는 직원의 파견 요청가능

⑦ **규정한 사항 외 필요한 사항**

 ㉠ 소방청 → 소방청장

 ㉡ 소방본부 → 시 · 도의 규칙

6 소방박물관 및 소방체험관: ~설립하여 운영할 수 있다.

① 소방박물관 vs. 소방체험관 💡청물시체

구분	설립·운영권자	규정
소방박물관	소방청장	행정안전부령
소방체험관	시·도지사	행정안전부령으로 정하는 기준에 따라 시·도의 조례

② 소방박물관: 소방박물관장 1인(소방공무원 中 소방청장이 임명), 부관장 1인, 운영위원회(7인 이내의 위원)

③ 소방체험관: 체험실 바닥 합계 900m² 이상 → 각 체험실 바닥 100m² 이상

💡교생보자 화써! 보재! 기자~ 응! (＊선택체험실: 사회기반안전, 범죄안전)

분야	필수체험실
생활안전	화재안전 체험실
	시설안전 체험실
교통안전	보행안전 체험실
	자동차안전 체험실
자연재난안전	기후성 재난 체험실
	지질성 재난 체험실
보건안전	응급처치 체험실

㉠ 교수(소방공무원 中): 소방학과 석사학위, 자격(소방기술사, 시설관리사, 기사, 교육사 / 간호사, 응급구조사), 청장 실시 시험합격(인명구조사, 화재대응능력),
　　소방활동이나 생활안전활동 3년 ↑, 5년 ↑ 소공 + 시·도지사 적합 인정 등 💣소방설비산업기사

㉡ 조교: 소방활동이나 생활안전활동 1년 ↑, 중앙 또는 지방소방학교 2주 ↑ 교육사 교육이수, 소방체험관 2주 ↑ 의무소방원 등

㉢ 체험교육 운영 기준: 1명 ↑ 교수요원, 조교(교육대상자 30명당 1명 ↑ 배치)

㉣ 보험 또는 공제 가입(필수): 시·도지사

㉤ 결과기록보관: 3년(소방체험관의 장)

7 소방업무에 관한 종합계획, 세부계획

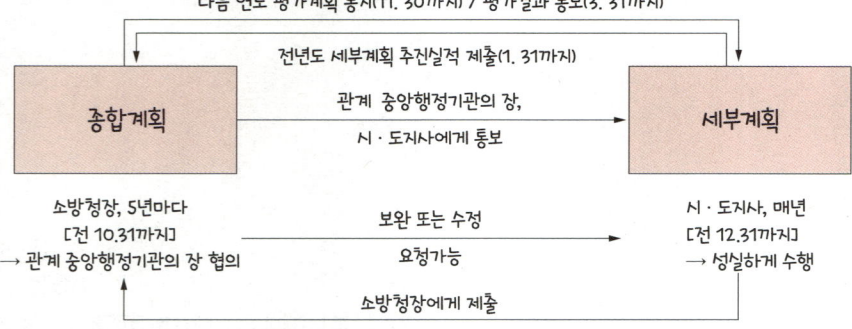

소방업무	주기	수립·시행권자	수립기한 [대통령령]	비고
종합계획	5년마다	소방청장	전년도 10월 31일까지	① 수립 후 관계 중앙행정기관의 장, 시·도지사에게 통보 ② 종합계획의 포함사항 💡 서비스 연계 장인 기교 + 어려운 재난 　㉠ 소방서비스의 질 향상을 위한 정책의 기본방향 　㉡ 소방업무에 필요한 체계의 구축, 소방기술의 연구·개발 및 보급 　㉢ 소방업무에 필요한 장비의 구비 　㉣ 소방전문인력 양성 　㉤ 소방업무에 필요한 기반조성 　㉥ 소방업무의 교육 및 홍보 　㉦ 재난·재해 환경 변화에 따른 소방업무에 필요한 대응 체계 마련[대통령령] 　㉧ 장애인, 노인, 임산부, 영유아 및 어린이 등 이동이 어려운 사람을 대상으로 한 소방활동에 필요한 조치[대통령령]
세부계획	매년	시·도지사	전년도 12월 31일까지	① 소방청장은 소방업무의 체계적 수행을 위하여 필요한 경우 시·도지사가 제출한 세부계획의 보완 또는 수정을 요청할 수 있다. ② 세부계획 추진실적 등 평가[대통령령] 　㉠ 평가 권한자: 소방청장 　㉡ 다음 연도의 평가계획 통지: 소방청장 → 시·도지사, 11월 30일까지 　㉢ 전년도 세부계획 추진실적 제출: 소방청장 ← 시·도지사, 1월 31일까지 　㉣ 평가결과 통보: 소방청장 → 시·도지사, 3월 31일까지 　㉤ 규정한 사항 외의 필요한 사항: 소방청장

8 소방의 날 제정과 운영

① 소방의 날: 매년 11월 9일
② 소방의 날 행사에 관하여 필요한 사항: 소방청장(명예직 소방대원의 위촉) 또는 시·도지사가 따로 정하여 시행할 수 있다.

💡 기타 기념의 날

1. 의용소방대의 날: 매년 3월 19일
2. 국민안전의 날: 매년 4월 16일
3. 방재의 날: 매년 5월 25일
4. 소방의 날: 매년 11월 9일

1 소방력의 기준

① **시·도지사** → 관할구역의 소방력을 확충하기 위하여 **필요한 계획**을 수립하여 시행하여야 한다.
② 소방력에 관한 **기준**: 행정안전부령
③ 소방자동차 등 소방장비의 분류·**표준화**와 그 관리 등에 필요한 사항: **따로** 법률 💡 력기행정 표따!

> **소방력**
>
> 소방기관이 소방업무를 수행하는 데에 필요한 인력과 장비

2 소방장비 등의 국고보조

① **국고보조**: 국가는 소방장비의 구입 등 시·도의 소방업무에 필요한 경비의 일부를 보조한다.
② **국고보조 대상사업의 범위**(대통령령)
　㉠ 다음의 소방활동장비와 설비의 구입 및 설치
　　• 소방자동차
　　• 소방헬리콥터 및 소방정
　　• 소방전용통신설비 및 전산설비
　　• 그 밖에 방화복 등 소방활동에 필요한 소방장비
　㉡ 소방관서용 청사의 건축(※신축, 증축, 개축, 재축, 이전하는 것을 말함) 💣직원용 숙소, 대수선
③ **국고보조산정을 위한 기준가격**(행정안전부령)

〈국고보조 규정〉 💡 범기대 종규행

구분	국고보조산정을 위한 기준가격
국내조달품	정부고시가격
수입물품	조달청에서 조사한 해외시장의 시가
기타	2 이상의 공신력 있는 물가조사기관에서 조사한 가격의 평균가격

구분	규정
보조 대상사업의 범위와 **기준보조율**	대통령령
소방활동장비 및 설비의 **종류와 규격**	행정안전부령
국고보조 대상사업의 기준보조율	「보조금 관리에 관한 법률 시행령」

> **참고** 소방활동장비 및 설비의 종류와 규격(일부)
>
> ① 펌프차 ┬ 대형: 240마력↑
> 　　　　├ 중형: 170 ~ 240마력
> 　　　　└ 소형: 120 ~ 170마력
>
> ② 배연차(중형): 170마력↑
>
> ③ 구급차 ┬ 특수: 90마력↑
> 　　　　└ 일반: 85 ~ 90마력
>
> ④ 소방정 ┬ 소방정: 100톤↑급, 50톤급
> 　　　　└ 구조정: 30톤급
>
> ⑤ 소방헬리콥터: 5 ~ 17인승
>
> ⑥ 사다리 자동차 ┬ 고가(사다리 길이 33m ↑): 330마력 ↑
> 　　　　　　　└ 굴절 ┬ 27m ↑: 330마력 ↑
> 　　　　　　　　　　└ 18m~27m: 240마력 ↑
>
> ⑦ 화학 소방차 ┬ 고성능: 340마력 ↑
> 　　　　　　├ 내폭: 340마력 ↑
> 　　　　　　└ 일반 ┬ 대형: 240마력↑
> 　　　　　　　　　└ 중형: 170 ~ 240마력

3 소방용수시설의 설치 및 관리

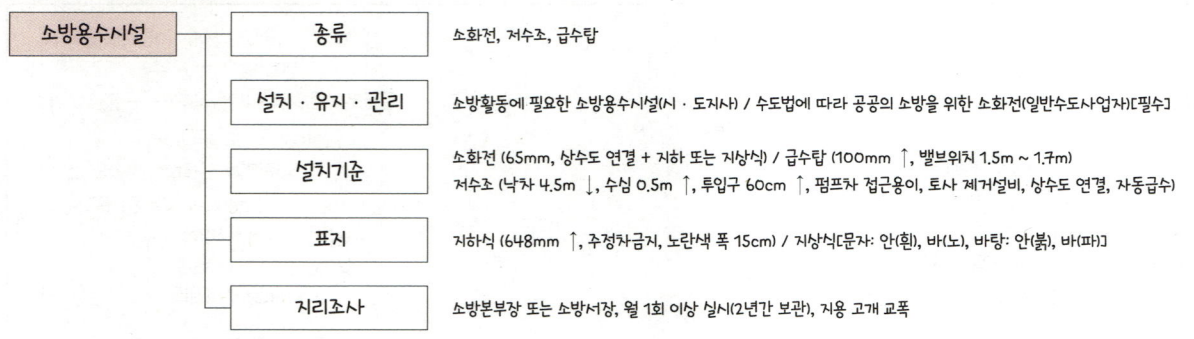

소방용수시설	종류	소화전, 저수조, 급수탑
	설치 · 유지 · 관리	소방활동에 필요한 소방용수시설(시 · 도지사) / 수도법에 따라 공공의 소방을 위한 소화전(일반수도사업자)[필수]
	설치기준	소화전 (65mm, 상수도 연결 + 지하 또는 지상식) / 급수탑 (100mm ↑, 밸브위치 1.5m ~ 1.7m) 저수조 (낙차 4.5m ↓, 수심 0.5m ↑, 투입구 60cm ↑, 펌프차 접근용이, 토사 제거설비, 상수도 연결, 자동급수)
	표지	지하식 (648mm ↑, 주정차금지, 노란색 폭 15cm) / 지상식[문자: 안(흰), 바(노), 바탕: 안(붉), 바(파)]
	지리조사	소방본부장 또는 소방서장, 월 1회 이상 실시(2년간 보관), 지용 고개 교폭

소방용수시설 또는 비상소화장치의 사용을 방해하는 행위 벌칙

5년 / 5천만원 ↓ 벌금

① 소방용수시설의 설치 · 유지 · 관리
  ㉠ 소방활동에 필요한 소방용수시설: 시 · 도지사, ~하여야 한다.
  ㉡ 「수도법」 제45조에 따라 설치하는 공공의 소방을 위한 소화전: 일반수도사업자, ~하여야 한다.
    • 관할 소방서장과 사전협의를 거친 후 소화전을 설치하여야 함
    • 설치 사실을 관할 소방서장에게 통지하고, 그 소화전을 유지 · 관리함
② 소방용수시설의 설치기준: 행정안전부령
  ㉠ 공통기준
    • 주거 · 상업 · 공업지역(소방대상물과 수평거리 100m ↓) 🔆 주상공백!
    • 기타지역(소방대상물과 수평거리 140m ↓)
  ㉡ 소화전
    • 상수도와 연결하여 지하식 또는 지상식의 구조
    • 소화전 연결금속구 구경: 65mm
  ㉢ 급수탑
    • 급수배관의 구경: 100mm ↑
    • 개폐밸브의 위치: 1.5m ↑ ~ 1.7m ↓
  ㉣ 저수조
    • 낙차: 4.5m ↓
    • 흡수부분의 수심: 0.5m ↑
    • 흡수관의 투입구: 사각형 한변의 길이(원형의 경우 지름) 60cm ↑
    • 기타: 소방펌프자동차 접근용이, 토사 및 쓰레기 등 제거설비, 상수도 연결하여 자동 급수 구조

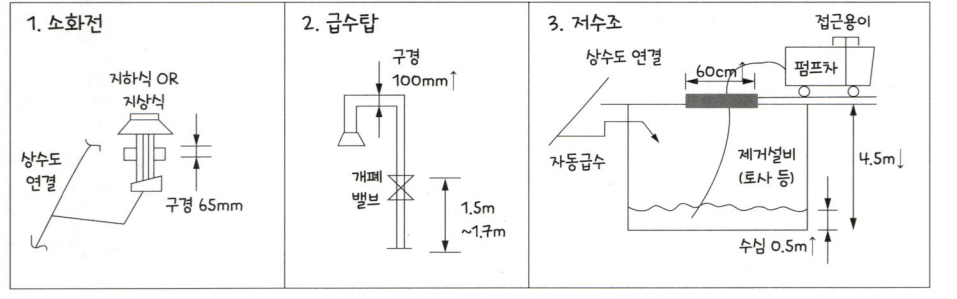

1. 소화전 / 2. 급수탑 / 3. 저수조

③ **소방용수시설의 표지**: 행정안전부령 → 시·도지사는 소방용수표지를 보기 쉬운 곳에 설치하여야 한다.
　㉠ 지하식(소화전, 저수조)
　　• 맨홀 뚜껑: 지름 648mm ↑(승하강식 제외)
　　• 표시: 소화전·주정차금지, 저수조·주정차금지
　　• 뚜껑 부근: 노란색 반사도료, 폭 15cm의 선 칠할 것 💣빗금무늬
　㉡ 지상식(소화전, 저수조, 급수탑)

구분	안쪽	바깥쪽
문자색상	흰색	노란색
바탕색상	붉은색	파란색
기타조건	반사재료를 사용할 것	

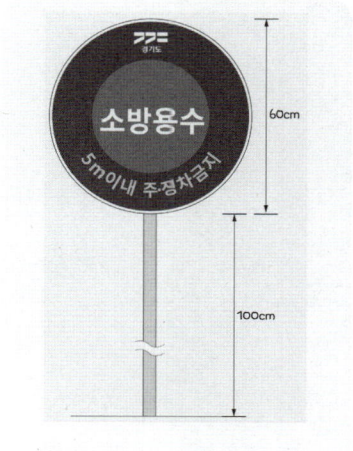

④ **소방용수시설 및 지리조사**: 행정안전부령

구분	내용
권한자	소방본부장 또는 소방서장
실시주기 및 결과보관	월 1회 이상, 2년간 보관
조사내용 💣도로의 포장상태, 유동인원	㉠ 규정에 의하여 설치된 소방용수시설에 대한 조사 ㉡ 지리조사 • 소방대상물에 인접한 도로의 폭·교통상황 • 도로주변의 토지의 고저 • 건축물의 개황 • 그 밖의 소방활동에 필요한 지리에 대한 조사 💡지용 고개 교폭

4 비상소화장치

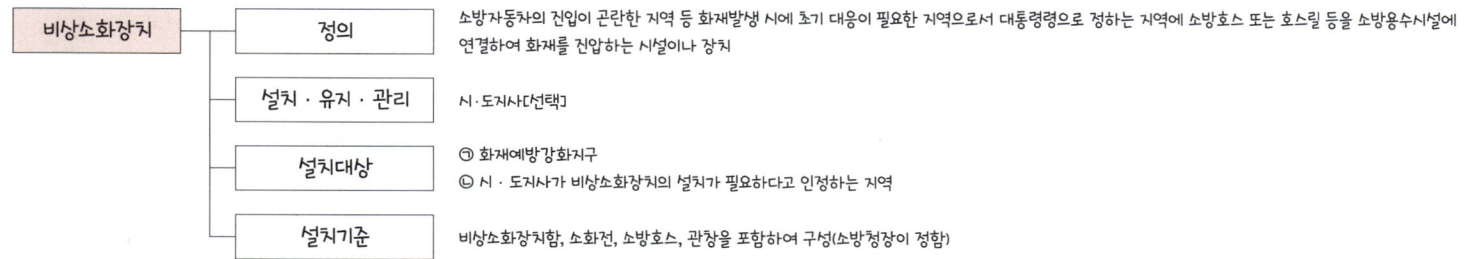

비상소화장치	정의	소방자동차의 진입이 곤란한 지역 등 화재발생 시에 초기 대응이 필요한 지역으로서 대통령령으로 정하는 지역에 소방호스 또는 호스릴 등을 소방용수시설에 연결하여 화재를 진압하는 시설이나 장치
	설치·유지·관리	시·도지사[선택]
	설치대상	㉠ 화재예방강화지구 ㉡ 시·도지사가 비상소화장치의 설치가 필요하다고 인정하는 지역
	설치기준	비상소화장치함, 소화전, 소방호스, 관창을 포함하여 구성(소방청장이 정함)

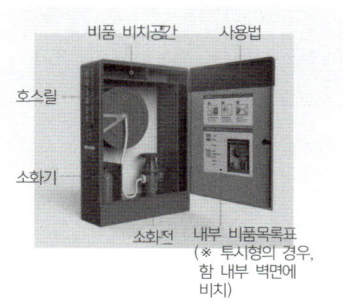

① **비상소화장치의 설치·유지·관리**: 시·도지사, ~할 수 있다.

② **설치대상**: 대통령령

　㉠ **화재예방강화지구** 💡 시공창 목노위 석산소방물

　　• **시장**지역

　　• **공장·창고**가 밀집한 지역 💣 ~있는 지역

　　• **목조건물**이 밀집한 지역 💣 ~있는 지역

　　• **노후·불량**건축물이 밀집한 지역 💣 ~있는 지역

　　• **위험물**의 저장 및 처리 시설이 **밀집한** 지역 💣 ~있는 지역

　　• **석유화학제품**을 생산하는 공장이 있는 지역

　　• 「산업입지 및 개발에 관한 법률」에 따른 **산업**단지

　　• **소방**시설·소방용수시설 또는 소방출동로가 없는 지역

　　• 「물류시설의 개발 및 운영에 관한 법률」에 따른 **물류**단지

　　• 그 밖에 위의 준하는 지역으로서 소방관서장이 화재예방강화지구로 지정할 필요가 있다고 인정하는 지역

　㉡ 시·도지사가 비상소화장치의 설치가 필요하다고 인정하는 지역

③ **설치기준**: 행정안전부령

　㉠ **비상소화장치**: 비상소화장치함, 소화전, 소방호스, 관창을 포함하여 구성할 것

　㉡ 소방호스 및 관창(형식승인), 비상소화장치함(성능인증): **소방청장**이 정하여 고시하는 기술기준에 적합한 것으로 설치할 것

　㉢ 규정한 사항 외에 비상소화장치의 설치기준에 관한 세부 사항: **소방청장**이 정한다.

5 소방업무의 응원

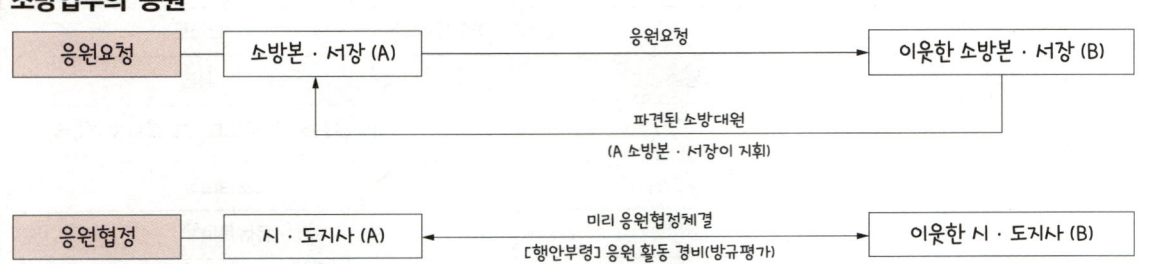

① **응원요청이 가능한 경우**: 소방활동을 할 때에 긴급한 경우

② **소방업무의 응원규약**

　㉠ 정당한 사유 없이 응원요청 거절불가

　㉡ 지휘권자: **응원을 요청한** 소방본·서장

　㉢ 상호응원규약: 시·도지사는 이웃하는 시·도지사와 협의하여 **미리** 규약으로 정함

③ **상호응원협정 포함사항**: 행정안전부령 💡 응원 활동 경비(방규평가)

⊙ 소방활동에 관한 사항 💣🖐예방	ⓛ 소요경비의 부담에 관한 사항	ⓒ 응원출동대상지역 및 규모
• 화재의 경계 · 진압활동	• 출동대원의 수당 · 식사 및 의복의 수선	② 응원출동의 요청방법
• 구조 · 구급업무의 지원	• 소방장비 및 기구의 정비와 연료의 보급	ⓤ 응원출동훈련 및 평가
• 화재조사활동	• 그 밖의 경비	

6 소방력의 동원

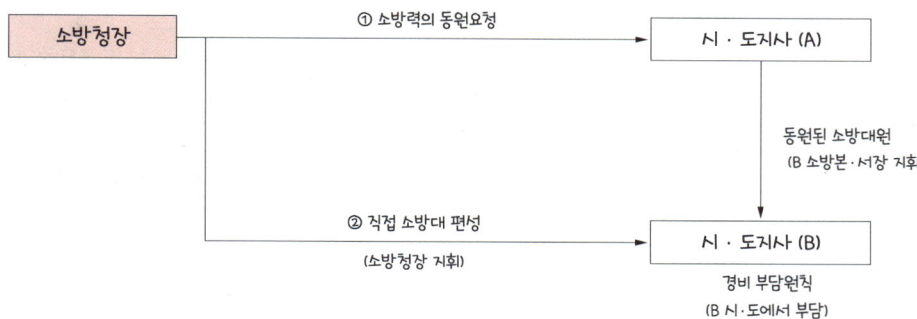

① **동원요청이 가능한 경우**
⊙ 해당 시·도의 소방력만으로는 소방활동을 효율적으로 수행하기 어려운 화재, 재난·재해, 그 밖의 구조·구급이 필요한 상황이 발생한 때
ⓛ 특별히 국가적 차원에서 소방활동을 수행할 필요가 인정될 때

② **소방력의 동원규약**
⊙ 정당한 사유 없이 동원요청 거절불가
ⓛ 동원방법
• 소방청장 → 시·도지사에게 요청, 화재 등이 발생한 지역 **관할 소방본·서장**이 지휘
• 소방청장 → 직접 소방대 편성, **소방청장**이 지휘

③ **소방력의 동원요청방법**(행정안전부령)
⊙ 요청방법: 팩스, 전화 등
ⓛ 통지 사항: 동원 요청 인력·장비 규모, 소방력 이송수단·집결장소, 소방활동에 필요한 정보
ⓒ 예외: 긴급을 요하는 경우 **시·도 소방본부 또는 소방서의 종합상황실장**에게 직접 요청

④ **소방력의 운용과 관련하여 필요한 사항**(대통령령)
⊙ 소방활동 수행과정 발생 경비: 화재 등 **발생한 시·도** 부담 원칙
ⓛ 동원된 민간 소방 인력의 사망·부상 등 보상: **발생한 시·도**가 보상(시·도 조례)
ⓒ 규정한 사항 외에 동원된 소방력의 운용과 관련하여 필요 사항: 소방청장

제4장 | 소방활동

1 소방활동 vs. 소방지원활동 vs. 생활안전활동

소방활동 : ~하여야 한다.	소방지원활동 : ~할 수 있다.	생활안전활동 : ~하여야 한다.
소방청장, 소방본부장, 소방서장의 권한		
화재진압, 인명구조·구급 활동	소방활동 외의 활동 (소방활동 수행에 지장을 주지 아니하는 범위에서 할 것)	생활안전 및 위험제거 활동 (화재, 재난·재해, 그 밖의 위급한 상황에 해당하는 것 제외)
	① 산불에 대한 예방·진압 등 지원활동 ② 자연재해에 따른 급수·배수 및 제설 등 지원활동 ③ 집회·공연 등 각종 행사 시 사고에 대비한 근접대기 등 지원활동 ④ 화재, 재난·재해로 인한 피해복구 지원활동 ⑤ 그 밖에 행정안전부령으로 정하는 활동 　㉠ 군·경찰 등 유관기관에서 실시하는 훈련지원 활동 　㉡ 소방시설 오작동 신고에 따른 조치활동 　㉢ 방송제작 또는 촬영 관련 지원활동 💡 산 자연집 피해복구 군소방	① 붕괴, 낙하 등이 우려되는 고드름, 나무, 위험 구조물 등의 제거활동 ② 위해동물, 벌 등의 포획 및 퇴치 활동 ③ 끼임, 고립 등에 따른 위험제거 및 구출 활동 ④ 단전사고 시 비상전원 또는 조명의 공급 ⑤ 그 밖에 방치하면 급박해질 우려가 있는 위험을 예방하기 위한 활동
	• 비용: 지원요청을 한 유관기관·단체 등에게 부담	–
	• 소방지원활동 및 생활안전활동(소방지원활동등): 기록(3년간 보관), 보고(본부장 → 청장, 연 2회), 필수(~해야 한다)	

2 소방활동 관련 기타사항

① 소방자동차의 보험가입(필수): 시·도지사(→ 국가는 보험 가입비용의 일부 지원가능)
② 소방공무원의 소방활동에 대한 면책: 타인 사상에 이르게 한 경우, 형사책임을 감경 OR 면제 가능
③ 소방활동, 소방지원활동, 생활안전활동 소송지원: 소방청장, 소방본부장, 소방서장

🔴 **소방활동 방해 벌칙**

5년, 5천만원 ↓ 벌금

🔴 **생활안전활동 방해 벌칙**

100만원 ↓ 벌금

3 소방교육 · 훈련

| 소방교육 · 훈련 소방청 · 본 · 서장 (행안부령) | → | 소방대원 | ~ 실시하여야 한다. |
| | → | 어린이집의 영유아, 유치원의 유아, 학교의 학생, 장애인복지시설에 거주 · 이용하는 장애인, 아동복지시설에 거주 · 이용하는 아동, 노인복지시설에 거주 · 이용하는 노인 | ~ 실시할 수 있다. |

일부 지원

1. 국고보조
2. 소방자동차의 보험

① **소방대원**(필수): 횟수(2년마다 1회) / 기간(2주 이상) [행정안전부령]

종류	교육 · 훈련을 받아야 할 대상자
화재진압훈련	화재진압업무를 담당하는 소방공무원, 화재 등에 있어서 현장활동의 보조임무를 수행하는 의무소방원, 임명된 의용소방대원
인명구조훈련	구조업무를 담당하는 소방공무원, 화재 등에 있어서 현장활동의 보조임무를 수행하는 의무소방원, 임명된 의용소방대원
응급처치훈련	구급업무를 담당하는 소방공무원, 임용된 의무소방원, 임명된 의용소방대원
인명대피훈련	소방공무원, 임용된 의무소방원, 임명된 의용소방대원
현장지휘훈련	소방공무원 중 소방정, 소방령, 소방경, 소방위의 계급에 있는 사람 💡 위경령정!

② **어린이집의 영유아, 유치원의 유아, 학교의 학생, 장애인복지시설에 거주 · 이용하는 장애인, 아동복지시설에 거주 · 이용하는 아동, 노인복지시설에 거주 · 이용하는 노인** (선택) [행정안전부령]

㉠ 소방안전교실: 체험실 100m² ↑ / 이동안전체험차량: 어린이 30명(성인 15명) 동시 수용가능(안전교육장비: 화재안전 교육용, 생활안전 교육용, 교육기자재, 기타)

㉡ 강사: 소방학과 석사학위, 자격(소방기술사, 시설관리사, 기사, 교육사 / 응급구조사, 인명구조사, 화재대응능력), 소방공무원 5년↑ 등 💥 간호사, 소방설비산업기사

㉢ 보조강사: 소방공무원 3년 ↑ 등

㉣ 교육방법: 실습(체험)교육인원 → 강사 1명당 30명 넘지 ✕

㉤ 보험 또는 공제 가입(필수): 소방청장, 소방본부장, 소방서장

㉥ 결과기록보관: 3년(소방청장, 소방본부장, 소방서장)

㉦ 운영계획: 계획수립(소방청 · 본 · 서장, 매년 12월 31일까지) / 계획작성지침 수립 · 통보(소방청장 → 소방본 · 서장, 매년 10월 31일까지)

4 소방안전교육사

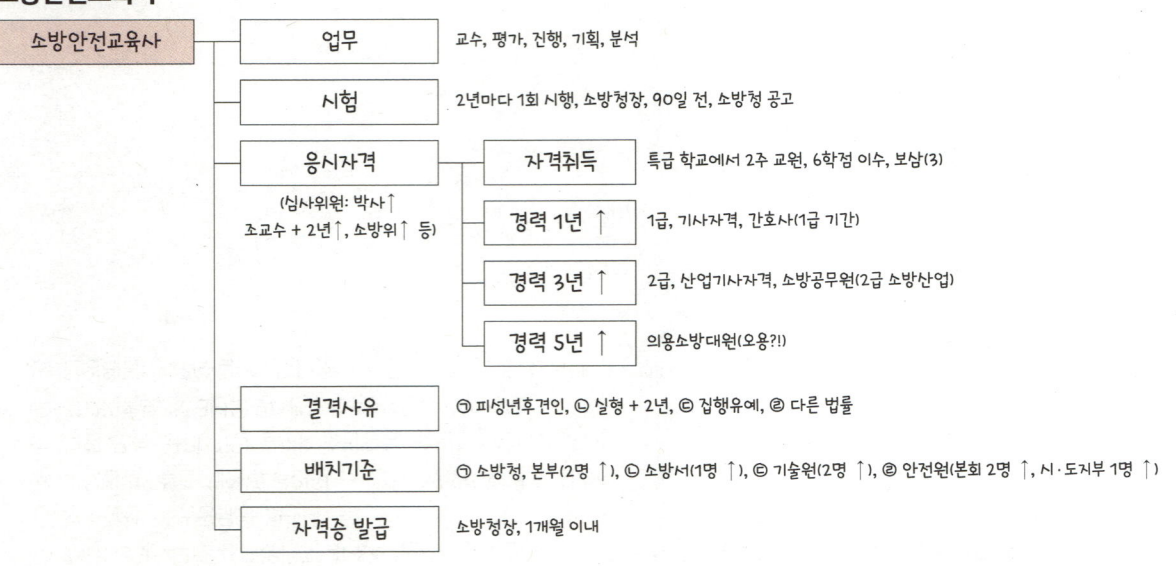

소방안전교육사

- 업무 ── 교수, 평가, 진행, 기획, 분석
- 시험 ── 2년마다 1회 시행, 소방청장, 90일 전, 소방청 공고
- 응시자격 (심사위원: 박사↑ 조교수 + 2년↑, 소방위↑ 등)
  - 자격취득 ── 특급 학교에서 2주 교원, 6학점 이수, 보삼(3)
  - 경력 1년↑ ── 1급, 기사자격, 간호사(1급 기간)
  - 경력 3년↑ ── 2급, 산업기사자격, 소방공무원(2급 소방산업)
  - 경력 5년↑ ── 의용소방대원(오용?!)
- 결격사유 ── ㉠ 피성년후견인, ㉡ 실형 + 2년, ㉢ 집행유예, ㉣ 다른 법률
- 배치기준 ── ㉠ 소방청, 본부(2명↑), ㉡ 소방서(1명↑), ㉢ 기술원(2명↑), ㉣ 안전원(본회 2명↑, 시·도지부 1명↑)
- 자격증 발급 ── 소방청장, 1개월 이내

① 업무: 소방안전교육사는 소방안전교육의 **기획·진행·분석**·평가 및 **교수**업무를 수행한다. 💡 교평진기분

② 시험
  ㉠ 실시주기: 2년마다 1회 시행 원칙(소방청장이 필요하다고 인정 시 그 횟수 증감 가능)
  ㉡ 시험공고: 소방청장, 시행일 90일 전까지, 소방청의 인터넷 홈페이지 등에 공고
  ㉢ 시험과목: 제1차(소방학개론, 구급·응급처치론, 재난관리론, 교육학개론 中 3과목 선택) / 제2차(국민안전교육 실무)

③ 응시자격: 대통령령

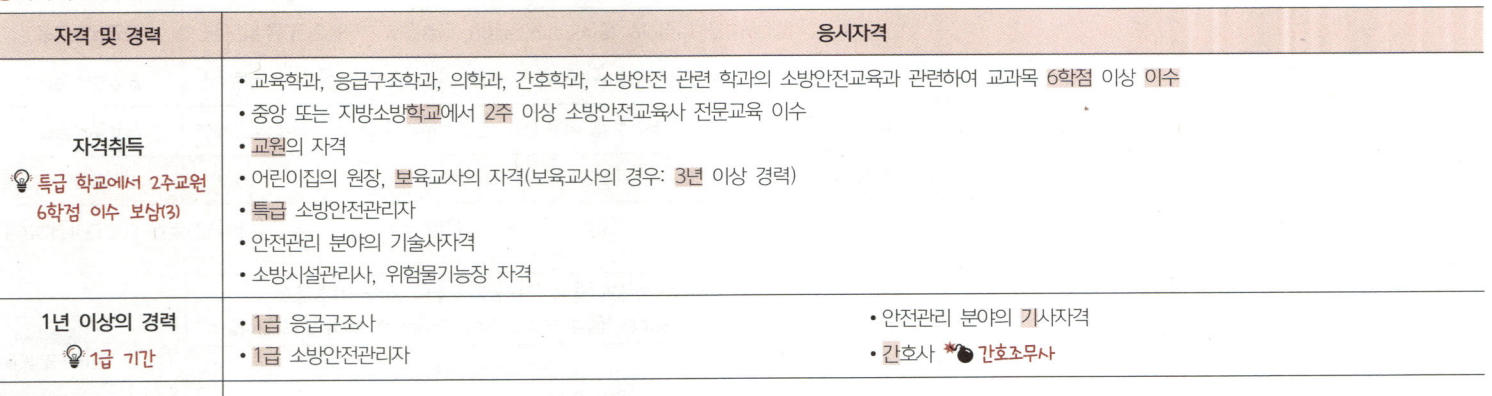

자격 및 경력	응시자격	
자격취득 💡특급 학교에서 2주교원 6학점 이수 보삼(3)	• 교육학과, 응급구조학과, 의학과, 간호학과, 소방안전 관련 학과의 소방안전교육과 관련하여 교과목 **6학점** 이상 **이수** • 중앙 또는 지방소방**학교**에서 **2주** 이상 소방안전교육사 전문교육 이수 • **교원**의 자격 • 어린이집의 원장, 보육교사의 자격(보육교사의 경우: **3년** 이상 경력) • **특급** 소방안전관리자 • 안전관리 분야의 기술사자격 • 소방시설관리사, 위험물기능장 자격	
1년 이상의 경력 💡**1급** 기간	• **1급** 응급구조사 • **1급** 소방안전관리자	• 안전관리 분야의 **기사**자격 • 간호사 💣 간호조무사

시험공고(90일 전)
1. 소방안전교육사
2. 소방시설관리사

시험공고(30일 전)
1. 소방안전관리자
2. 화재조사관

응시자격 심사위원
1. 소방·교육·응급구조학과 + 박사↑
2. 소방·교육·응급구조학과 + 조교수↑ + 2년↑
3. 소방위↑ + 소공
4. 소방안전교육사

3년 이상의 경력 💡 **2급 소방산업**	• **2급** 응급구조사 • **2급** 소방안전관리자	• 안전관리 분야의 **산업**기사자격 • **소방공무원**
5년 이상의 경력 💡 오용	• 의용소방대원 💣 **3급 소방안전관리자**	

④ **결격사유**(→ 부정행위자에 대한 조치: 무효처리 및 2년간 시험응시불가)
   ㉠ 피성년후견인
   ㉡ 금고 이상의 실형을 선고받고 그 집행이 끝나거나(집행이 끝난 것으로 보는 경우 포함) 집행이 면제된 날부터 2년이 지나지 아니한 사람
   ㉢ 금고 이상의 형의 집행유예를 선고받고 그 유예기간 중에 있는 사람
   ㉣ 법원의 판결 또는 다른 법률에 따라 자격이 정지되거나 상실된 사람

⑤ **배치기준**: 대통령령

배치대상	배치기준(단위: 명)
1. 소방청	2 이상
2. 소방본부	2 이상
3. 소방서	1 이상
4. 한국소방안전원	본회: 2 이상, 시·도지부: 1 이상
5. 한국소방산업기술원	2 이상

⑥ **합격자 결정**
   ㉠ 1차(과목별 40점↑, 평균 60점↑), 2차(평균 60점↑)
   ㉡ 소방청장, 1개월 이내 자격증 발급

5 한국119청소년단

① **설립목적**: 청소년에게 소방안전에 관한 올바른 이해와 안전의식을 함양시키기 위함(사단법인)
② **시설·장비 및 운영의 지원**
   ㉠ 국가, 지방자치단체 → 시설비 및 국내외 행사에 필요한 경비 보조가능
   ㉡ 개인, 법인, 단체 → 금전, 재산 기부가능
③ **유사명칭 사용 불가** → 200만원 이하의 과태료(위반 횟수: 1차 100만원, 2차 150만원, 3차↑ 200만원)
④ **지원·지도 및 감독**(행정안전부령): 소방청장

 재단법인
한국소방안전원

 사단법인
1. 한국119청소년단
2. 소방시설업자협회
3. 위험물 안전관리에 관한 협회

6 소방신호

① 신호의 목적: ㉠ 화재예방, ㉡ 소방활동, ㉢ 소방훈련
② 소방신호의 종류 및 방법(행정안전부령) 💣 경보신호, 예방신호

종별 \ 신호방법		타종신호	싸이렌신호
경계신호	화재예방상 필요하다고 인정되거나 화재위험경보 시 발령	1타와 연 2타를 반복	5초 간격을 두고 30초씩 3회
발화신호	화재가 발생한 때 발령	난타	5초 간격을 두고 5초씩 3회
해제신호	소화활동이 필요없다고 인정되는 때 발령	상당한 간격을 두고 1타씩 반복	1분간 1회
훈련신호	훈련상 필요하다고 인정되는 때 발령	연 3타 반복	10초 간격을 두고 1분씩 3회

[비고] ㉠ 소방신호의 방법 → 그 전부 또는 일부를 함께 사용가능
　　　 ㉡ 소방활동의 해제 통지 → 게시판 철거 / 통풍대 또는 기를 내리는 것
　　　 ㉢ 소방대의 비상소집을 하는 경우 → 훈련신호 사용가능

7 화재 등의 통지

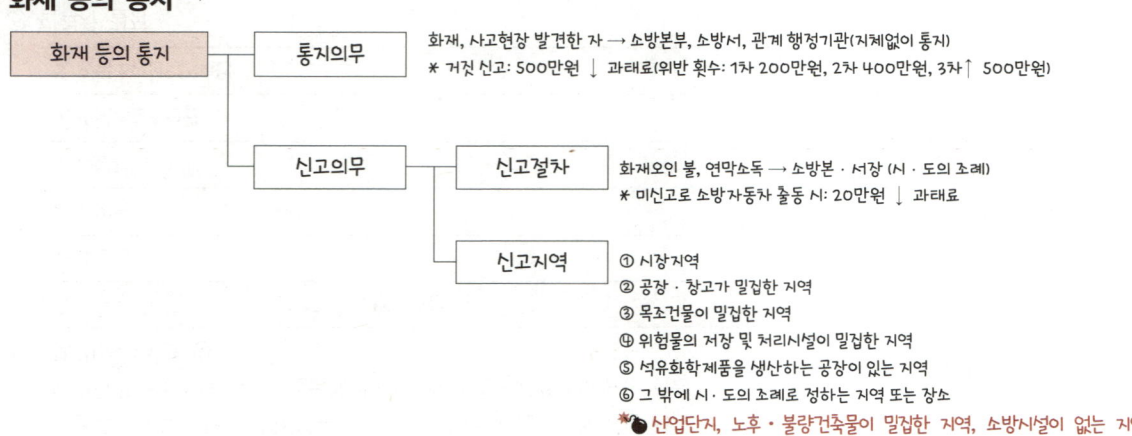

화재 등의 통지 ─── 통지의무
화재, 사고현장 발견한 자 → 소방본부, 소방서, 관계 행정기관(지체없이 통지)
＊ 거짓 신고: 500만원 ↓ 과태료(위반 횟수: 1차 200만원, 2차 400만원, 3차↑ 500만원)

　　　　　　　 ─── 신고의무 ─── 신고절차
화재오인 불, 연막소독 → 소방본·서장 (시·도의 조례)
＊ 미신고로 소방자동차 출동 시: 20만원 ↓ 과태료

　　　　　　　　　　　　　 ─── 신고지역
① 시장지역
② 공장·창고가 밀집한 지역
③ 목조건물이 밀집한 지역
④ 위험물의 저장 및 처리시설이 밀집한 지역
⑤ 석유화학제품을 생산하는 공장이 있는 지역
⑥ 그 밖에 시·도의 조례로 정하는 지역 또는 장소
💣 산업단지, 노후·불량건축물이 밀집한 지역, 소방시설이 없는 지역, 물류단지

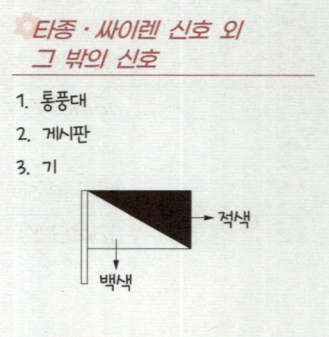

💥 타종·싸이렌 신호 외 그 밖의 신호

1. 통풍대
2. 게시판
3. 기

적색
백색

8 **관계인의 소방활동 등**

① **관계인의 소방활동**: ㉠ **경보** 울림, ㉡ **대피**유도, ㉢ 사람**구출**, ㉣ **불**을 **끄**거나 번지지 × 💡 **경대꾸 불끄번**

　　　　　　　　　　* 위반 시: 100만원 ↓ 벌금

② **관계인의 통지의무**: 관계인 → 소방본부, 소방서, 관계 행정기관(지체없이 통지)

　　　　　　　　　　* 미통지 시: 500만원 ↓ 과태료(위반 횟수: 1차, 2차, 3차↑ 모두 500만원)

③ **자체소방대의 설치·운영**: ~ 할 수 있다.

　㉠ 설치·운영: **관계인**은 화재를 진압하거나 구조·구급 활동을 하기 위하여 상설 조직체(「위험물안전관리법」 및 다른 법령에 따라 설치된 자체소방대를 포함)를 설치·운영할 수 있다.

　㉡ 지휘·통제: 자체소방대는 소방대가 현장에 도착한 경우 **소방대장**의 지휘·통제에 따라야 한다.

　㉢ 교육·훈련의 지원: 소방청장, 소방본부장, 소방서장 💡 **합동실습계획 역량과정**

　　• 교육훈련기관에서의 자체소방대 교육훈련**과정**

　　• 자체소방대에서 수립하는 교육·훈련 **계획**의 지도·자문

　　• 소방기관과 자체소방대와의 **합동** 소방훈련

　　• 소방기관에서 실시하는 자체소방대의 현장**실습**

　　• 그 밖에 소방청장이 자체소방대의 **역량** 향상을 위하여 필요 인정 교육·훈련

9 **소방자동차(지휘 자동차, 구조·구급차 포함)의 우선 통행 등**

① **방해금지 및 사이렌 사용**

　㉠ 모든 차와 사람은 소방자동차가 화재진압 및 구조·구급 활동을 위하여 출동을 할 때에는 이를 **방해**하여서는 아니 된다.

　　(* 소방자동차의 출동방해: 5년 / 5천만원 ↓ 벌금)

　㉡ 소방자동차가 화재진압 및 구조·구급 활동을 위하여 **출동**하거나 **훈련**을 위하여 필요할 때에는 사이렌을 사용할 수 있다. 💣 **귀소**

② **금지행위**

　㉠ 모든 차와 사람은 소방자동차가 화재진압 및 구조·구급 활동을 위하여 사이렌을 사용하여 출동하는 경우에는 다음의 행위를 하여서는 아니 된다.

　　(* 소방자동차의 출동지장: 200만원 ↓ 과태료, 1회·2회·3회 이상 위반 시 과태료 100만원)

　　• 소방자동차에 진로를 양보하지 아니하는 행위

　　• 소방자동차 앞에 끼어들거나 소방자동차를 가로막는 행위

　　• 그 밖에 소방자동차의 출동에 지장을 주는 행위

　㉡ ㉠의 경우를 제외하고 소방자동차의 우선 통행에 관하여는 「**도로교통법**」에서 정하는 바에 따른다. 💣 **자동차관리법**

10 소방자동차 전용구역

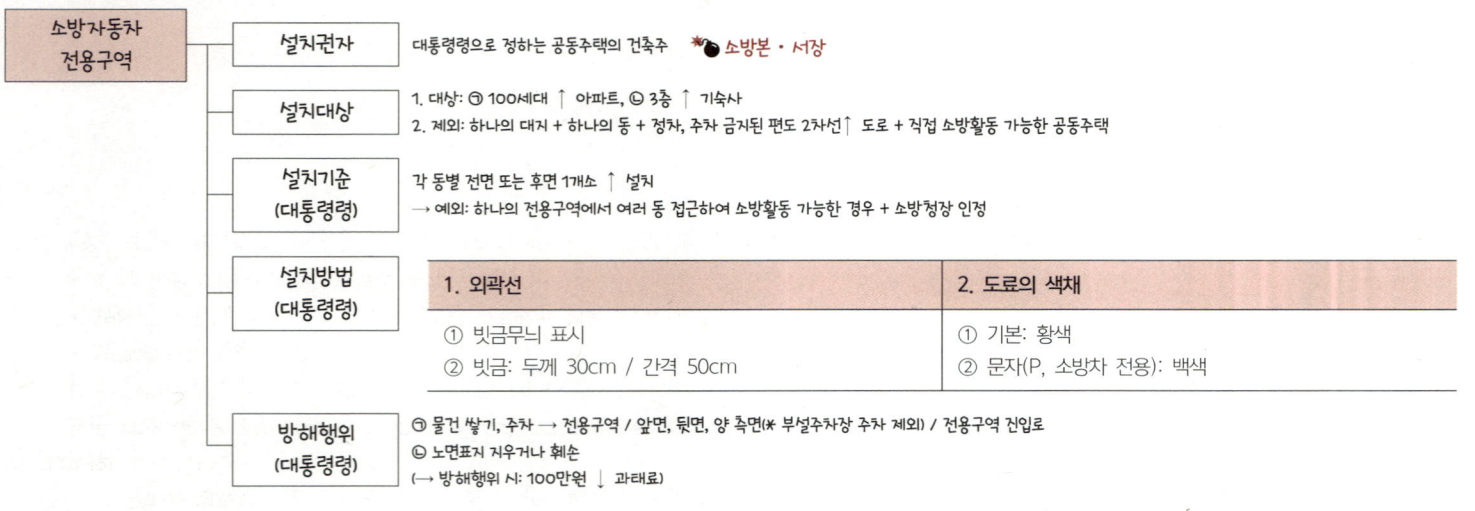

소방자동차 전용구역

설치권자 — 대통령령으로 정하는 공동주택의 건축주 💣 **소방본 · 서장**

설치대상
1. 대상: ㉠ 100세대 ↑ 아파트, ㉡ 3층 ↑ 기숙사
2. 제외: 하나의 대지 + 하나의 동 + 정차, 주차 금지된 편도 2차선↑ 도로 + 직접 소방활동 가능한 공동주택

설치기준 (대통령령)
각 동별 전면 또는 후면 1개소 ↑ 설치
→ 예외: 하나의 전용구역에서 여러 동 접근하여 소방활동 가능한 경우 + 소방청장 인정

설치방법 (대통령령)

1. 외곽선	2. 도료의 색채
① 빗금무늬 표시	① 기본: 황색
② 빗금: 두께 30cm / 간격 50cm	② 문자(P, 소방차 전용): 백색

방해행위 (대통령령)
㉠ 물건 쌓기, 주차 → 전용구역 / 앞면, 뒷면, 양 측면(* 부설주차장 주차 제외) / 전용구역 진입로
㉡ 노면표지 지우거나 훼손
(→ 방해행위 시: 100만원 ↓ 과태료)

전용구역 방해행위를 한 자 (N차 과태료)

위반횟수	과태료
1회	50만원
2회	100만원
3회 이상	100만원

11 소방자동차 교통안전 분석 시스템 구축 · 운영

① **운행기록장치**
  ㉠ 장착 · 운용권자: 소방청장, 소방본부장(~하여야 한다.)
  ㉡ 장착 소방자동차의 범위(대통령령): 소방**펌프**차, 소방물탱크차, 소방**화**학차, 소방**고**가차, 무인방수차, **구조**차, 소방청장이 필요 인정 소방자동차 💡 **고물 펌프 방구화**
  ㉢ 장치기준(행정안전부령): 「교통안전법 시행규칙」에 적합한 전자식 운행기록장치

② **소방자동차 교통안전 분석 시스템**
  ㉠ 구축 · 운영권자: 소방청장(~할 수 있다.)
  ㉡ 원칙 : 소방청장, 본부장, 서장 → 시스템의 자료를 이용하여 불리한 제재, 처벌불가

③ **운행기록장치의 데이터**: 행정안전부령
  ㉠ 데이터 보관: 소방청장, 본부장, 서장 + (6개월 동안 저장 · 관리)
  ㉡ 자료 요청/제출 절차
    • 요청: 소방청장 → 소방본부장, 소방서장 / 소방본부장 → 소방서장
    • 제출: 소방본부장, 소방서장 → 소방청장, 소방본부장(소방서장 → 소방본부장 → 소방청장)
  ㉢ 데이터 분석 · 활용
    • 데이터의 점검 · 분석: 소방청장, 소방본부장
    • 분석결과의 활용: 소방청장, 소방본부장, 소방서장(정책수립, 교육 · 훈련 등 활용)
    • 규정한 사항 외 운행기록장치 필요 세부사항: 소방청장

12 소방대의 긴급통행

① 긴급통행의 목적: 화재, 재난·재해, 그 밖의 위급한 상황이 발생한 현장에 신속하게 출동
② 긴급통행: 일반 통행 사용 ✕, 도로·빈터·물 위로 통행가능

13 소방활동구역의 설정

① 소방활동구역의 설정권자: 소방대장
② 출입제한 조치: ㉠ 소방대장, ㉡ 경찰공무원(소방대가 소방활동구역에 있지 ✕ 또는 소방대장의 요청 시)
③ 소방활동구역의 출입자(→ 출입제한 위반 시: 200만원 ↓ 과태료, 1회·2회·3회 이상 위반 시 과태료 100만원)
　　㉠ 소방활동구역 안에 있는 소방대상물의 소유자·관리자 또는 점유자
　　㉡ 전기·가스·수도·통신·교통의 업무에 종사하는 사람으로서 원활한 소방활동을 위하여 필요한 사람 💡 교수가 전통!
　　㉢ 의사·간호사 그 밖의 구조·구급업무에 종사하는 사람
　　㉣ 취재인력 등 보도업무에 종사하는 사람
　　㉤ 수사업무에 종사하는 사람
　　㉥ 그 밖에 소방대장이 소방활동을 위하여 출입을 허가한 사람

14 소방활동 종사명령, 강제처분, 피난명령, 위험시설 등에 대한 긴급조치

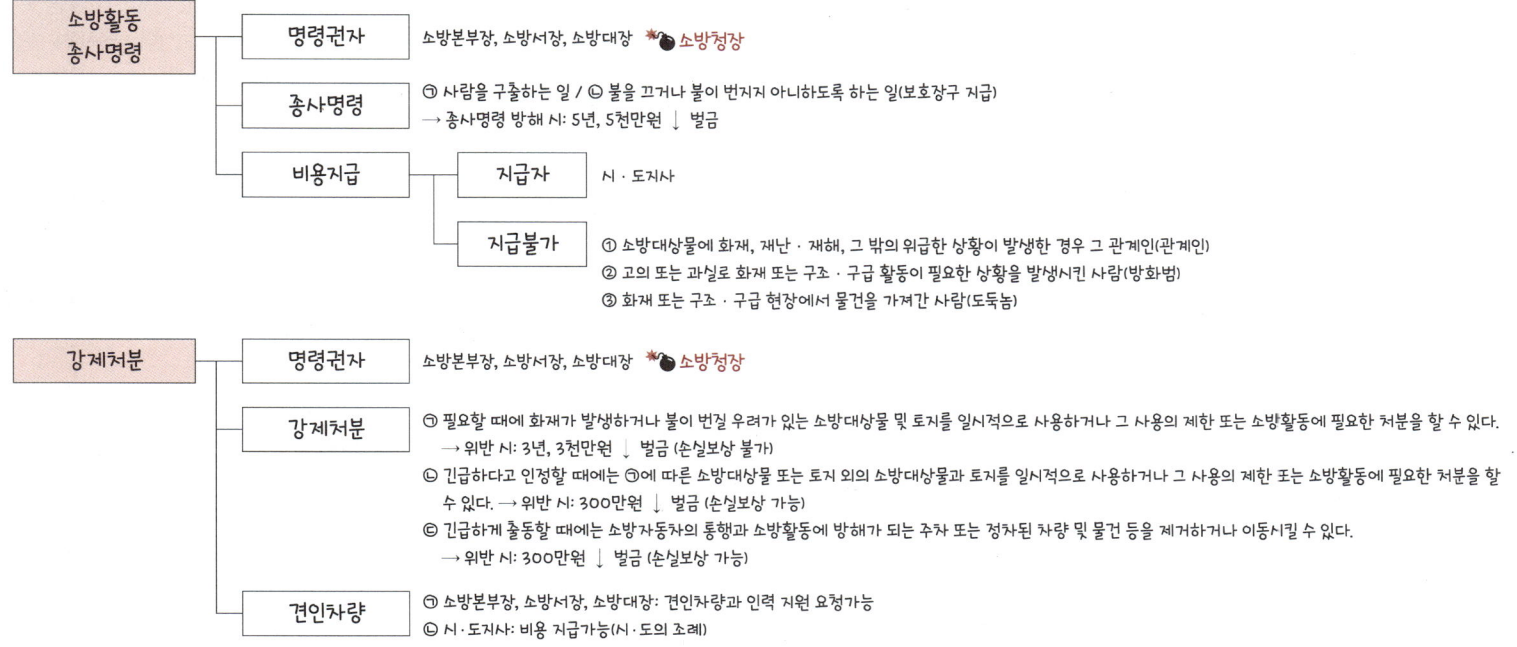

PART 1 | 소방기본법 021

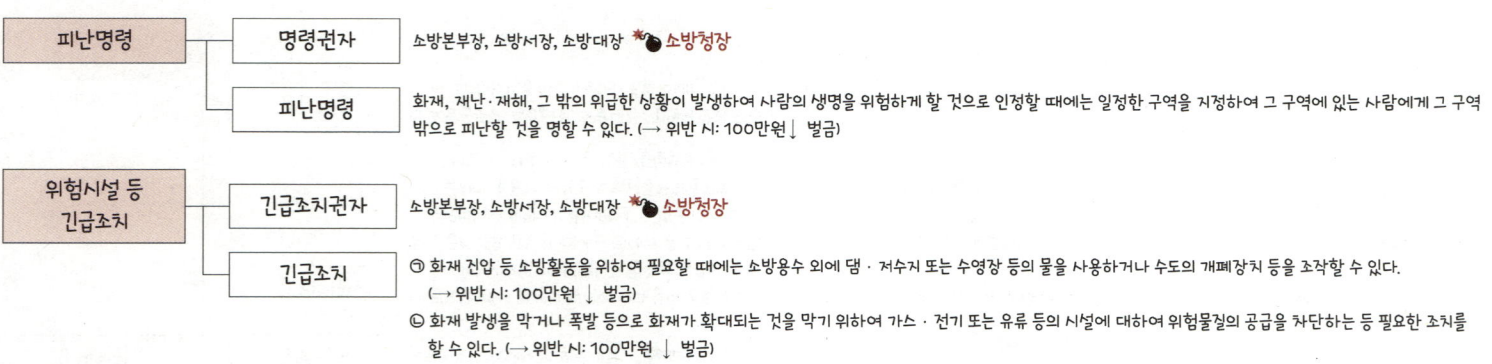

피난명령	명령권자	소방본부장, 소방서장, 소방대장 ※소방청장
	피난명령	화재, 재난·재해, 그 밖의 위급한 상황이 발생하여 사람의 생명을 위험하게 할 것으로 인정할 때에는 일정한 구역을 지정하여 그 구역에 있는 사람에게 그 구역 밖으로 피난할 것을 명할 수 있다. (→ 위반 시: 100만원↓ 벌금)
위험시설 등 긴급조치	긴급조치권자	소방본부장, 소방서장, 소방대장 ※소방청장
	긴급조치	㉠ 화재 진압 등 소방활동을 위하여 필요할 때에는 소방용수 외에 댐·저수지 또는 수영장 등의 물을 사용하거나 수도의 개폐장치 등을 조작할 수 있다. (→ 위반 시: 100만원 ↓ 벌금) ㉡ 화재 발생을 막거나 폭발 등으로 화재가 확대되는 것을 막기 위하여 가스·전기 또는 유류 등의 시설에 대하여 위험물질의 공급을 차단하는 등 필요한 조치를 할 수 있다. (→ 위반 시: 100만원 ↓ 벌금)

15 방해행위의 제지

소방대원은 소방활동 또는 **생활안전활동**을 방해하는 행위를 하는 사람에게 필요한 경고를 하고, 그 행위로 인하여 사람의 생명·신체에 위해를 끼치거나 재산에 중대한 손해를 끼칠 우려가 있는 긴급한 경우에는 그 행위를 제지할 수 있다. ※소방지원활동

16 소방용수시설 또는 비상소화장치의 사용금지

① 정당한 사유 없이 소방용수시설 또는 비상소화장치를 사용하는 행위
② 정당한 사유 없이 손상·파괴, 철거 또는 그 밖의 방법으로 소방용수시설 또는 비상소화장치의 효용을 해치는 행위
③ 소방용수시설 또는 비상소화장치의 정당한 사용을 방해하는 행위
→ 위반 시: 5년, 5천만원 ↓ 벌금

제 7 장의2 | 소방산업의 육성 · 진흥 및 지원

1 국가의 책무

국가는 소방산업의 육성 · 진흥을 위하여 필요한 계획의 수립 등 행정상 · 재정상의 지원시책을 마련하여야 한다.

2 소방산업 기술개발 및 소방기술 연구 · 개발사업 수행

소방산업의 기술개발
① 국가 - 기술개발 자금의 출연 · 보조 소방산업과 관련된 기술개발을 실시하는 자에게 그 기술개발에 드는 자금의 전부나 일부를 출연하거나 보조할 수 있다. ② 국가 - 소방산업전시회의 홍보 · 지원 우수소방제품의 전시 · 홍보를 위하여 무역전시장 등을 설치한 자에게 전시회 운영 경비의 일부, 전시회 국외 홍보비, 전시회 기간 중 국외 구매자 초청 경비에 대한 재정적인 지원을 할 수 있다.

소방기술의 연구 · 개발사업
① 국가 - 소방기술의 연구 · 개발사업 수행 한국소방으·전원, 화재감정기관 국민의 생명과 재산을 보호하기 위하여 국공립 연구기관, 한국소방산업기술원 등에 해당하는 기관이나 단체로 하여금 소방기술의 연구 · 개발사업을 수행하게 할 수 있다. ② 국가 - 소방기술의 연구 · 개발사업 경비지원 국공립 연구기관 등에 따른 기관이나 단체로 하여금 소방기술의 연구 · 개발사업을 수행하게 하는 경우에는 필요한 경비를 지원하여야 한다.

소방기술 및 소방산업의 국제화사업
① 국가 국가는 소방기술 및 소방산업의 국제경쟁력과 국제적 통용성을 높이는 데에 필요한 기반 조성을 촉진하기 위한 시책을 마련하여야 한다. ② 소방청장의 추진사업 💡 협회시! 　㉠ 소방기술 및 소방산업의 국제 協력을 위한 조사 · 연구 　㉡ 소방기술 및 소방산업에 관한 국제 전시會, 국제 학술회의 개최 등 국제 교류 　㉢ 소방기술 및 소방산업의 국外시장 개척 　㉣ 그 밖에 소방기술 및 소방산업의 국제경쟁력과 국제적 통용성을 높이기 위하여 필요하다고 인정하는 사업

소방산업

소방용 기계 · 기구의 제조, 연구 · 개발 및 판매 등에 관한 일련의 산업

일부

1. 국고보조
2. 소방자동차 보험가입

제8장 | 한국소방안전원("안전원")

1 안전원의 설립

구분	한국소방안전원	한국119청소년단
설립목적	소방기술과 안전관리기술의 향상 및 홍보, 그 밖의 교육·훈련 등 행정기관이 위탁하는 업무의 수행과 소방 관계 종사자의 기술 향상(소방청장의 인가)	청소년에게 소방안전에 관한 올바른 이해와 안전의식을 함양 (소방청장 지도·감독)
설립	법인	법인
규정사항 외 준용규정	「민법」 중 재단법인	「민법」 중 사단법인

2 교육계획의 수립 및 평가

① 교육계획의 수립: 안전원장, 매년 교육 수요조사 실시하여 교육계획을 수립 → 소방청장의 승인

② 교육평가 결과의 보고 및 반영

   ㉠ 교육결과의 평가 및 분석: 안전원장 → 소방청장에게 보고

   ㉡ 교육평가 결과를 교육계획에 반영: 소방청장

③ 교육평가위원회(대통령령): ~운영할 수 있다.

   ㉠ 구성권자: 안전원장

   ㉡ 구성: 9명 이하의 위원(위원장 1명 포함), 성별고려

   ㉢ 위원장: 위원 中 호선

3 안전원의 업무 ✱ 인허가 업무, 소방장비의 품질확보

① 소방기술과 안전관리에 관한 교육 및 조사·연구

② 소방기술과 안전관리에 관한 각종 간행물 발간

③ 화재 예방과 안전관리의식 고취를 위한 대국민 홍보

④ 소방업무에 관하여 행정기관이 위탁하는 업무

⑤ 소방안전에 관한 국제협력

⑥ 그 밖에 회원에 대한 기술지원 등 정관으로 정하는 사항

💡 홍교위 국간 기술!

4 **안전원의 정관** 💣 대표자의 성명

① 목적

② 명칭

③ 주된 사무소의 소재지

④ 사업에 관한 사항

⑤ 이사회에 관한 사항

⑥ 회원과 임원 및 직원에 관한 사항

⑦ 재정 및 회계에 관한 사항

⑧ 정관의 변경에 관한 사항

💡 명목사 이사회 재정

5 **안전원의 운영경비** 💣 국가 보조금

① 업무 수행에 따른 수입금

② 회원의 회비

③ 자산운영수익금

④ 그 밖의 부대수입

6 **기타사항**

① 임원: 원장 **1명**을 포함한 **9명** 이내의 이사와 **1명**의 감사를 둔다. (→ 원장과 감사: 소방청장이 임명)

② 유사명칭 사용금지 → 위반 시: 200만원 ↓ 과태료(위반횟수: 1차, 2차, 3차↑ 모두 200만원)

제9장 | 보칙

1 감독

① 감독권자: 소방청장
② 소방청장의 감독업무
   ㉠ 소방청장: 안전원의 업무를 감독
      • 이사회의 중요의결 사항
      • 회원의 가입·탈퇴 및 회비
      • 사업계획 및 예산
      • 기구 및 조직
      • 소방청장 위탁업무, 정관규정 업무수행
   ㉡ 소방청장의 승인: 사업계획 및 예산

2 권한의 위임

소방청장은 이 법에 따른 권한의 일부를 대통령령으로 정하는 바에 따라 시·도지사, 소방본부장 또는 소방서장에게 위임할 수 있다.

3 손실보상

① 손실보상권자: 소방청장 또는 시·도지사(소방청장등), ~하여야 한다.
② 손실보상대상 → 손실보상심의위원회의 심사·의결 💡 적법한 위생 종강!
   ㉠ 생활안전활동에 따른 조치로 인하여 손실을 입은 자
   ㉡ 소방활동 종사명령에 따른 소방활동 종사로 인하여 사망하거나 부상을 입은 자
   ㉢ 강제처분(토지 외의 강제처분, 주정차 차량)에 따른 처분으로 인하여 손실을 입은 자
      → 제외: 법령을 위반하여 소방자동차의 통행과 소방활동에 방해가 된 경우
   ㉣ 위험시설 등에 대한 긴급조치에 따른 조치로 인하여 손실을 입은 자
   ㉤ 그 밖에 소방기관 또는 소방대의 적법한 소방업무 또는 소방활동으로 인하여 손실을 입은 자
③ 손실보상 청구기간: 손실이 있음을 안 날 + 3년 / 손실이 발생한 날 + 5년
④ 손실보상의 지급절차 및 방법(대통령령)

   ㉠ 지급여부 및 보상금액 결정: 청구서 받은 날부터 60일 이내
   ㉡ 청구인 통지: 결정일로부터 10일 이내

ⓒ 보상금 지급: 통지일로부터 **30일 이내**

ⓔ 지급방법
- 예금계좌에 입금하는 방법(부득이한 사유가 있는 경우 현금으로 지급 가능)
- 일시불 지급(특별한 사정이 있는 경우 분할 지급 가능)

ⓜ 물건의 멸실·훼손으로 인한 손실보상의 보상금액

구분	금액
손실을 입은 물건을 수리 ○	수리비에 상당하는 금액
손실을 입은 물건을 수리 ×	손실을 입은 당시의 해당 물건의 교환가액
비고	영업자가 손실을 입은 물건의 수리나 교환으로 인하여 영업을 계속할 수 없는 때에는 영업을 계속할 수 없는 기간의 영업이익액에 상당하는 금액을 더하여 보상한다.

ⓗ 소방활동 종사 사상자의 보상금액 등의 기준 💡 **사부는 보상을 순환한다!**
- **사**망자의 보상금액 기준
- **부**상등급의 기준
- 부상등급별 **보상**금액 기준
- 보상금 지급**순**위의 기준
- 보상금의 **환수** 기준

⑤ **손실보상심의위원회의 구성**(대통령령): 필요한 경우, 구성·운영할 수 있다.

구분	내용
구성·운영권자	소방청장 또는 시·도지사(소방청장등)
해임권자	소방청장 또는 시·도지사(소방청장등)
구성	5명 이상 7명 이하의 위원(위원장 1명 포함) → 다만, 청구금액 100만원 ↓ 사건에 대해서는 소방공무원의 위원 3명만 구성가능
위원장	위원 中 소방청장등이 지명
위원	㉠ 소속 소방공무원 ㉡ 판사·검사 또는 변호사로 5년 ↑ 근무한 사람 ㉢ 「고등교육법」에 따른 학교에서 법학 또는 행정학을 가르치는 부교수 이상으로 5년 ↑ 재직한 사람 ㉣ 「보험업법」에 따른 손해사정사 ㉤ 소방안전 또는 의학 분야에 관한 학식과 경험이 풍부한 사람
임기	2년(다만, 보상위원회가 해산되는 경우에는 그 해산되는 때에 임기가 만료되는 것으로 한다.)
간사	보상위원회의 사무를 처리하기 위하여 보상위원회에 간사 1명을 두되, 간사는 소속 소방공무원 중에서 소방청장등이 지명한다.

🌸 **부교수**

① 손실보상심의위원회
② 화재안전영향평가심의회
③ 소방안전관리자 강습 / 실무교육 강사 자격
④ 성능위주설계평가단

🌸 **구성**

1. 소방기술민원센터(18명)
2. 소방박물관 운영위원회(7인)
3. 한국소방안전원 교육평가심의위원회(9명)
4. 한국소방안전원 임원 (9명 이사 + 1명 감사)
5. 손실보상심의위원회 (5 ~ 7명 + 1명 간사)

PART 2 소방시설공사업법

제1장 | 총칙

1 목적

```
┌─────────────────────┐         ┌─────────────────────┐
│    소방시설공사      │   ──▶   │   소방시설업의 발전   │
│        +            │         │   소방기술의 진흥    │
│    소방기술의 관리   │         └─────────────────────┘
└─────────────────────┘                  │
                                         ▼
        ┌─────────────────────────────────────┐
        │  ① 공공의 안전   ② 국민경제에 이바지  │
        └─────────────────────────────────────┘
```

이 법은 소방시설공사 및 소방기술의 관리에 필요한 사항을 규정함으로써 소방시설업을 건전하게 발전시키고 소방기술을 진흥시켜 화재로부터 ㉠ 공공의 안전을 확보하고 ㉡ 국민경제에 이바지함을 목적으로 한다.

궁극의 목적

1. 공공의 안전
2. 국민경제 이바지

2 정의

용어		정의
소방시설업 ❗소방시설관리업, 소방시설점검업, 소방유지관리업	① 소방시설설계업	소방시설공사에 기본이 되는 공사계획, 설계도면, 설계 설명서, 기술계산서 및 이와 관련된 서류(설계도서)를 작성(설계)하는 영업
	② 소방시설공사업	설계도서에 따라 소방시설을 신설, 증설, 개설, 이전 및 정비(시공)하는 영업
	③ 소방공사감리업	소방시설공사에 관한 발주자의 권한을 대행하여 소방시설공사가 설계도서와 관계 법령에 따라 적법하게 시공되는지를 확인하고, 품질·시공 관리에 대한 기술지도를 하는(감리) 영업
	④ 방염처리업	「소방시설 설치 및 관리에 관한 법률」에 따른 방염대상물품에 대하여 방염처리(방염)하는 영업
소방시설업자		소방시설업을 경영하기 위하여 소방시설업을 등록한 자
감리원		소방공사감리업자에 소속된 소방기술자로서 해당 소방시설공사를 감리하는 사람
소방기술자		소방기술 경력 등을 인정받은 사람 다음의 어느 하나에 해당하는 사람으로서 소방시설업과 소방시설관리업의 기술인력으로 등록된 사람을 말한다. ① 소방시설관리사 ② 국가기술자격 법령에 따른 소방기술사, 소방설비기사, 소방설비산업기사, 위험물기능장, 위험물산업기사, 위험물기능사

개설, 이전, 정비

1. 개설: 이미 특정소방대상물에 설치된 소방시설등의 전부 또는 일부를 철거하고 새로 설치하는 것(다만, 정비에 해당하는 경우에는 제외한다.)
2. 이전: 이미 설치된 소방시설등을 현재 설치된 장소에서 다른 장소로 옮겨 설치하는 것
3. 정비: 이미 설치된 소방시설등을 구성하고 있는 기계·기구를 교체하거나 보수하는 것

발주자	소방시설의 설계, 시공, 감리 및 방염(소방시설공사등)을 소방시설업자에게 도급하는 자(다만, 수급인으로서 도급받은 공사를 하도급하는 자는 제외한다.)

발주자
(소방시설공사등) → 도급 → 소방시설업자 (A업체) 발주자 × → 하도급 → 소방시설업자 (B업체)

제2장 | 소방시설업

1 소방시설업의 등록

① **등록의 권한자**: 시·도지사
② **등록기준**(대통령령): 자본금(개인의 경우: 자산평가액) + 기술인력
  → 소방시설업 등록을 하지 아니하고 영업을 한 자: 3년, 3천만원↓ 벌금
③ **소방시설업의 업종별 영업범위**: 대통령령
  ㉠ **소방시설설계업**

구분		기술인력	영업범위
전문	주	소방기술사 1명 ↑	ALL
	보조	1명 ↑	
일반	기계	주	소방기술사 or 소방설비기사(기계) 1명 ↑	• 아파트(제연설비 제외) • 위험물제조소등 • 연면적 3만m²(공장: 1만m²) ↓인 특정소방대상물(제연설비 제외) 💡 아제는 위험한 연장을 장만해!
		보조	1명 ↑	
	전기	주	소방기술사 or 소방설비기사(전기) 1명 ↑	• 아파트 • 위험물제조소등 • 연면적 3만m²(공장: 1만m²) ↓인 특정소방대상물
		보조	1명 ↑	

  ㉡ **소방시설공사업**

구분		기술인력	자본금[2]	영업범위
전문	주	소방기술사 또는 소방설비기사(기계, 전기)[1] 각 1명 ↑	1억원 ↑	ALL
	보조	2명 ↑		

🔧 보조기술인력

1. 소방기술사 자격
2. 소방설비기사 자격
3. 소방설비산업기사 자격
4. 소방공무원 + 3년 ↑ + 자격수첩 발급
5. 소방기술 관련 자격·경력·학력 + 자격수첩 발급

🔧 소방설비기사[1]

기계 및 전기분야의 자격을 함께 취득한 사람은 1명
→ 각 1명 ×

🔧 자본금[2]

금융회사 또는 소방산업공제조합이 자본금 기준금액의 100분의 20 이상의 해당하는 금액의 담보 제공. 현금예치 또는 출자 사실 증명확인서 제출

		주	소방기술사 or 소방설비기사(기계) 1명 ↑		
일반	기계	보조	1명 ↑	1억원 ↑	• 연면적 1만m² ↓인 특정소방대상물 • 위험물제조소등
	전기	주	소방기술사 or 소방설비기사(전기) 1명 ↑		
		보조	1명 ↑		

ⓒ 소방공사감리업

구분		기술인력	영업범위
전문		• 소방기술사 1명 ↑ • 특급(기계, 전기) 각 1명 ↑ (함께 소지 1명 ↑) • 고급(기계, 전기) 각 1명 ↑ (함께 소지 1명 ↑) • 중급(기계, 전기) 각 1명 ↑ (함께 소지 1명 ↑) • 초급(기계, 전기) 각 1명 ↑ (함께 소지 1명 ↑)	ALL
일반	기계	• 특급(기계) 1명 ↑ • 고급 또는 중급(기계) 1명 ↑ • 초급(기계) 1명 ↑	• 아파트(제연설비 제외) • 위험물제조소등 • 연면적 3만m²(공장: 1만m²) ↓인 특정소방대상물(제연설비 제외) 💡 아제는 위험한 연장을 장만해!
	전기	• 특급(전기) 1명 ↑ • 고급 또는 중급(전기) 1명 ↑ • 초급(전기) 1명 ↑	• 아파트 • 위험물제조소등 • 연면적 3만m²(공장: 1만m²) ↓인 특정소방대상물

ⓓ 방염처리업: 섬유류 방염업 / 합성수지류 방염업 / 합판·목재류 방염업 💡 합합섬

🎯 참고 기계분야 vs. 전기분야

기계 분야	① 소화기구, 자동소화장치, 옥내소화전설비, 스프링클러설비등, 물분무등소화설비, 옥외소화전설비, 피난기구, 인명구조기구, 상수도소화용수설비, 소화수조·저수조, 그 밖의 소화용수설비, **제연설비**, 연결송수관설비, 연결살수설비 및 연소방지설비 ② 기계분야 소방시설에 부설되는 전기시설. 다만, 비상전원, 동력회로, 제어회로, 기계분야 소방시설을 작동하기 위하여 설치하는 화재감지기에 의한 화재감지장치 및 전기신호에 의한 소방시설의 작동장치는 제외한다. ③ (감리업만 해당) 실내장식물 및 방염대상물품
전기 분야	① 단독경보형감지기, 비상경보설비, 비상방송설비, 누전경보기, 자동화재탐지설비, 시각경보기, 화재알림설비, 화재알림설비, 자동화재속보설비, 가스누설경보기, 통합감시시설, 유도등, 비상조명등, 휴대용비상조명등, 비상콘센트설비 및 무선통신보조설비 ② 기계분야 소방시설에 부설되는 전기시설 중 기계분야, 단서의 전기시설

④ 소방시설업 中 시·도지사에게 등록예외대상
  → 공기업, 준정부기관, 지방공사, 지방공단 + 주택의 건설·공급 목적 + 설계·감리 업무를 주요 업무로 규정 + 자체 기술인력 보유 및 활용 💡 사단준공 + 주택 + 설계, 감리

⑤ **소방시설업의 등록신청 절차:** 행정안전부령

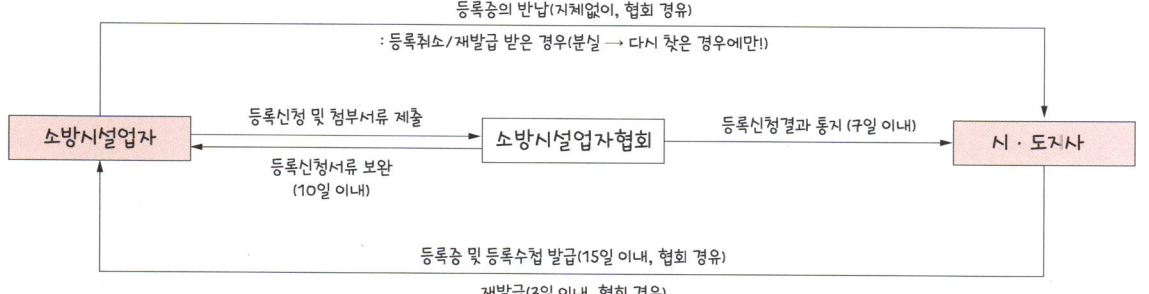

등록증의 반납(지체없이, 협회 경유)
: 등록취소/재발급 받은 경우(분실 → 다시 찾은 경우에만!)

| 소방시설업자 | 등록신청 및 첨부서류 제출 → ← 등록신청서류 보완 (10일 이내) | 소방시설업자협회 | 등록신청결과 통지 (구일 이내) | 시·도지사 |

등록증 및 등록수첩 발급(15일 이내, 협회 경유)
재발급(3일 이내, 협회 경유)

㉠ 첨부서류 중 소방시설공사업의 경우
- 금융회사 또는 소방산업공제조합에 출자·예치·담보한 금액 확인서
- 신청일 전 최근 90일 이내에 작성한 자산평가액 또는 기업진단 보고서

㉡ 등록신청서류의 보완기간: 협회 → 소방시설업자(**10일 이내**)

㉢ 등록신청 서류의 검토·확인 및 송부: 협회 → 시·도지사(**7일 이내**)

㉣ 등록증 및 등록수첩의 발급: 시·도지사 → 협회 → 소방시설업자(**15일 이내**)

㉤ 재발급: 시·도지사 → 협회 → 소방시설업자(**3일 이내**)
- 소방시설업 등록증 또는 등록수첩을 잃어버린 경우
- 소방시설업 등록증 또는 등록수첩이 헐어 못 쓰게 된 경우
- 소방시설업 등록증 또는 등록수첩의 기재란이 부족한 경우

㉥ 등록증 및 등록수첩의 반납: 소방시설업자 → 협회 → 시·도지사(**지체없이**) 💣 **폐업한 경우**
- 소방시설업 등록이 취소된 경우
- 등록증 또는 등록수첩을 재발급을 받은 경우(등록증 또는 등록수첩을 잃어버리고 재발급을 받은 경우에는 이를 다시 찾은 경우에단!)

⑥ **등록의 결격사유**

㉠ 피성년후견인

㉡ **실형**을 선고받고 그 집행이 끝나거나(집행이 끝난 것으로 보는 경우 포함) 면제된 날부터 **2년**이 지나지 아니한 사람

㉢ 금고 이상의 형의 **집행유예**를 선고받고 그 유예기간 중에 있는 사람

㉣ 등록하려는 소방시설업 등록이 **취소**(㉠에 해당하여 등록이 취소된 경우는 제외)된 날부터 **2년**이 지나지 아니한 자

㉤ 법인의 **대표자**가 ㉠부터 ㉣까지의 규정에 해당하는 경우 그 법인

㉥ 법인의 **임원**이 ㉡부터 ㉣까지의 규정에 해당하는 경우 그 법인 💣 **피성년후견인**

---

2 등록사항의 변경신고

① 변경신고: 시·도지사 (*변경신고 ×, 거짓 변경신고: 200만원 ↓ 과태료)
② 행정안전부령으로 정하는 중요한 사항: 상호(명칭) 또는 영업소 소재지의 변경 / 대표자 변경 / 기술인력 변경 💡 명상소 대기!
③ 변경신고 절차: 행정안전부령

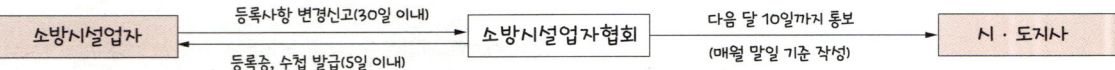

- ㉠ 등록사항의 변경신고: 소방시설업자 → 협회(30일 이내)
- ㉡ 등록증, 수첩의 발급: 협회 → 소방시설업자(5일 이내)
- ㉢ 등록사항의 변경신고 접수현황 보고: 협회 → 시·도지사(매월 말일 기준 작성, 다음 달 10일까지 시·도지사에게 알림)
- ㉣ 영업소 소재지의 시·도 변경: 등록된 시·도 → 다른 시·도로 변경(7일 이내 해당 시·도지사에게 보냄, 새로 발급)

3 휴업·폐업 신고

① 휴업·폐업 신고: 시·도지사 (*휴업·폐업 신고 ×, 거짓 휴업·폐업신고: 200만원 ↓ 과태료)
② 휴업·폐업 신고절차(행정안전부령): 소방시설업자 → 소방시설업자협회 → 시·도지사(30일 이내)
③ 폐업신고를 받은 시·도지사: 소방시설업 등록말소, 인터넷 홈페이지 공고
④ 재개업
- ㉠ 폐업신고를 한 자가 6개월 이내에 같은 업종의 소방시설업을 다시 등록한 경우 해당 소방시설업자는 폐업신고 전 소방시설업자의 지위를 승계한다.
- ㉡ 소방시설업자의 지위를 승계한 자에 대해서는 폐업신고 전의 소방시설업자에 대한 행정처분의 효과가 승계된다.

4 소방시설업자의 지위승계

① 지위승계신고: 시·도지사 (*지위승계신고 ×, 거짓 지위승계신고: 200만원 ↓ 과태료)
② 지위승계
- ㉠ 사망(상속인), 양도(양수인), 합병(합병 후 존속 법인 또는 설립 법인)
- ㉡ 경매, 환가, 압류재산의 매각(소방시설의 전부를 인수한 자)
③ 지위승계 신고 수리
- ㉠ 등록의 결격사유기준을 준용한다.
  - → 상속인의 경우 상속받은 날부터 3개월 동안은 결격사유 기준 미적용
- ㉡ 지위승계 신고 수리 시 상속일, 양수일, 합병일, 인수일로부터 종전의 소방시설업자의 지위를 승계함

변경신고 시 공통 제출서류

1. 소방시설업 등록수첩
2. 소방시설업 등록증
   (기술인력 변경 시 제외)

④ **지위승계 신고 절차**: 행정안전부령

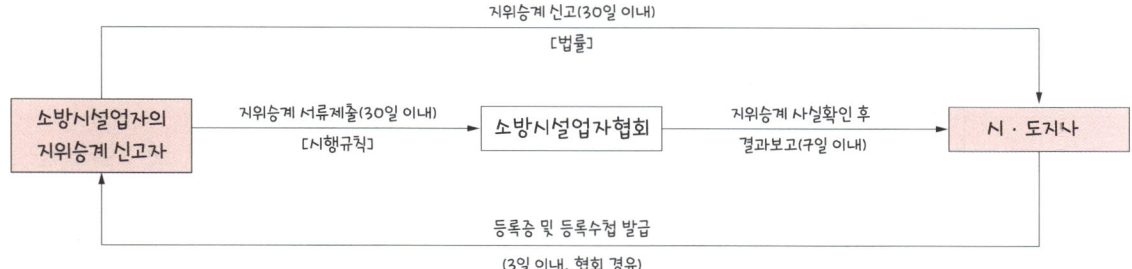

㉠ 지위승계 서류 제출: 소방시설업자의 지위승계 신고자 → 협회(**30일 이내**)
㉡ 지위승계 사실 확인 후 결과보고: 협회 → 시·도지사(**7일 이내**)
㉢ 등록증 및 등록수첩 발급: 시·도지사 → 협회 → 소방시설업자의 지위승계 신고자(**3일 이내**)

구분	신고내용	등록증 또는 등록수첩 발급(회신)
등록	• 소방시설설계업, 소방시설공사업, 소방공사감리업, 방염처리업 • 등록기준(대통령령): 자본금(개인의 경우: 자산평가액) + 기술인력	**15일 이내**
재발급	• 등록증 또는 등록수첩을 잃어버린 경우 • 등록증 또는 등록수첩이 헐어 못 쓰게 된 경우	**3일 이내**
등록사항의 변경신고	• 상호(명칭), 영업소 소재지, 대표자, 기술인력 변경 • 신고: **30일 이내**	**5일 이내**
휴업·폐업신고	• 휴업, 폐업, 재개업 • 신고: **30일 이내**	–
지위승계	• 사망(상속인), 양도(양수인), 합병(존속 법인 또는 설립 법인) • 경매, 환가, 압류재산의 매각(소방시설의 전부를 인수한 자) • 신고: **30일 이내**	**3일 이내**

5 소방시설업의 운영

① 소방시설업자의 의무
㉠ 소방시설업자 등록증 또는 등록수첩 대여 금지(→ 위반 시: 300만원 ↓ 벌금)

㉡ 영업정지처분 또는 등록취소처분을 받은 소방시설업자는 그 날부터 소방시설공사등 금지(→ 위반 시: 1년, 1천만원↓ 벌금)

㉢ 소방시설업자가 보관하여야 하는 서류 → 하자보수 보증기간 동안 보관

소방시설설계업	소방시설공사업	소방공사감리업
• 소방시설 설계기록부 • 소방시설 설계도서	• 소방시설공사 기록부	• 소방공사 감리기록부 • 소방공사 감리일지 • 소방시설의 완공 당시 설계도서

② 소방시설업자의 사실통보 의무: 소방시설업자 → 소방시설공사등을 맡긴 특정소방대상물의 관계인(지체 없이) 💡 휴지 폐지 취정!(관리업 동일!)
㉠ 소방시설업자의 **지**위를 승계한 경우

㉡ 소방시설업의 등록**취**소처분 또는 영업**정**지처분을 받은 경우

㉢ **휴**업하거나 **폐**업한 경우

6 등록취소와 영업정지

① 등록취소 및 영업정지 권한자: 시 · 도지사

② 소방시설업의 등록취소(1차 취소)
㉠ 거짓이나 그 밖의 부정한 방법으로 등록한 경우

㉡ 소방시설업의 등록 결격사유에 해당하게 된 경우

(다만, 등록 결격사유의 ⑤, ⑥에 해당하게 된 법인이 그 사유가 발생한 날부터 **3개월 이내** 그 사유를 해소한 경우 제외)

㉢ 영업정지 기간 중에 소방시설공사등을 한 경우 (* 벌칙: 1년/1천만원 ↓ 벌금)

③ 등록취소 또는 6개월 이내 시정명령, 영업정지(일부)

위반사항	1차 위반	2차 위반	3차 위반
등록을 한 후 정당한 사유 없이 1년이 지날 때까지 영업을 시작하지 아니하거나 계속하여 1년 이상 휴업한 때	경고 (시정명령)	등록취소	
다른 자에게 자기의 성명이나 상호를 사용하여 소방시설공사등을 수급 또는 시공하게 하거나 소방시설업의 등록증 또는 등록수첩을 빌려준 경우	영업정지 6개월	등록취소	
소방시설공사등의 업무수행의무 등을 고의 또는 과실로 위반하여 다른 자에게 상해를 입히거나 재산피해를 입힌 경우	영업정지 6개월	등록취소	
시공과 감리를 함께 한 경우	영업정지 3개월	등록취소	

⚙️ **200만원 이하의 과태료**

① 관계인에게 지위승계, 행정처분 또는 휴업 · 폐업의 사실을 거짓으로 알린 업자

② 업자가 관계 서류를 하자보수 보증기간 동안 보관하지 아니한 경우

⚙️ **등록 결격사유의 ⑤, ⑥**

⑤ 법인의 대표자 ① ~ ㉴까지의 규정에 해당하는 경우 그 법인

⑥ 법인의 임원이 ② ~ ㉴까지의 규정에 해당하는 경우 그 법인

도급받은 소방시설의 설계, 시공, 감리를 하도급한 경우	영업정지 3개월	영업정지 6개월	등록취소
시공능력 평가에 관한 서류를 거짓으로 제출한 경우	영업정지 3개월	영업정지 6개월	등록취소
정당한 사유 없이 관계 공무원의 출입 또는 검사·조사를 거부·방해 또는 기피한 경우	영업정지 3개월	영업정지 6개월	등록취소

④ 등록취소의 적용제외
→ 소방시설업자의 지위를 승계한 상속인이 등록결격사유에 해당할 때에는 상속을 개시한 날부터 **6개월 동안** 등록취소를 적용하지 아니함

7 과징금

① 과징금 부과권자 및 금액: 시·도지사, 영업정지처분 갈음 2억원 이하의 과징금
② 필요한 사항: 행정안전부령

구분	내용	과징금
소방시설법	소방시설관리업의 영업정지처분에 갈음하는 과징금	3천만원 이하
소방시설공사업법	소방시설업의 영업정지처분에 갈음하는 과징금	2억원 이하
위험물안전관리법	제조소등의 사용정지처분에 갈음하는 과징금	2억원 이하

8 소방시설업자 등의 처분통지

① 처분통지 대상 및 기한: 소방청장 또는 시·도지사 → 협회(7일 이내)
② 처분통지의 경우
  ㉠ 소방시설업의 등록취소·시정명령 또는 영업정지를 하는 경우
  ㉡ 과징금을 부과하는 경우
  ㉢ 소방기술 자격수첩 또는 경력수첩의 자격을 취소하거나 정지하는 경우

제3장 | 소방시설공사등(설계, 공사, 감리, 방염)

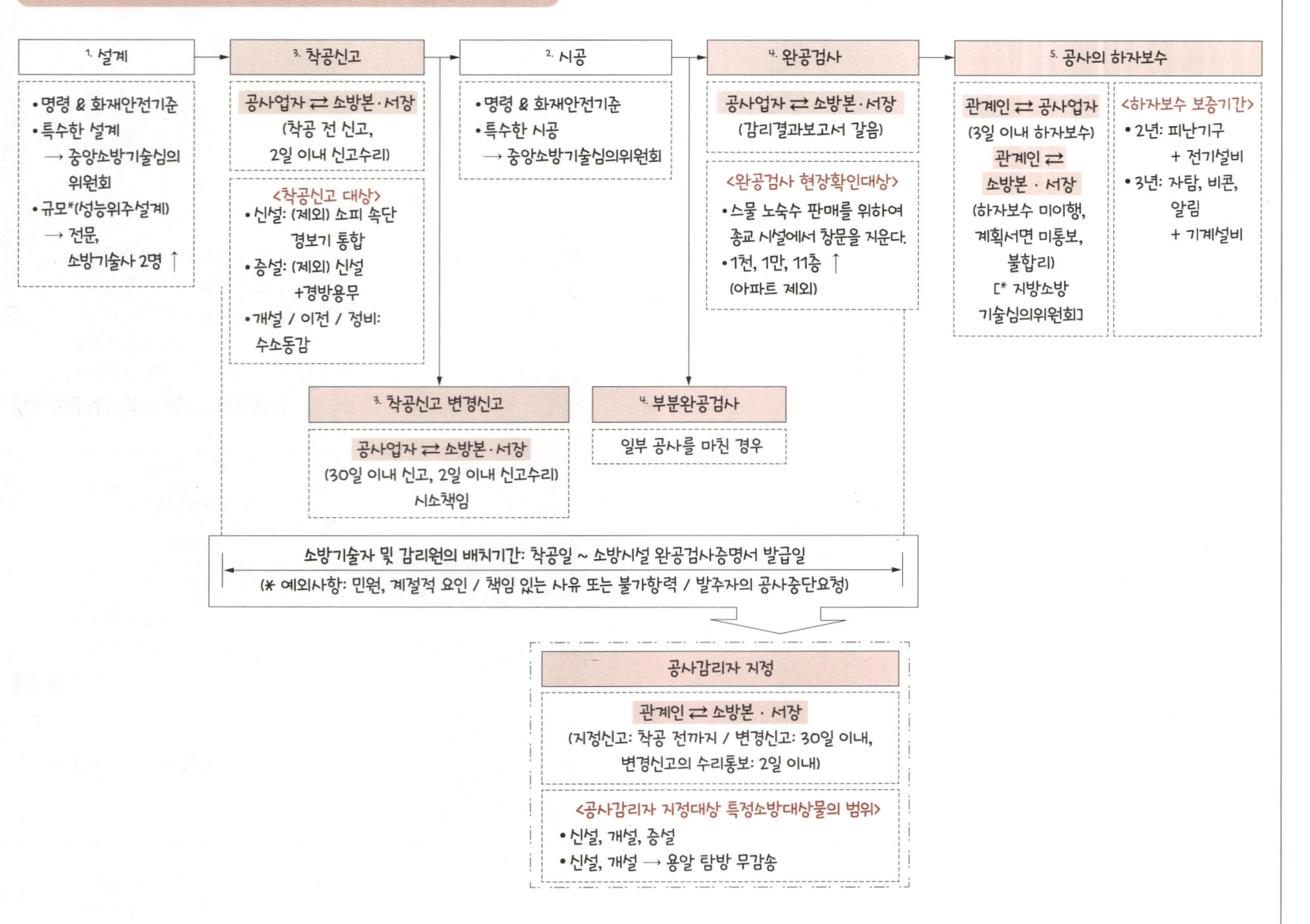

1. 설계
- 명령 & 화재안전기준
- 특수한 설계
  → 중앙소방기술심의위원회
- 규모*(성능위주설계)
  → 전문,
    소방기술사 2명 ↑

3. 착공신고
공사업자 ⇄ 소방본·서장
(착공 전 신고,
2일 이내 신고수리)

<착공신고 대상>
- 신설: (제외) 소피 속단
  경보기 통합
- 증설: (제외) 신설
  +경방용무
- 개설 / 이전 / 정비:
  수소동감

2. 시공
- 명령 & 화재안전기준
- 특수한 시공
  → 중앙소방기술심의위원회

4. 완공검사
공사업자 ⇄ 소방본·서장
(감리결과보고서 갈음)

<완공검사 현장확인대상>
- 스물 노숙수 판매를 위하여
  종교 시설에서 창문을 지운다.
- 1천, 1만, 11층 ↑
  (아파트 제외)

5. 공사의 하자보수
관계인 ⇄ 공사업자
(3일 이내 하자보수)
관계인 ⇄
소방본·서장
(하자보수 미이행,
계획서면 미통보,
불합리)
[* 지방소방
기술심의위원회]

<하자보수 보증기간>
- 2년: 피난기구
  + 전기설비
- 3년: 자탐, 비콘,
  알림
  + 기계설비

3. 착공신고 변경신고
공사업자 ⇄ 소방본·서장
(30일 이내 신고, 2일 이내 신고수리)
시소책임

4. 부분완공검사
일부 공사를 마친 경우

소방기술자 및 감리원의 배치기간: 착공일 ~ 소방시설 완공검사증명서 발급일
(* 예외사항: 민원, 계절적 요인 / 책임 있는 사유 또는 불가항력 / 발주자의 공사중단요청)

공사감리자 지정
관계인 ⇄ 소방본·서장
(지정신고: 착공 전까지 / 변경신고: 30일 이내,
변경신고의 수리통보: 2일 이내)

<공사감리자 지정대상 특정소방대상물의 범위>
- 신설, 개설, 증설
- 신설, 개설 → 용알 탐방 무감송

1 설계

① **설계업자의 의무**: 이 법에 따른 명령과 화재안전기준에 맞게 소방시설을 **설계**하여야 한다. (* 위반시: 1년, 1천만원↓ 벌금)

→ 화재안전기준을 따르지 ✕: 중앙소방기술심의위원회의 심의를 거쳐 소방시설의 구조와 원리 등에서 **특수한 설계**로 인정된 경우

② **성능위주설계를 할 수 있는 자격, 기술인력 및 자격에 따른 설계의 범위**: 대통령령

성능위주설계자의 자격	기술인력	설계범위
㉠ 전문 소방시설설계업을 등록한 자 ㉡ 전문 소방시설설계업 등록기준에 따른 기술인력을 갖춘 자로서 소방청장이 정하여 고시하는 연구기관 또는 단체	소방기술사 2명 이상	「소방시설의 설치 및 관리에 관한 법률 시행령」에 따라 성능위주설계를 하여야 하는 특정소방대상물

2 시공

① **공사업자의 의무**: 이 법에 따른 명령과 화재안전기준에 맞게 소방시설을 **시공**하여야 한다. (* 위반시: 1년, 1천만원↓ 벌금)

→ 화재안전기준을 따르지 ✕: 중앙소방기술심의위원회의 심의를 거쳐 소방시설의 구조와 원리 등에서 **특수한 시공**으로 인정된 경우

② **공사현장의 소방기술자의 배치기간**: 대통령령

㉠ 소방기술자의 배치: 공사업자 → 소속 소방기술자를 공사현장에 배치하여야 한다. (* 위반 시: 200만원 ↓ 과태료)

㉡ 배치기간: 착공일 ~ 소방시설 완공검사증명서 발급일

㉢ 소방기술자를 공사 현장에 배치하지 않을 수 있는 경우(예외사항)
- 민원 또는 계절적 요인 등으로 해당 공정의 공사가 일정 기간 중단된 경우
- 예산의 부족 등 발주자(하도급의 경우 수급인 포함)의 책임 있는 사유 또는 천재지변 등 불가항력으로 공사가 일정기간 중단된 경우
- 발주자가 공사의 중단을 요청하는 경우

③ **공사현장의 소방기술자 배치기준**: 대통령령

㉠ 1명의 소방기술자: 2개의 공사 현장을 초과하여 배치 ✕

㉡ 1명의 소방기술자를 반드시 1개의 공사 현장에만 배치해야 하는 경우
- 특정소방대상물(아파트 제외): 연면적 3만㎡ ↑
- 아파트: 지하층 포함 층수 16층 ↑ & 500세대 ↑

㉢ 1명의 소방기술자를 2개의 공사현장에 초과 배치가 가능한 경우
- 연면적 5천㎡ ↓만 배치(연면적 합계 2만㎡ 초과 ✕)
- 연면적 5천㎡ ↑ 2개↓ + 연면적 5천㎡ ↓ 같이 배치(연면적 합계 1만㎡ 초과 ✕)

㉣ 소방공사감리업자가 감리하는 소방시설 공사현장에 소방기술자를 배치하지 않을 수 있는 경우 💡 무방비 용제
- 소방시설의 **비상**전원＋전기공사업자가 공사하는 경우
- 소화**용수**설비＋기계설비·가스공사업자 OR 상·하수도설비공사업자가 공사하는 경우
- 소방 외의 용도와 겸용되는 **제**연설비＋기계설비·가스공사업자가 공사하는 경우
- 소방 외의 용도와 겸용되는 비상**방송**설비 OR **무**선통신보조설비＋정보통신공사업자가 공사하는 경우

⚙성능위주설계(공사업법)

특정소방대상물(신축하는 것만 해당에 대해서는 그 용도, 위치, 구조, 수용 인원, 가연물의 종류 및 양 등을 고려하여 설계

⚙성능위주설계(소방시설업)

건축물 등의 재료, 공간, 이용자, 화재 특성 등을 종합적으로 고려하여 공학적 방법으로 화재 위험성을 평가하고 그 결과에 따라 화재안전 성능이 확보될 수 있도록 특정소방대상물을 설계하는 것

⚙소방기술자의 배치기준

감리원의 배치기준에서 비교하며 확인하자!

참고 **기계분야 및 전기분야의 소방시설공사**

공사구분	내용
기계분야	① 옥내소화전설비, 스프링클러설비등, 물분무등소화설비 또는 옥외소화전설비의 공사 ② 상수도소화용수설비, 소화수조·저수조 또는 그 밖의 소화용수설비의 공사 ③ 제연설비, 연결송수관설비, 연결살수설비 또는 연소방지설비의 공사 ④ 기계분야 소방시설에 부설되는 전기시설의 공사. 다만, 비상전원, 동력회로, 제어회로, 기계분야의 소방시설을 작동하기 위해 설치하는 화재감지기에 　의한 화재감지장치 및 전기신호에 의한 소방시설의 작동장치의 공사는 제외한다.
전기분야	① 비상경보설비, 자동화재탐지설비, 화재알림설비 또는 비상방송설비의 공사 ② 비상콘센트설비 또는 무선통신보조설비의 공사 ③ 기계분야 소방시설에 부설되는 전기시설 중 기계분야 "④ 단서"의 전기시설 공사

3 착공신고

① 착공신고 절차 및 착공신고 대상(제외: 제조소등과 다중이용업소)

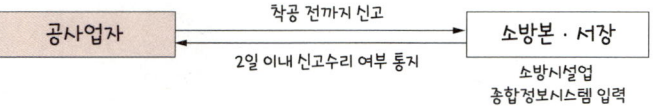

공사업자 ──── 착공 전까지 신고 ────▶ 소방본·서장
　　　　　◀── 2일 이내 신고수리 여부 통지 ──　　소방시설업
　　　　　　　　　　　　　　　　　　　　　총합정보시스템 입력

신설하는 공사(해당 ×: 소피 속단 경보기 통합)
㉠ 옥내(호스릴 포함)·옥외소화전설비
㉡ 스프링클러설비등: 스프링클러설비, 간이스프링클러설비(캐비닛형 포함), 화재조기진압용 스프링클러설비
㉢ 물분무등소화설비: 물분무·미분무·포·강화액·CO_2·할론·할로겐화합물 및 불활성기체·분말소화설비·고체에어로졸 소화설비
㉣ 자동화재탐지설비, 화재알림설비, 비상경보설비, 비상방송설비(제외: 소방용 외의 용도와 겸용되는 비상방송설비를 정보통신공사업자가 공사하는 경우)
㉤ 소화용수설비(제외: 소화용수설비를 기계설비·가스공사업자 또는 상·하수도설비공사업자가 공사하는 경우)
㉥ 연결송수관설비, 연결살수설비, 제연설비(제외: 소방용 외의 용도와 겸용되는 제연설비를 기계설비·가스공사업자가 공사하는 경우), 연소방지설비, 비상콘센트설비(제외: 비상콘센트설비를 전기공사업자가 공사하는 경우), 무선통신보조설비(제외: 소방용 외의 용도와 겸용되는 무선통신보조설비를 정보통신공사업자가 공사하는 경우)
증설하는 공사(해당 ×: 소피 속단 경보기 통합 알림 + 경방 용무)
㉠ 옥내(호스릴 포함)·옥외소화전설비
㉡ 방호구역: 스프링클러설비등 또는 물분무등소화설비
㉢ 경계구역: 자동화재탐지설비, 화재알림설비
㉣ 제연구역: 제연설비(제외: 소방용 외의 용도와 겸용되는 제연설비를 기계설비·가스공사업자가 공사하는 경우)
㉤ 살수구역: 연결살수설비, 연소방지설비　💣 헤드증설
㉥ 송수구역: 연결송수관설비
㉦ 전용회로: 비상콘센트설비

🔴 **소피 속단 경보기 통합**

1. 소화기구 및 자동소화장치
2. 피난구조설비
3. 자동화재속보설비
4. 단독경보형감지기
5. 시각경보기
6. 누전경보기
7. 가스누설경보기
8. 통합감시시설

🔴 **경방용무**

1. 비상경보설비
2. 비상방송설비
3. 소화용수설비
4. 무선통신보조설비

개설, 이전, 정비하는 공사(해당 O: 수소동감) [제외: 고장 또는 파손 등으로 긴급히 교체, 보수하여야 하는 경우]

    ㉠ **수신반**
    ㉡ **소화펌프**
    ㉢ 동력제어반
    ㉣ 감시제어반

② **착공신고의 변경신고**
    ㉠ 착공신고의 변경신고 절차

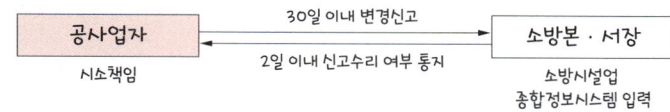

        공사업자 ——30일 이내 변경신고→ 소방본·서장
        시소책임 ←2일 이내 신고수리 여부 통지—— 소방시설업 총합정보시스템 입력

    ㉡ 행정안전부령으로 정하는 중요한 사항(변경신고를 하여야 하는 사항) 💡시소책임
      • **시공자**
      • 설치되는 **소**방시설의 종류
      • **책임**시공 및 기술관리 소방기술자
    ㉢ 중요한 사항에 해당하지 아니하는 변경사항: 공사업자 → 소방본·서장(완공 또는 부분완공검사 신청서류, 공사감리 결과보고서에 포함하여 보고)

4 완공검사

① **완공검사**: 공사업자 → 소방본부장 또는 소방서장 (* 완공검사 ✕: 200만원 ↓ 과태료)
② **완공검사의 방법**
    ㉠ 공사감리자가 지정되어 있는 경우: 공사감리 결과보고서로 완공검사를 갈음한다.
    ㉡ 대통령령으로 정하는 특정소방대상물의 경우: 소방본부장이나 소방서장이 소방시설공사가 공사감리 결과보고서대로 완공되었는지를 현장에서 확인할 수 있다.
③ **완공검사를 위한 현장확인 대상 특정소방대상물의 범위**(대통령령)
    ㉠ **문**화 및 집회시설, **종교시설**, **판매**시설, **노**유자시설, **수련**시설, **운동**시설, **숙박**시설, **창고시**설, **지**하상가 및 **다**중이용업소
    ㉡ 다음의 어느 하나에 해당하는 설비가 설치되는 특정소방대상물
      • **스**프링클러설비등
      • **물**분무등소화설비(호스릴 방식의 소화설비 제외)
    ㉢ 연면적 **1만**㎡ 이상이거나 **11층** 이상인 특정소방대상물(아파트 제외)
    ㉣ 가연성 가스를 제조·저장 또는 취급하는 시설 중 지상에 노출된 가연성 가스탱크의 저장용량 합계가 **1천톤** 이상인 시설
    💡 스물 노숙수 판매를 위하여 종교시설의 창문을 지운다. 1천, 1만, 11층 ↑ (아파트 제외)
④ **부분완공검사**: 공사업자가 소방대상물 일부분의 소방시설공사를 마친 경우로서 전체 시설이 준공되기 전에 부분적으로 사용할 필요가 있는 경우에는 그 일부분에 대하여 소방본부장이나 소방서장에게 완공검사 신청 가능
⑤ **증명서 발급**: 소방본부장이나 소방서장, 완공검사증명서 OR 부분완공검사증명서 발급

🌸 **착공(변경)신고 시 제출서류**

1. 공사업 등록증, 등록수첩
2. 책임시공 및 기술관리 기술인력 기술등급 증명 서류
3. 소방시설공사 계약서
4. 설계도서(제외: 착공신고 대상 中 개설, 이전, 정비 공사 OR 건축허가등의 동의요구서에 첨부된 설계도서가 변경되지 않은 경우
5. 하도급의 경우 하도급통지서, 하도급 대금 지급에 관한 서류

5 공사의 하자보수

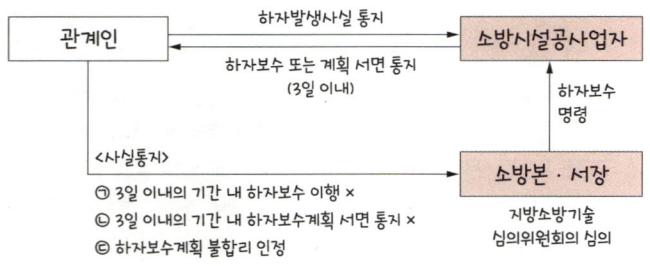

① **하자보수**: 공사업자는 소방시설공사 결과 자동화재탐지설비 등 **대통령령**으로 정하는 소방시설에 하자가 있을 때에는 **대통령령**으로 정하는 기간 동안 그 하자를 보수하여야 한다.

② **하자보수 보증기간**(대통령령)

하자보수 보증기간 2년	하자보수 보증기간 3년
㉠ 피난기구 ㉡ 유도등 ㉢ 비상경보설비, 비상조명등, 비상방송설비 ㉣ 무선통신보조설비 💡 피난기구 + 전기설비	㉠ 자동화재탐지설비, 화재알림설비 ㉡ 자동소화장치, 옥내소화전설비, 옥외소화전설비 ㉢ 스프링클러설비등, 물분무등소화설비 ㉣ 소화용수설비 ㉤ 소화활동설비(무선통신보조설비 제외) 💡 자동화재탐지설비, 화재알림설비, 비상콘센트설비 + 기계설비

③ **하자보수절차**

㉠ 관계인은 소방시설의 하자발생 시 공사업자에게 그 사실을 통보

㉡ **3일 이내**, 하자보수 또는 하자보수계획을 관계인에게 **서면**으로 통보(* 위반 시: 200만원 ↓ 과태료)

㉢ 관계인 → **소방본부장 또는 소방서장에게 통보**(지방소방기술심의위원회의 심의요청)

- 3일 이내의 기간에 하자보수를 이행하지 아니한 경우
- 3일 이내의 기간에 하자보수계획을 서면으로 알리지 아니한 경우
- 하자보수계획이 불합리하다고 인정되는 경우

6 감리

① 감리업자의 업무(* 위반 또는 거짓 감리 시: 1년, 1천만원 ↓ 벌금)

적법성 검토	적합성(적법성과 기술상의 합리성) 검토
㉠ 소방시설등의 설치계획표의 적법성 검토 ㉡ 피난시설 및 방화시설의 적법성 검토 ㉢ 실내장식물의 불연화와 방염 물품의 적법성 검토 💡 계획표에 피방에! 방실^^	㉣ 소방시설등 설계도서의 적합성 검토 ㉤ 소방시설등 설계 변경 사항의 적합성 검토 ㉥ 소방용품의 위치·규격 및 사용 자재의 적합성 검토 ㉦ 공사업자가 작성한 시공 상세 도면의 적합성 검토

지도·감독	성능시험
◎ 공사업자가 한 소방시설등의 시공이 설계도서와 화재안전기준에 맞는지에 대한 지도·감독	㉧ 완공된 소방시설등의 성능시험

② 소방공사감리의 종류, 방법 및 대상: 대통령령

㉠ 상주공사감리: 소방시설 공사현장에서 상주하여 감리업무 수행

구분	내용
대상	• 특정소방대상물(아파트 제외): 연면적 3만m² ↑ • 아파트: 지하층 포함 16층 ↑ & 500세대 ↑ 💡 산만(3만한 G4(지포) 16, 500세대
방법	• 공사 현장에 상주하여 감리업무를 수행하고 감리일지에 기록해야 한다. • 1일 이상 현장을 이탈하는 경우 → 감리일지 등에 기록하여 발주청 또는 발주자의 확인을 받아야 한다.(* 업무 대행할 사람을 감리현장의 배치) • 교육, 예비군교육, 유급휴가 등 현장을 이탈하는 경우 → 업무대행 할 사람을 감리현장의 배치(* 새로 배치되는 업무대행자에게 업무 인수·인계 조치)

㉡ 일반공사감리: 주 1회 이상 소방시설 공사현장을 방문하여 감리업무 수행

구분	내용
대상	상주공사감리에 해당하지 않는 소방시설의 공사
방법	• 주 1회 이상 공사 현장에 배치되어 감리업무를 수행하고 감리일지에 기록해야 한다. • 감리업자는 감리원이 부득이한 사유로 14일 이내의 범위에서 감리의 업무를 수행할 수 없는 경우에는 업무대행자를 지정하여 그 업무를 수행하게 해야 한다. • 지정된 업무대행자는 주 2회 이상 공사 현장에 배치되어 감리업무를 수행하며, 그 업무수행 내용을 감리원에게 통보하고 감리일지에 기록해야 한다.

🔴 감리업자 아닌 자가 감리할 수 있는 소방대상물

「원자력안전법」에 따른 관계시설
(용도, 구조 + 안전성, 보안성 요구)

7 공사감리자의 지정

① 공사감리자 지정신고

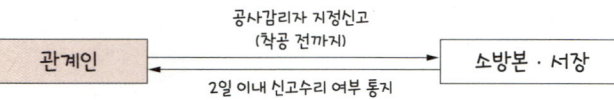

공사감리자 지정공사	종류
신설, 개설, 증설	옥내소화전설비, 옥외소화전설비, 스프링클러설비등(캐비닛형 간이스프링클러설비 제외), 물분무등소화설비(호스릴방식 제외), 제연설비, 연결살수설비, 비상콘센트설비, 연소방지설비
신설, 개설	자동화재탐지설비, 화재알림설비, 비상방송설비, 통합감시시설, 소화용수설비, 연결송수관설비, 무선통신보조설비 💡 용알 탐방 무감송

② 공사감리자 변경신고

→ 관계인이 공사감리자를 변경하였을 때에는 새로 지정된 공사감리자와 종전의 공사감리자는 감리업무 수행에 관한 사항과 관계 서류를 인수·인계하여야 한다.
(*인수·인계 ✕ = 200만원 ↓ 과태료)

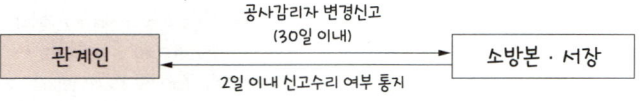

8 감리원의 배치

① 감리원의 배치: 감리업자 → 소속 감리원을 소방시설공사 현장에 배치하여야 한다. (*위반 시: 300만원 ↓ 벌금)
② 배치기간: 착공일 ~ 소방시설 완공검사증명서 발급일
③ 감리원을 공사 현장에 배치하지 않을 수 있는 경우(예외사항)
  ㉠ 민원 또는 계절적 요인 등으로 해당 공정의 공사가 일정 기간 중단된 경우
  ㉡ 예산의 부족 등 발주자(하도급의 경우 수급인 포함)의 책임 있는 사유 또는 천재지변 등 불가항력으로 공사가 일정기간 중단된 경우
  ㉢ 발주자가 공사의 중단을 요청하는 경우

💣 소화기구 및 자동소화장치
💣 피난구조설비(비상조명등 등)
💣 자동화재속보설비
💣 단독경보형감지기
💣 시각/누전/가스누설경보기
💣 비상경보설비
💣 캐비닛형 간이스프링클러설비
💣 호스릴방식 물분무등소화설비

⚙ 벌칙
1. 공사감리자 지정 ✕
   1년, 1천만원 ↓ 벌금
2. 감리원의 배치 ✕
   300만원 ↓ 벌금
3. 소방기술자 배치 ✕
   200만원 ↓ 과태료

④ 감리원의 배치기준(대통령령)

  ㉠ 책임감리원: 해당 공사 전반에 관한 감리업무를 총괄하는 사람

  ㉡ 보조감리원: 책임감리원을 보좌하고 책임감리원의 지시를 받아 감리업무를 수행하는 사람

  ㉢ 연면적 합계 20만㎡ 이상인 경우 → 20만㎡ 초과하는 연면적에 대하여 10만㎡(20만㎡ 초과하는 연면적 10만㎡ 미달하는 경우 10만㎡로 봄)마다 보조감리원 1명 이상 추가 배치

구분	소방기술자(공사)	소방공사감리원(책임감리)
특급 (기술사)		• 연 20만[㎡] 이상인 특 • 지포 40층 이상인 특
특급	• 연 20만[㎡] 이상인 특 • 지포 40층 이상인 특	• 연 3만 ~ 20만[㎡] 미만인 특(APT 제외) • 지포 16층 ~ 40층 미만인 특
고급	• 연 3만 ~ 20만[㎡] 미만인 특(APT 제외) • 지포 16층 ~ 40층 미만인 특	• 물분무등소화설비(호스릴 제외) 또는 제연설비가 설치되는 특 • 연 3만 ~ 20만[㎡] 미만인 APT
중급	• 물분무등소화설비(호스릴 제외) 또는 제연설비가 설치되는 특 • 연 5천 ~ 3만[㎡] 미만인 특(APT 제외) • 연 1만 ~ 20만[㎡] 미만인 APT	• 연 5천 ~ 3만[㎡] 미만인 특
초급	• 지하구의 공사 현장 • 연 1천 ~ 5천[㎡] 미만인 특(APT 제외) • 연 1천 ~ 1만[㎡] 미만인 APT	• 지하구의 공사 현장 • 연 5천[㎡] 미만인 특
자격수첩	• 연 1천[㎡] 미만인 특	

[비고] 연면적 = 연 / 특정소방대상물 = 특 / 아파트 = APT / 지하층을 포함 = 지포

⑤ 감리원의 세부배치기준(행정안전부령)

  ㉠ 상주공사감리

    • 감리원의 자격: 감리원 기계, 전기분야 각 1명 ↑ (함께 취득한 경우 1명 ↑)

    • 배치시기: 소방시설용 배관(전선관 포함)을 설치 또는 매립 ~ 소방시설 완공검사증명서 발급받을 때까지 배치

  ㉡ 일반공사감리

    • 감리원의 자격: 감리원 기계, 전기분야 각 1명 ↑ (함께 취득한 경우 1명 ↑)

    • 배치시기: 피난기구(고정금속구를 설치하는 기간) / 비상전원이 설치되는 소방시설(비상전원의 설치 및 소방시설과의 접속하는 기간) 등

    • 배치기준

      – 주 1회 ↑ 배치되어 감리

      – 1명 감리원 담당 현장: 5개 이하 & 연면적 총 합계 10만㎡ 이하

        (단, 일반공사감리대상 아파트의 경우: 연면적의 합계 관계없이 5개 이내의 공사현장 감리)

보조감리원의 배치

책임감리원의 등급이 고급감리원 이상인 소방시설공사 현장부터 배치한다. 단, 상주 공사감리에 해당하지 않는 소방시설의 공사에는 보조감리원을 배치하지 않을 수 있다.

일반공사감리 현장

자동화재탐지설비 또는 옥내소화전설비 中 어느 하나만 설치하는 2개의 현장이 최단 차량주행거리로 30km 이내에 있는 경우에는 1개의 현장으로 본다.

⑥ 감리원의 배치통보 및 공사감리결과의 통보

감리원의 배치통보(* 위반시: 200만원↓ 과태료)	공사감리결과의 통보 및 보고(* 위반시: 1년, 1천만원↓ 벌금)
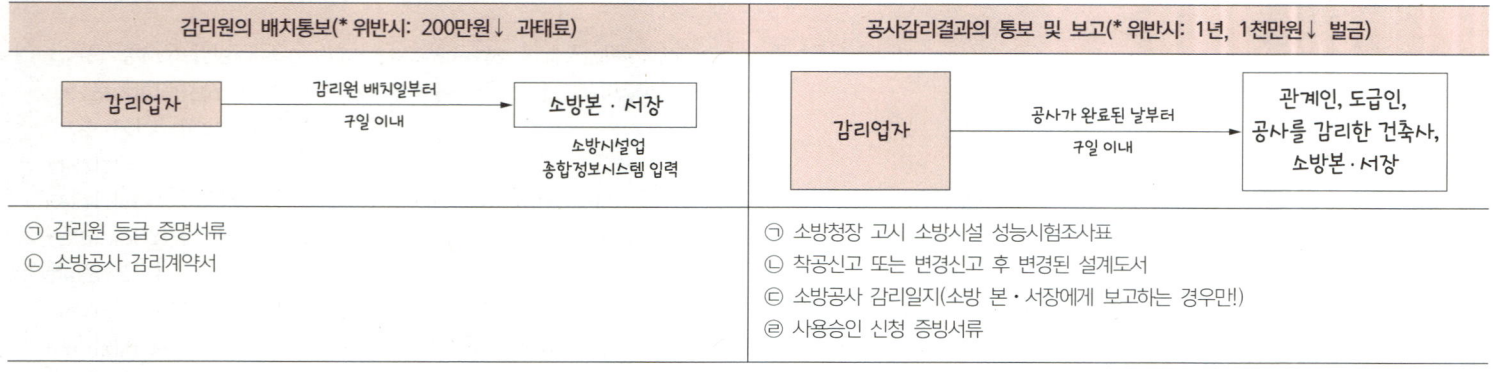	
㉠ 감리원 등급 증명서류 ㉡ 소방공사 감리계약서	㉠ 소방청장 고시 소방시설 성능시험조사표 ㉡ 착공신고 또는 변경신고 후 변경된 설계도서 ㉢ 소방공사 감리일지(소방 본·서장에게 보고하는 경우만!) ㉣ 사용승인 신청 증빙서류

⑦ 위반사항에 대한 조치

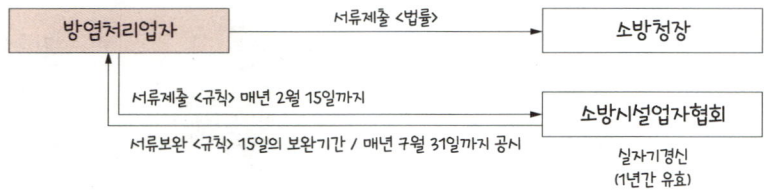

9 방염

① 방염처리업자: 방염성능기준 이상이 되도록 방염을 할 것
② 방염처리능력 평가 및 공시
   ㉠ 평가 및 공시권자: 소방청장(~할 수 있다)
   ㉡ 서류제출

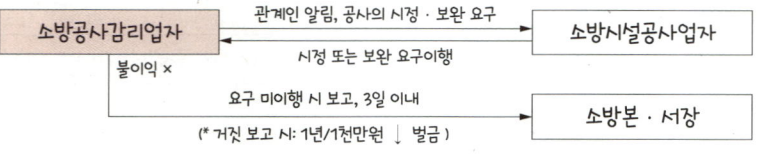

   ㉢ 방염처리능력평가액 = 실적평가액 + 자본금평가액 + 기술력평가액 + 경력평가액 ± 신인도평가액 💡 실자기경신!
   ㉣ 제출된 서류가 거짓으로 확인된 경우: 확인될 날부터 10일 이내 방염처리능력 새로 평가
   ㉤ 방염처리능력평가의 유효기간: 공시일부터 1년간

300만원↓ 벌금

1. 감리업자의 보완요구에 따르지 아니한 공사업자
2. 계약해지, 대가 지급거부 등 불이익을 준 관계인

10 소방시설공사등의 도급

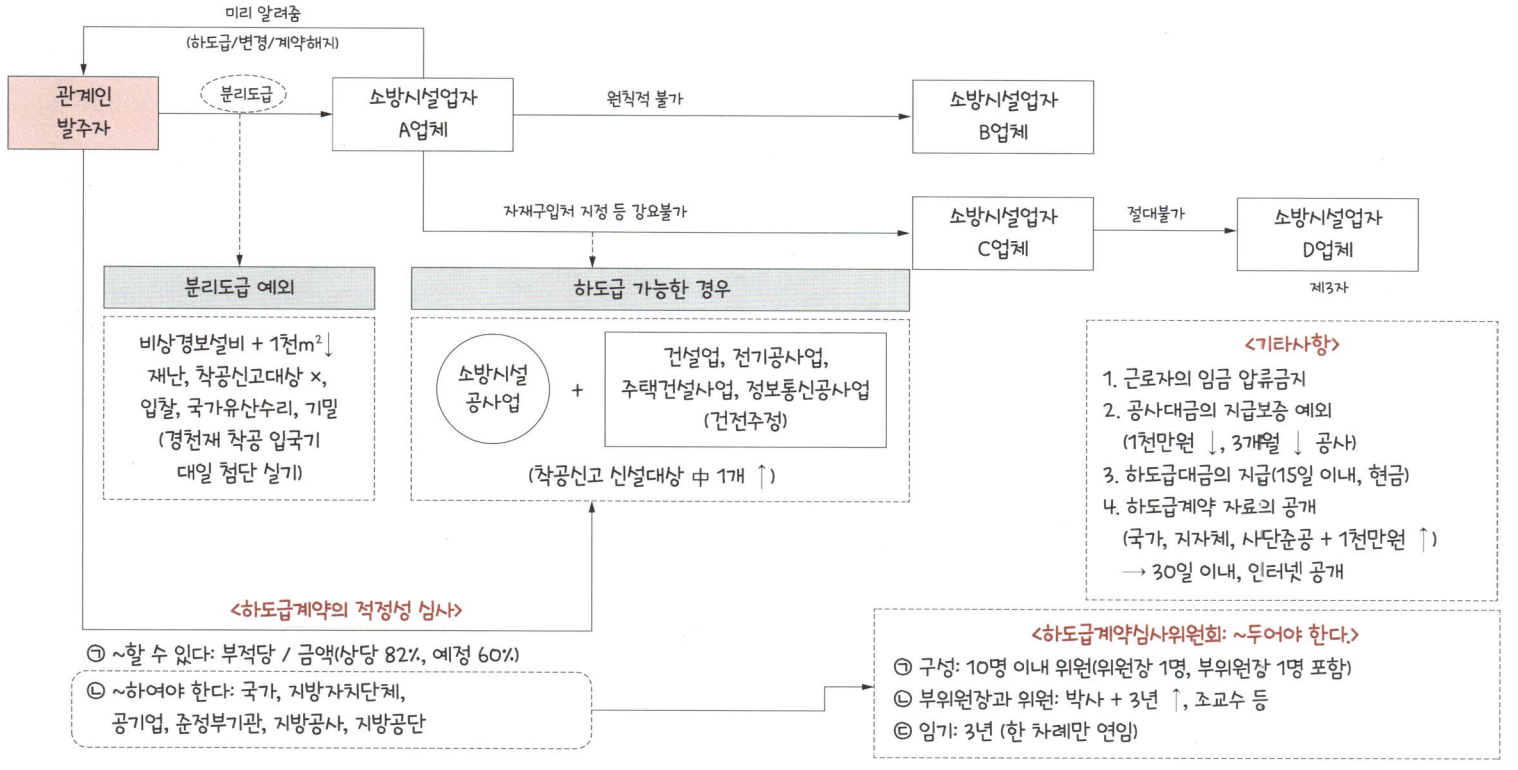

① **도급방법**(→ 위반 시: 1년 / 1천만원 ↓ 벌금): 특정소방대상물의 관계인 또는 발주자는 소방시설공사등을 도급할 때에는 해당 소방시설업자에게 도급하여야 한다.

② **분리도급**

　⊙ 원칙: 소방시설공사는 다른 업종의 공사와 분리하여 도급하여야 한다. (→ 위반 시: 300만원 ↓ 벌금)

　ⓒ 예외사항(대통령령) 💡 **경천재 착공 입국기 대일 첨단 실기**

　　• 「재난 및 안전관리 기본법」에 따른 **재**난의 발생으로 긴급하게 착공해야 하는 공사인 경우

　　• 국방 및 국가안보 등과 관련하여 **기밀**을 유지해야 하는 공사인 경우

　　• 소방시설공사의 **착공**신고대상에 해당하지 않는 공사인 경우

　　• 연면적이 **1천**m² 이하인 특정소방대상물에 비상**경**보설비를 설치하는 공사인 경우

　　• **대**안입찰, **일괄**입찰, **실**시설계 기술제안입찰, **기본**설계 기술제안입찰, 국가**첨단**전략기술 관련 연구시설·개발시설 또는 그 기술을 이용하여 제품을 생산하는 시설 공사에 해당하는 **입찰**로 시행되는 공사인 경우

　　• 그 밖에 **국가유산수리** 및 재개발·재건축 등의 공사로서 공사의 성질상 분리하여 도급하는 것이 곤란하다고 **소방청장**이 인정하는 경우 💣 **시·도지사**

③ 근로자의 임금에 대한 압류금지
④ 도급의 원칙
　㉠ 공정계약, 성실이행
　㉡ 수급인 → 하수급인 강요 ✕
　㉢ 하도급 시, 하수급인 변경 시, 하도급계약 해지 시 **미리** 관계인과 발주자에게 통보
⑤ **공사대금의 지급보증 또는 담보 제공** → 발주자가 국가, 지방자치단체, 공기업, 준정부기관, 지방공사, 지방공단 외의 경우(30일 이내)

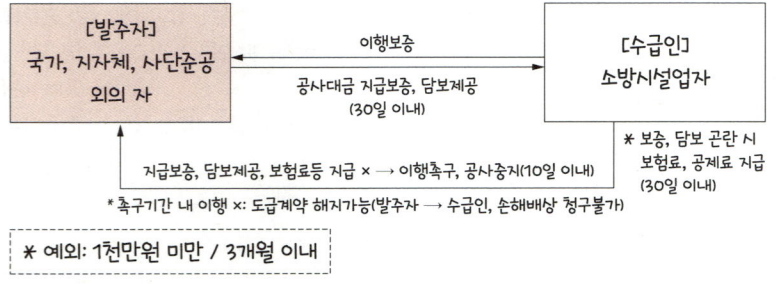

　㉠ 지급보증 또는 담보 제공이 곤란한 경우: 발주자 → 수급인(보험료 또는 공제료 지급, 30일 이내)
　㉡ **예외대상**(규모 小 / 기간 短)
　　• 공사 1건의 도급금액이 1천만원 미만인 소규모 소방시설공사
　　• 공사기간이 3개월 이내인 단기의 소방시설공사
　㉢ 발주자가 공사대금의 지급보증, 담보 제공 또는 보험료 지급을 하지 아니한 경우: 수급인 → 발주자(이행촉구, 공사 중지, 10일 이내) [*이행 ✕: 도급계약 해지 가능]
　㉣ 수급인의 공사중지, 도급계약의 해지: 손해배상 청구불가
⑥ **부정한 청탁에 의한 재물 등의 취득 및 제공 금지**(→ 위반시: 3년, 3천만원 ↓ 벌금)
　㉠ 대상: 발주자, 수급인, 하수급인, 이해관계인, 업체 선정 심사위원, 업체 선정 법인·법인의 대표자·상업사용인·임원·직원 등
　㉡ 위반사실 통지: 국가, 지자체, 사단준공 → 시·도지사
⑦ **하도급의 제한**
　㉠ 하도급 불가: 도급을 받은 자는 소방시설의 설계, 시공, 감리를 제3자에게 하도급할 수 없다. (→ 위반 시: 1년 / 1천만원 ↓ 벌금)
　㉡ **예외사항**(시공의 경우 일부 하도급 가능)
　　• 소방시설공사업 + 건설업, 전기공사업, 주택건설사업, 정보통신공사업 💡 건전주정!
　　• 착공신고대상 中 신설하는 공사 → 소방설비 中 하나 이상의 소방설비를 설치하는 공사
⑧ **하도급의 재하도급 불가:** 하수급인은 하도급받은 소방시설공사를 제3자에게 다시 하도급할 수 없다. (→ 위반 시: 1년 / 1천만원 ↓ 벌금)
⑨ **하도급계약의 적정성 심사**

㉠ 발주자(국가, 지방자치단체, 공기업, 준정부기관, 지방공사, 지방공단 외): ~심사할 수 있다.

　　• 계약내용을 수행하기에 현저하게 부적당하다고 인정되는 경우
　　• 하도급계약금액이 대통령령으로 정하는 비율(상당하는 금액 100분의 82, 예정가격 100분의 60)에 따른 금액에 미달하는 경우 💡 60예정 82상당

  ⑫ 발주자(국가, 지방자치단체, 공기업, 준정부기관, 지방공사, 지방공단): ~실시하여야 한다.

   • 하도급계약심사위원회를 두어야 한다.

  ⑬ 심사결과

   • 하수급인의 변경 또는 하도급계약 내용의 변경 요구(30일 이내, 서면)
   • 수급인 정당한 사유 없이 따르지 아니하여 중대한 영향을 끼칠 우려가 있는 경우 도급계약 해지 가능

⑩ **하도급계약심사위원회의 구성 및 운영**(대통령령)

구분	내용
구성권자	발주자
구성	10명 이내의 위원으로 구성(위원장 1명, 부위원장 1명 포함)
위원장	발주기관의 장
부위원장과 위원 (성별고려)	① 해당 발주기관의 과장급 이상 공무원(공기업, 준정부기관, 지방공사, 지방공단의 경우: 2급 이상의 임직원) ② 소방 분야 연구기관의 연구위원급 이상인 사람 ③ 소방 분야의 박사학위를 취득하고 그 분야에서 3년 이상 연구 또는 실무경험이 있는 사람 ④ 대학(소방 분야로 한정한다)의 조교수 이상인 사람 ⑤ 「국가기술자격법」에 따른 소방기술사 자격을 취득한 사람
임기	3년, 한 차례만 연임

⑪ **하도급대금의 지급**: 준공금(전부), 기성금(시공, 수행한 부분 금액), 선급금(비율) / 15일 이내
    [* 설계변경, 물가변동 등 도급금액 조정 시 → 하도급 금액 증액, 감액 지급가능]

⑫ **하도급계약 자료의 공개**
  ㉷ 국가, 지방자치단체, 공기업, 준정부기관, 지방공사, 지방공단이 발주자인 경우 + 하도급 계약금액 1천만원 이상
  ㉸ 30일 이내, 인터넷 홈페이지 게재

⑬ **도급계약의 해지**: 관계인 또는 발주자는 해당 도급계약의 수급인이 다음 어느 하나에 해당하는 경우에는 도급계약을 해지할 수 있다.
  ㉷ 소방시설업이 등록취소되거나 영업정지된 경우
  ㉸ 소방시설업을 휴업하거나 폐업한 경우
  ㉹ 정당한 사유 없이 30일 이상 소방시설공사를 계속하지 아니하는 경우
  ㉺ 하도급계약의 적정성 심사 후 적정하지 아니하다고 인정된 경우 변경요구에 정당한 사유 없이 따르지 아니하는 경우

⑭ **공사업자의 감리 제한**: 동일한 특정소방대상물의 소방시설에 대한 시공과 감리를 함께 할 수 없다. 💡 **공친기법**
  ㉷ **공**사업자(법인의 경우: 법인의 대표자 또는 임원)와 감리업자(법인의 경우: 법인의 대표자 또는 임원)가 같은 자인 경우
  ㉸ 「독점규제 및 공정거래에 관한 법률」 제2조 제11호에 따른 **기**업집단의 관계인 경우
  ㉹ **법**인과 그 법인의 임직원의 관계인 경우
  ㉺ 공사업자(법인의 경우: 법인의 대표자 또는 임원)와 감리업자(법인의 경우: 법인의 대표자 또는 임원)가 「민법」 제777조에 따른 **친**족관계인 경우

11 시공능력평가 및 공시

① 평가 및 공시권자: 소방청장(~ 할 수 있다)
② 서류제출

```
┌─────────────────┐      서류제출 <법률>        ┌─────────────────┐
│ 소방시설공사업자 │ ────────────────────────→ │    소방청장     │
└─────────────────┘                            └─────────────────┘
      │      ↑
      │      │ 서류제출 <규칙> 매년 2월 15일까지   ┌─────────────────┐
      │      └───────────────────────────────→  │ 소방시설업자협회 │
      └──────────────────────────────────────   └─────────────────┘
        서류보완 <규칙> 15일의 보완기간 / 매년 7월 31일까지 공시       실적기경신
                                                                   (1년간 유효)
```

③ 시공능력평가액 = 실적평가액 + 자본금평가액 + 기술력평가액 + 경력평가액 ± 신인도평가액(도급받을 수 있는 1건의 공사도급금액) 💡 실자기경신!
④ 제출된 서류가 거짓으로 확인된 경우: 확인될 날부터 10일 이내 시공능력 새로 평가
⑤ 시공능력평가의 유효기간: 공시일부터 1년간

12 설계 · 감리업자의 선정

① 집행계획 작성 · 공고
　㉠ 대상: 국가, 지방자치단체, 공기업, 준정부기관, 지방공사, 지방공단 + 소방청장이 정하여 고시하는 금액(2천만원 ↑ 금액)
　㉡ 공고사업 수행 시: 사업수행능력 평가기준에 적합한 설계 · 감리업자의 선정
② 감리업자의 선정(대통령령)
　㉠ 대상: 공동주택(기숙사 제외) 300세대 이상인 것
　㉡ 감리업자 지정권자: 감리업자 선정 시 사업수행능력 평가기준에 적합한 감리업자의 선정

구분	감리업자 지정권자
주택건설사업계획을 승인하는 경우	시 · 도지사 또는 시장 · 군수
사업시행계획을 인가하는 경우	특별자치시장, 특별자치도지사, 시장, 군수 또는 자치구의 구청장

　㉢ 감리업자의 모집공고
　　• 7일 이내 다른 공사와 별도로 감리업자의 모집공고(부득한 사유가 있는 경우: 사유가 없어진 날부터 7일 이내 모집공고)
　　• 일간신문, 게시판, 인터넷 홈페이지에 7일 이상 모집공고 게시

13 **소방시설업 종합정보시스템의 구축**

① **구축·운영권자 및 자료제출 요청권자**: 소방청장(서면 요청)

② **소방시설업 관련 정보**

　㉠ 소방시설업자의 자본금·기술인력 보유 현황, 소방시설공사등 수행상황, 행정처분 사항 등 소방시설업자에 관한 정보

　㉡ 소방시설공사등의 착공 및 완공에 관한 사항, 소방기술자 및 감리원의 배치 현황 등 소방시설공사등과 관련된 정보

③ **소방청장의 수행업무** 💡 **수분공유 연구공표!**

　㉠ 소방시설업 종합정보시스템의 구축 및 운영에 관한 **연구**개발

　㉡ ②의 정보에 대한 **수집·분석** 및 **공유**

　㉢ 소방시설업 종합정보시스템의 **표준화** 및 **공동활용** 촉진

제 4 장 | 소방기술자

1 소방기술자의 의무

① 법에 따른 명령에 따라 업무수행(→ 위반 시: 1년 / 1천만원 ↓ 벌금)
② 자격증 대여 금지(→ 위반 시: 300만원 ↓ 벌금)
③ 동시에 둘 이상의 업체 취업 금지(→ 위반 시: 300만원 ↓ 벌금)

2 소방기술 경력 등의 인정

소방기술 경력 등의 인정권자	소방청장
소방기술 자격수첩, 경력수첩 발급권자	소방청장
자격취소 또는 자격정지	① 권한자: 소방청장 ② 자격취소 또는 자격정지(6개월 ~ 2년) 　㉠ 거짓이나 그 밖의 부정한 방법으로 자격수첩 또는 경력수첩을 발급받은 경우 → 1차 자격취소 　㉡ 소방기술 인정 자격수첩 또는 경력수첩을 다른 사람에게 빌려준 경우 → 1차 자격취소 　㉢ 동시에 둘 이상의 업체에 취업한 경우(1차: 자격정지 1년, 2차: 자격취소) 　㉣ 이 법 또는 이 법에 따른 명령을 위반한 경우
기타사항	자격이 취소된 사람: 취소된 날부터 2년간 자격·경력수첩 발급 ×

> **소방기술 관련 자격·경력·학력 인정 범위**
> 행정안전부령

3 소방기술자 양성 및 교육

소방기술자 양성인정 교육·훈련권자	소방청장
소방기술자 양성인정 교육훈련기관 지정권자	소방청장
지정요건	① 교육·훈련장(이론, 실습교육 가능): 전국 4개 이상의 시·도 ② 전담인력: 6명 이상 ③ 교육과목별 교재 및 강사 매뉴얼 ④ 교육훈련 관리시스템 구축·운영
교육훈련계획	수립 후 해당 연도 11월 30일까지 소방청장 승인

4 소방기술자의 실무교육

소방기술자 실무교육	2년마다 1회 이상(10일 전 통보) → 소방기술자 양성·인정 교육훈련을 받은 경우: 해당 실무교육을 받은 것으로 봄
소방기술자 실무교육기관 지정권자	소방청장
소방기술자 실무교육기관	**기술인력** 기술인력: 강사(소방경 ↑ 소공, 소방설비기사 자격소지 + 소방위 ↑ 소공 등) 4명 + 교무요원 2명 ↑
	시설 및 장비 사무실(60m²), 강의실(100m²), 실습실(100m², 소방안전관리자), 실험실(100m², 위험물안전관리자), 제도실(100m², 설계 및 시공자)
	기타 ① 서류 보완기한: 15일 이내　② 지정서 발급기한: 30일 이내 ③ 지정사항의 변경보고: 10일 이내　④ 휴업·재개업 및 폐업신고: 14일 전까지
교육계획 및 교육실적보고	① 교육계획: 실무교육기관등의 장, 매년 12월 31일까지, 소방본부장 또는 소방서장에게 보고(변경보고: 10일 이내) ② 교육수료자 보고: 실무교육기관등의 장, 다음 해 1월 말까지, 소방본부장 또는 소방서장에게 알림 ③ 교육실적보고: 실무교육기관등의 장, 매년 1월 말까지, 소방청장에게 보고

참고 기술등급(행정안전부령)

① 소방기술자(기술자격)의 기술등급

기술자 등급	기술등급의 자격			
	소방기술사	소방시설관리사	소방설비기사	소방설비산업기사
특급(기계, 전기)	취득	5년	8년	11년
고급(기계, 전기)		취득	5년	8년
중급(기계, 전기)			취득	3년
초급(기계, 전기)				취득

기술자 등급	기술등급의 자격		
	위험물기능장, 산업안전기사 등	위험물산업기사, 산업안전산업기사 등	위험물기능사
특급(기계)	13년	–	–
고급(기계)	11년	13년	–
중급(기계)	5년	8년	–
초급(기계)	2년	4년	6년

※ **실무교육기관의 지정사항 변경보고**

1. 대표자 OR 각 지부의 책임임원
2. 기술인력 OR 시설장비 등 지정기준
3. 교육기관의 명칭 OR 소재지

※ **소방공무원 인정 경력**

1. 건축허가등의 동의
2. 소방시설 착공·감리·완공검사
3. 위험물 설치허가·완공검사
4. 다중이용업소 완비증명서 발급·방염
5. 소방시설점검·화재안전조사
6. 법령의 제도개선·지도·감독

② 소방공사감리원의 기술등급

감리원 등급	기술등급의 자격			
	소방기술사	소방설비기사	소방설비산업기사	초급감리원
특급	취득	8년	12년	-
고급		5년	8년	-
중급		3년	6년	5년
		1년	2년	-
초급	① 소방공무원 + 3년 이상 ② 소방 관련 업무 + 5년 이상 ③ 학사학위 취득 + 1년 이상 ④ 전문학사학위 취득 + 3년 이상 ⑤ 고등학교 소방학과 졸업 + 4년 이상			

③ 소방시설 자체점검 점검자의 기술등급

점검자 등급	소방기술사, 소방시설관리사	소방설비기사	소방설비산업기사	위험물기능장 등
특급	취득	8년	10년	-
고급		5년	8년	15년
중급		취득	3년	10년
초급			취득	취득
	위험물산업기사, 위험물기능사 자격을 취득한 사람 / 기타 기능장 등			

제5장 | 소방시설업자협회

1 소방시설업자협회의 설립

구분	내용
설립목적	소방시설업자의 권익보호와 소방기술의 개발 등 소방시설업의 건전한 발전을 위함
설립	① 소방시설업자 10명 이상 발기 + 창립총회 정관 의결 ② 소방청장의 인가
규정	「민법」 중 사단법인
정관	① 목적 ② 명칭 ③ 주된 사무소의 소재지 ④ 사업에 관한 사항 ⑤ 회원의 가입 및 탈퇴에 관한 사항 ⑥ 회비에 관한 사항 ⑦ 자산과 회계에 관한 사항 ⑧ 임원의 정원·임기 및 선출방법 ⑨ 기구와 조직에 관한 사항 ⑩ 총회와 이사회에 관한 사항 ⑪ 정관의 변경에 관한 사항
업무	① 소방시설업의 기술발전과 소방기술의 진흥을 위한 조사·연구·분석 및 평가 ② 소방산업의 발전 및 소방기술의 향상을 위한 지원 ③ 소방시설업의 기술발전과 관련된 국제교류·활동 및 행사의 유치 ④ 이 법에 따른 위탁 업무의 수행

> **참고** 소방청장의 소방기술, 소방산업의 국제화사업 추진사업 vs. 한국소방안전원의 업무

소방청장(소방기술 및 소방산업의 국제화사업 추진사업)	한국소방안전원의 업무
① 소방기술 및 소방산업의 국제 협력을 위한 조사·연구 ② 소방기술 및 소방산업에 관한 국제 전시회, 국제 학술회의 개최 등 국제 교류 ③ 소방기술 및 소방산업의 국외시장 개척 ④ 그 밖에 소방기술 및 소방산업의 국제경쟁력과 국제적 통용성을 높이기 위하여 필요하다고 인정하는 사업	① 소방기술과 안전관리에 관한 교육 및 조사·연구 ② 소방기술과 안전관리에 관한 각종 간행물 발간 ③ 화재 예방과 안전관리의식 고취를 위한 대국민 홍보 ④ 소방업무에 관하여 행정기관이 위탁하는 업무 ⑤ 소방안전에 관한 국제협력 ⑥ 그 밖에 회원에 대한 기술지원 등 정관으로 정하는 사항

사단법인

1. 한국119청소년단
2. 소방시설업자협회
3. 위험물 안전관리에 관한 협회

재단법인

1. 한국소방안전원

제6장 | 보칙

1 감독

① 시·도지사, 소방본부장 또는 소방서장 → 소방시설업자, 관계인: 보고, 자료제출 명령, 출입, 검사, 질문
② 소방청장 → 실무교육기관, 한국소방안전원, 협회, 법인 또는 단체: 보고, 자료제출 명령, 출입, 검사, 질문
③ 출입·검사를 하는 관계 공무원의 의무: 증표, 관계인 업무 방해금지, 비밀누설금지(→ 위반시: 300만원 ↓ 벌금)

2 청문

① 소방시설업 등록취소처분이나 영업정지처분
② 소방기술 인정 자격취소처분 💣 자격정지처분

3 권한의 위임·위탁

① 위임: 소방청장 → 시·도지사(일부)
② 위탁

권한	위탁	위탁사항
소방청장	실무교육기관 또는 한국소방안전원	소방기술자 실무교육에 관한 업무
	소방시설업자협회 💡 총시방	㉠ 방염처리능력 평가 및 공시에 관한 업무 ㉡ 시공능력 평가 및 공시에 관한 업무 ㉢ 소방시설업 종합정보시스템의 구축·운영
	소방시설업자협회, 소방기술과 관련된 법인 또는 단체	㉠ 소방기술과 관련된 자격·학력 및 경력의 인정 업무 ㉡ 소방기술자 양성·인정 교육훈련 업무
시·도지사	소방시설업자협회	㉠ 소방시설업 등록신청의 접수 및 신청내용의 확인 ㉡ 소방시설업 등록사항 변경신고의 접수 및 신고내용의 확인 ㉢ 소방시설업 휴업·폐업 또는 재개업 신고의 접수 및 신고내용의 확인 ㉣ 소방시설업자의 지위승계 신고의 접수 및 신고내용의 확인

🌸 감독 관련 벌칙

1. 소방청장의 감독명령 위반 + 보고 OR 자료제출X: 100만원↓ 벌금
2. 시·도지사, 소방본·서장의 감독명령 위반 + 보고 OR 자료제출X: 200만원↓ 과태료
3. 관계 공무원의 출입 OR 검사, 조사 + 거부, 방해, 기피: 100만원↓ 벌금

제 1 장 | 총칙

1 목적

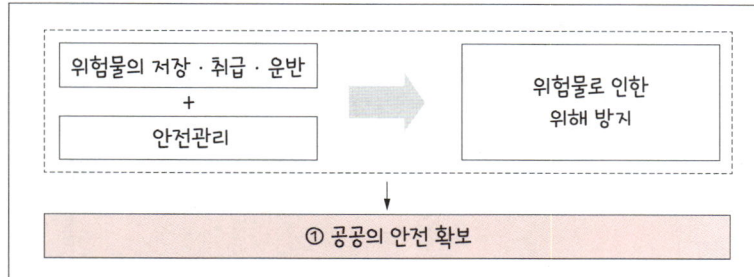

① 공공의 안전 확보

이 법은 위험물의 저장·취급 및 운반과 이에 따른 안전관리에 관한 사항을 규정함으로써 위험물로 인한 위해를 방지하여 ㉠ 공공의 안전을 확보함을 목적으로 한다.

💣 제조, 위험

궁극의 목적

1. 공공의 안전

2 정의

구분	내용
위험물	인화성 또는 발화성 등의 성질을 가지는 것으로서 대통령령이 정하는 물품을 말한다.
지정수량	위험물의 종류별로 위험성을 고려하여 대통령령이 정하는 수량으로서 규정에 의한 제조소등의 설치허가 등에 있어서 최저의 기준이 되는 수량을 말한다.
제조소	위험물을 제조할 목적으로 지정수량 이상의 위험물을 취급하기 위하여 규정에 따른 허가를 받은 장소를 말한다.
저장소	지정수량 이상의 위험물을 저장하기 위한 대통령령이 정하는 장소로서 규정에 따른 허가를 받은 장소를 말한다. 💡 내외내외 이지간암 ① 옥내저장소 ② 옥외저장소: 제2류(황, 인화성고체), 제4류(1석, 알코올류, 2석, 3석, 4석, 동식물유류), 제6류 등 ③ 옥내탱크저장소 ④ 옥외탱크저장소 ⑤ 이동탱크저장소 ⑥ 지하탱크저장소 ⑦ 간이탱크저장소: 용량 600L 이하, 개수 3기 이하 ⑧ 암반탱크저장소
취급소	지정수량 이상의 위험물을 제조외의 목적으로 취급하기 위한 대통령령이 정하는 장소로서 규정에 따른 허가를 받은 장소를 말한다. 💡 주관(4)이일 ① 주유취급소 ③ 이송취급소 ② 판매취급소(지정수량 40배 이하) ④ 일반취급소

옥외저장소

1. 제2류 中 황, 인화성고체 (인화점 0℃ ↑)
2. 제4류 中 1석(인화점 0℃ ↑)· 알코올류·2석·3석·4석·동식 물유류
3. 제6류
4. 제2류 및 제4류 中 특별시·광역시 또는 도의 조례에서 정하는 위험물
5. 국제해사기구가 채택한 「국제해상위 험물규칙」에 적합한 용기에 수납된 위험물

💡 2(고황), 4(특수인화물 제외), 6

제조소등	① 제조소, ② 저장소, ③ 취급소
불연재료	「건축법 시행령」에 따른 불연재료 중 유리 외의 것을 말한다.
탱크용적	① 탱크의 용량 = 해당 탱크의 내용적 - 공간용적 ② 이동저장탱크의 용량: 최대적재량 이하

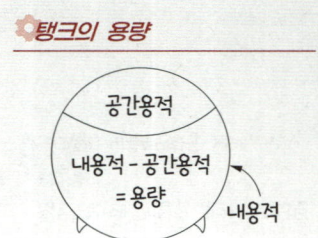

탱크의 용량

공간용적

내용적 - 공간용적 = 용량

내용적

3 **적용제외** → 위험물의 저장 · 취급 및 운반에 있어서는 이를 적용하지 아니한다.

① 항공기
② 선박
③ 철도
④ 궤도 💣 차량

💡 항선철궤

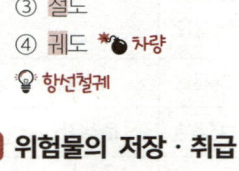

200만원 이하의 과태료

① 지정수량 미만 - 시 · 도의 조례
② 지정수량 이상 + 임시저장
    - 시 · 도의 조례

4 **위험물의 저장 · 취급**

① 지정수량 미만 / 이상인 위험물의 저장 · 취급

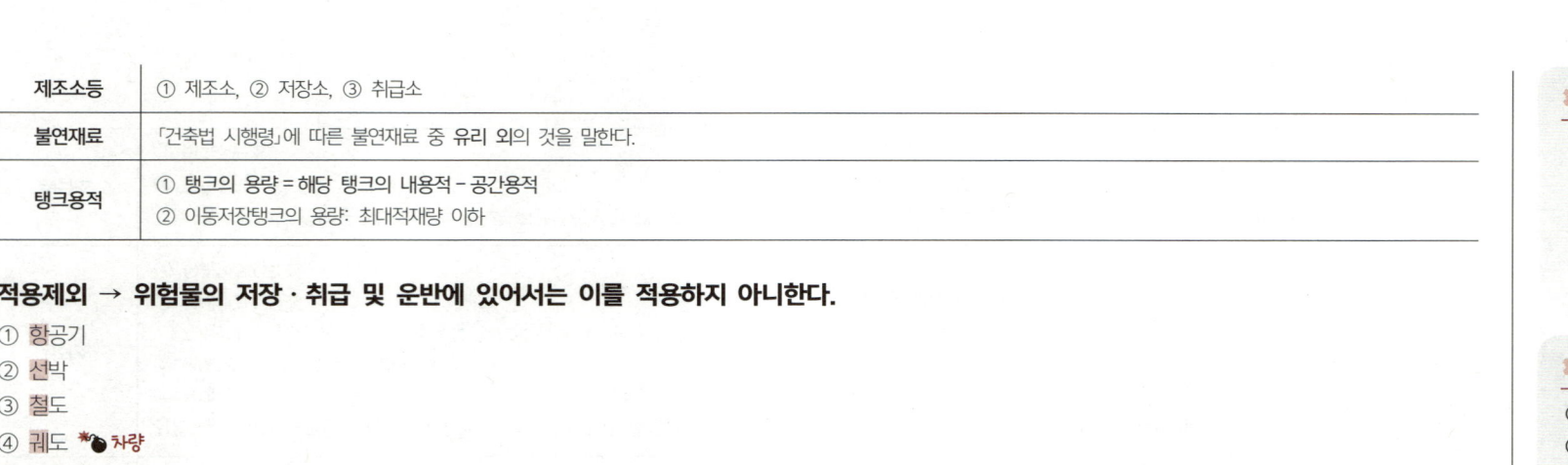

```
┌─ 지정수량 미만인 위험물의 저장 · 취급  시·도의 조례
│
└─ 지정수량 이상인 위험물의 저장 · 취급 ─┬─ 저장 또는 취급 ×    저장소가 아닌 장소, 제조소등이 아닌 장소 저장 또는 취급 ×
                                        │                   (→ 위반시: 3년, 3천만원 ↓)
                                        │
                                        └─ 취급 ○(시 · 도의 조례)  ㉠ 관할 소방서장의 승인 → 90일 이내 임시 저장 · 취급
                                                                     (→ 승인 ×: 500만원 ↓ 과태료)
                                                                  ㉡ 군부대 → 군사목적 임시 저장·취급
```

② 위험물의 저장 · 취급에 관한 중요기준 및 세부기준

구분	화재의 영향	화재가능성	규정	벌칙
중요기준	큰 영향	직접적	행정안전부령	1,500만원 ↓ 벌금
세부기준	작은 영향	간접적	행정안전부령	500만원 ↓ 과태료

③ 제조소등의 위치 · 구조 및 설비의 기술기준: 행정안전부령
④ 2 이상의 위험물 저장 또는 취급하는 경우

	$\dfrac{저장량(A물질)}{지정수량(A물질)}$ + $\dfrac{저장량(B물질)}{지정수량(B물질)}$ + $\dfrac{저장량(C물질)}{지정수량(C물질)}$ + ⋯	
계산결과	1 이상	지정수량 이상의 위험물
	1 미만	지정수량 미만의 위험물

5 위험물의 종류

① 위험물

위험물	성질	상태	정의
제1류	산화성 고체	고체	산화력의 잠재적인 위험성 또는 충격에 대한 민감성 판단
제2류	가연성 고체	고체	화염에 의한 발화의 위험성 또는 인화의 위험성 판단
제3류	자연발화성 물질 및 금수성 물질	고체 또는 액체	공기 중에서 발화의 위험성이 있거나 물과 접촉하여 발화하거나 가연성가스를 발생하는 위험성이 있는 것
제4류	인화성 액체	액체	인화의 위험성이 있는 것
제5류	자기반응성물질	고체 또는 액체	폭발의 위험성 또는 가열분해의 격렬함을 판단(위험성 유무와 등급에 따라 제1종 또는 제2종으로 구분)
제6류	산화성 액체	액체	산화력의 잠재적인 위험성 판단

② 위험물의 종류 및 품명

제1류 위험물(산화성 고체)		지정수량	위험등급
아염소산염류, 염소산염류, 과염소산염류, 무기과산화물		50kg	I
브로민산염류, 질산염류, 아이오딘산염류		300kg	II
과망가니즈산염류, 다이크로뮴산염류		1,000kg	III
행정안전부령	차아염소산염류	50kg	–
	과아이오딘산염류, 과아이오딘산, 크로뮴, 납 또는 아이오딘의 산화물, 아질산염류, 염소화아이소사이아누르산, 퍼옥소이황산염류, 퍼옥소붕산염류	300kg	–

제2류 위험물(가연성 고체)	지정수량	위험등급
황화인, 적린, 황	100kg	II
철분, 금속분, 마그네슘	500kg	III
인화성 고체	1,000kg	

액상의 정의

수직 시험관에 시료 55mm 채운 다음 당해 시험관 수평으로 하였을 때 시료액면 선단에 30mm를 이동하는데 90초 이내인 것

제4류 위험물의 액체

제3석유류, 제4석유류, 동식물유류의 경우 1기압, 20℃에서 액체인 것만 해당

제3류 위험물(자연발화성 물질 및 금수성 물질)		지정수량	위험등급
칼륨, 나트륨, 알킬알루미늄, 알킬리튬		10kg	I
황린		20kg	
알칼리금속(칼륨 및 나트륨 제외) 및 알칼리토금속, 유기금속화합물(알킬알루미늄 및 알킬리튬 제외)		50kg	II
금속의 수소화물, 금속의 인화물, 칼슘 또는 알루미늄의 탄화물		300kg	III
행정안전부령	염소화규소화합물	300kg	–

제4류 위험물(인화성 액체)		지정수량	위험등급
특수인화물		50L	I
제1석유류	비수용성액체	200L	II
	수용성액체	400L	
알코올류		400L	
제2석유류	비수용성액체	1,000L	III
	수용성액체	2,000L	
제3석유류	비수용성액체	2,000L	
	수용성액체	4,000L	
제4석유류		6,000L	
동식물유류		10,000L	

인화성 액체 지정수량

수용성은 비수용성의 2배

제5류 위험물(자기반응성물질)		지정수량	위험등급
유기과산화물, 질산에스터류 하이드록실아민, 하이드록실아민염류 나이트로화합물, 나이트로소화합물, 아조화합물, 다이아조화합물, 하이드라진 유도체		제1종: 10kg 제2종: 100kg	I: 지정수량 10kg인 위험물 II: 기타
행정안전부령	금속의 아지화합물, 질산구아니딘		

제6류 위험물(산화성 액체)		지정수량	위험등급
과염소산, 과산화수소, 질산		300kg	I
행정안전부령	할로젠간화합물	300kg	–

③ 정의
　㉠ 황: 순도 60중량퍼센트 이상인 것(순도측정을 하는 경우 불순물은 활석 등 불연성물질과 수분으로 한정)
　㉡ 철분: 철의 분말로서 53마이크로미터의 표준체를 통과하는 것이 50중량퍼센트 미만인 것 제외
　㉢ 금속분: 알칼리금속·알칼리토류금속·철 및 마그네슘외의 금속의 분말을 말하고, 구리분·니켈분 및 150마이크로미터의 체를 통과하는 것이 50중량퍼센트 미만인 것은 제외
　㉣ 마그네슘
　　• 2밀리미터의 체를 통과하지 아니하는 덩어리 상태의 것 제외
　　• 지름 2밀리미터 이상의 막대 모양의 것 제외
　㉤ 인화성고체: 고형알코올 그 밖에 1기압에서 인화점이 섭씨 40도 미만인 고체
　㉥ 특수인화물: 이황화탄소, 디에틸에테르 그 밖에 1기압에서 발화점이 섭씨 100도 이하인 것 또는 인화점이 섭씨 영하 20도 이하이고 비점이 섭씨 40도 이하인 것
　㉦ 제1석유류: 아세톤, 휘발유 그 밖에 1기압에서 인화점이 섭씨 21도 미만인 것
　㉧ 알코올류: 1분자를 구성하는 탄소원자의 수가 1개～3개 포화1가 알코올(변성알코올 포함)[제외: 함유량 60wt% ↓, 가연성 액체量 60wt% ↓]
　㉨ 제2석유류: 등유, 경유 그 밖에 1기압에서 인화점이 섭씨 21도 이상 70도 미만인 것(제외: 가연성 액체량 40wt% ↓ + 인화점 40℃ ↑ + 연소점 60℃ ↑)
　㉩ 제3석유류: 중유, 크레오소트유 그 밖에 1기압에서 인화점이 섭씨 70도 이상 섭씨 200도 미만인 것(제외: 가연성 액체량 40wt% ↓)
　㉪ 제4석유류: 기어유, 실린더유 그 밖에 1기압에서 인화점이 섭씨 200도 이상 섭씨 250도 미만의 것(제외: 가연성 액체량 40wt% ↓)
　㉫ 동식물유류: 동물의 지육 등 또는 식물의 종자나 과육으로부터 추출한 것으로서 1기압에서 인화점이 섭씨 250도 미만인 것
　㉬ 과산화수소: 농도가 36중량퍼센트 이상인 것
　㉭ 질산: 비중이 1.49 이상인 것
④ 유별을 달리하는 위험물의 혼재기준(지정수량의 1/10 이하의 위험물 적용 제외)
　㉠ 제1류 – 제6류
　㉡ 제2류 – 제4류 – 제5류
　㉢ 제3류 – 제4류
⑤ 복수성상물품
　㉠ 1류 + 2류의 성상을 가지는 경우: 제2류 제8호
　㉡ 1류 + 5류의 성상을 가지는 경우: 제5류 제11호
　㉢ 2류 + 3류의 성상을 가지는 경우: 제3류 제12호
　㉣ 3류 + 4류의 성상을 가지는 경우: 제3류 제12호
　㉤ 4류 + 5류의 성상을 가지는 경우: 제5류 제11호

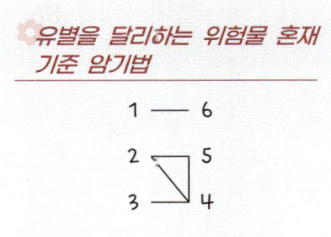
유별을 달리하는 위험물 혼재 기준 암기법

제2장 | 위험물시설의 설치 및 변경

1 위험물시설의 설치 및 변경

제조소등의 **설치허가**	시·도지사 → 위반시: 5년, 1억원 ↓
제조소등의 **변경허가**	위치, 구조, 설비의 변경 ○ (시·도지사) → 위반시: 1,500 벌금
제조소등의 **변경신고**	위치, 구조, 설비의 변경 × / 배수, 품명, 수량의 변경 ○ (변경하고자 하는 날의 1일 전, 시·도지사) → 위반시: 500 과태료

* 설치허가 / 변경허가 / 변경신고 제외: 주택의 난방시설(공동주택+중앙 난방 제외) 저장소·취급소, 농예용·축산용·수산용 난방·건조시설 지정수량 20배 이하 저장소

① 제조소등의 설치허가 또는 변경허가: 설치 또는 변경하고자 하는 자 → 시·도지사
② 한국소방산업기술원의 기술검토를 받는 제조소등
   ㉠ 지정수량 1천배 ↑ 위험물을 취급하는 제조소 또는 일반취급소: 구조·설비
   ㉡ 옥외탱크저장소(저장용량 50만ℓ ↑인 것만 해당) 또는 암반탱크저장소: 위험물탱크의 기초·지반, 탱크본체, 소화설비
③ 제조소등의 변경신고
   ㉠ 위치, 구조, 설비의 변경 × / 지정수량의 배수, 위험물의 품명, 수량의 변경 ○
   ㉡ 변경하고자 하는 날의 1일 전까지, 시·도지사에게 신고
④ 제조소등의 설치허가(변경허가)·변경신고 제외대상
   ㉠ 주택의 난방시설(공동주택의 중앙난방시설 제외)을 위한 저장소 또는 취급소
   ㉡ 농예용·축산용 또는 수산용으로 필요한 난방시설 또는 건조시설을 위한 지정수량 20배 이하의 저장소

2 군용위험물시설의 설치 및 변경에 대한 특례

① 군사목적 제조소등의 설치 또는 변경: 군부대의 장 → 시·도지사, 미리 협의(협의 시 허가받은 것으로 인정)
② 서류제출(대통령령): 군부대의 장 → 시·도지사, 공사착수하기 전
③ 탱크안전성능검사 & 완공검사 자체적 실시가능
④ 완공검사 자체 실시 시 시·도지사에게 통보하여야 하는 사항: 행정안전부령
   ㉠ 제조소등의 완공일 및 사용개시일
   ㉡ 탱크안전성능검사의 결과(탱크안전성능검사의 대상이 되는 위험물탱크가 있는 경우)
   ㉢ 완공검사의 결과
   ㉣ 안전관리자 선임계획
   ㉤ 예방규정(예방규정을 정하여야 하는 제조소등의 경우)

1일

① 상주공사감리(1일 이상)
② 제조소등의 변경신고(1일 전)
③ 안전관리대행기관의 휴·폐업 신고 (1일 전)

3 탱크안전성능검사

구분	내용
실시권자	시 · 도지사
실시시기	완공검사를 받기 전
검사목적	기술기준의 적합여부를 확인하기 위함
면제	허가를 받은 자가 탱크안전성능시험자 또는 한국소방산업기술원으로부터 탱크안전성능시험을 받은 경우 → 전부 또는 일부의 면제

검사	검사	검사내용	대상	신청시기	비고
검사	기초 · 지반검사	탱크의 기초 및 지반 기준 적합여부 확인	옥외탱크저장소의 액체위험물탱크 中 그 용량이 100만ℓ 이상인 탱크	공사의 개시 전	
	충수 · 수압검사	탱크 본체의 누설 및 변형에 대한 안전성 기준 적합여부 확인	액체위험물을 저장 또는 취급하는 탱크	탱크에 배관 그 밖의 부속설비를 부착하기 전	시 · 도지사가 면제 가능!
	용접부검사	탱크의 용접부 기준 적합여부 확인	옥외탱크저장소의 액체위험물탱크 中 그 용량이 100만ℓ 이상인 탱크	공사의 개시 전	
	암반탱크검사	탱크의 구조 기준 적합여부 확인	액체위험물을 저장 또는 취급하는 암반 내의 공간을 이용한 탱크	공사의 개시 전	

4 완공검사

구분	내용
실시권자	시 · 도지사
원칙	허가를 받은 자가 제조소등의 설치를 마쳤거나 그 위치 · 구조 또는 설비의 변경을 마친 때에는 당해 제조소등마다 시 · 도지사가 행하는 완공검사를 받아 기술기준에 적합하다고 인정받은 후가 아니면 이를 사용하여서는 아니된다. (→ 위반시: 1,500만원 벌금)
신청절차	완공검사를 받고자 하는 자 ──완공검사의 신청──→ 시 · 도지사 ←──완공검사 합격확인증 교부──── 기술기준 적합여부 확인 완공검사합격확인증 멸실 · 훼손 · 파손 (분실한 합격증 발견 시: 10일 이내 제출)
기술원 위탁	① 완공검사를 실시한 경우: 기술원 → 소방서장(완공검사결과서 송부) ② 완공검사업무대장 작성 후 10년간 보관

✿분실 등록증 발견 시

1. 지체없이 반납
   - 소방시설업 등록증
   - 소방시설관리업 등록증
2. 10일 이내 반납
   - 완공검사합격확인증

검사	신청시기
지하탱크가 있는 제조소등의 경우	당해 지하탱크를 매설하기 전
이동탱크저장소의 경우	이동저장탱크를 완공하고 상시 설치 장소(상치장소)를 확보한 후
이송취급소의 경우	이송배관 공사의 전체 또는 일부를 완료한 후. 다만, 지하·하천 등에 매설하는 이송배관의 공사의 경우에는 이송배관을 매설하기 전
전체 공사가 완료된 후에는 완공검사를 실시하기 곤란한 경우	다음에서 정하는 시기 ① 위험물설비 또는 배관의 설치가 완료되어 기밀시험 또는 내압시험을 실시하는 시기 ② 배관을 지하에 설치하는 경우에는 시·도지사, 소방서장 또는 기술원이 지정하는 부분을 매몰하기 직전 ③ 기술원이 지정하는 부분의 비파괴시험을 실시하는 시기
위에 해당하지 아니하는 제조소등의 경우	제조소등의 공사를 완료한 후

(표 왼쪽 세로 제목: 신청시기)

일부완공검사

완공검사를 받고자 하는 자가 제조소등의 일부에 대한 설치 또는 변경을 마친 후 그 일부를 미리 사용하고자 하는 경우에는 당해 제조소등의 일부에 대하여 완공검사를 받을 수 있다.

변경공사 ⊕ 가사용신청

제조소등의 변경공사 중에 변경공사와 관계없는 부분을 사용하고자 하는 자는 신청서에 변경공사에 따른 화재예방에 관한 조치사항을 기재한 서류를 첨부하여 시·도지사 또는 소방서장에게 신청하여야 한다.

5 제조소등의 지위승계

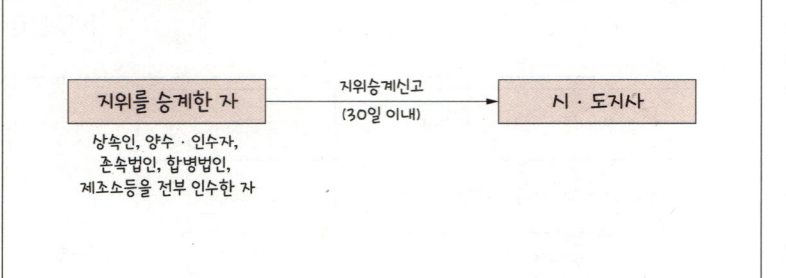

① 지위승계신고: 30일 이내, 시·도지사에게 신고 <법률>
② 지위승계 서류제출: 시·도지사 또는 소방서장 제출 <규칙>
③ 지위승계
　㉠ 제조소등의 설치자 사망 (상속인)
　㉡ 제조소등을 양도·인도 (양수·인수자)
　㉢ 법인합병(존속법인 또는 설립법인)
　㉣ 경매, 환가, 압류재산의 매각(제조소등의 시설의 전부를 인수한 자)
④ 지위승계신고 ×: 500만원 ↓ 과태료

6 제조소등의 폐지

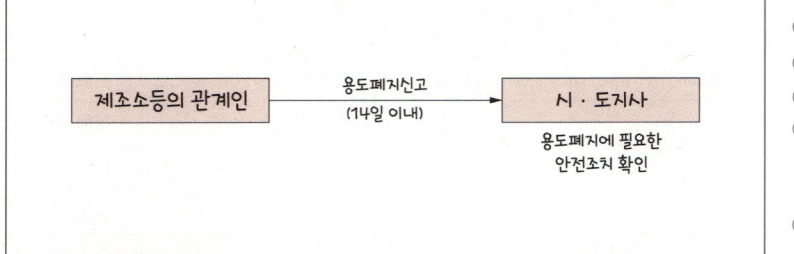

① 용도폐지신고: 14일 이내, 시·도지사에게 신고 <법률>
② 용도폐지 서류제출: 시·도지사 또는 소방서장 제출 <규칙>
③ 용도폐지: 장래에 대하여 위험물시설 기능을 완전히 상실시키는 것
④ 신고수리 시
　㉠ 신고서의 사본 → 수리사실 표시
　㉡ 용도폐지신고를 한 자에게 통보
⑤ 폐지신고 ×: 500만원 ↓ 과태료

소방시설업의 폐업

1. 폐업신고: 30일 이내
2. 신고대상: 시·도지사

7 **제조소등의 사용 중지**

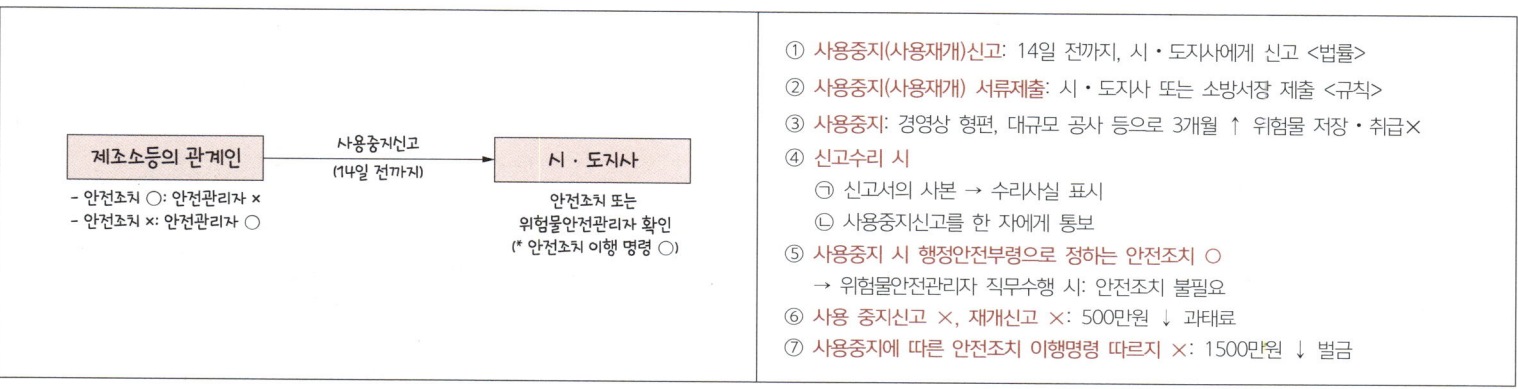

① 사용중지(사용재개)신고: 14일 전까지, 시·도지사에게 신고 <법률>

② 사용중지(사용재개) 서류제출: 시·도지사 또는 소방서장 제출 <규칙>

③ 사용중지: 경영상 형편, 대규모 공사 등으로 3개월 ↑ 위험물 저장·취급×

④ 신고수리 시
  ㉠ 신고서의 사본 → 수리사실 표시
  ㉡ 사용중지신고를 한 자에게 통보

⑤ 사용중지 시 행정안전부령으로 정하는 안전조치 ○
  → 위험물안전관리자 직무수행 시: 안전조치 불필요

⑥ 사용 중지신고 ×, 재개신고 ×: 500만원 ↓ 과태료

⑦ 사용중지에 따른 안전조치 이행명령 따르지 ×: 1500만원 ↓ 벌금

행정안전부령으로 정하는 안전조치

1. 탱크·배관 등 위험물을 저장 또는 취급하는 설비에서 위험물 및 가연성 증기 등의 제거

2. 관계인이 아닌 사람에 대한 해당 제조소등에의 출입금지 조치

3. 해당 제조소등의 사용중지 사실의 게시

4. 그 밖에 위험물의 사고 예방에 필요한 조치

💡 가출 예방 게시

8 **제조소등 설치허가의 취소와 사용정지**

① 설치허가의 취소 및 사용정지(6개월 이내)의 권한자: 시·도지사(사용정지명령 위반: 1,500만원 ↓ 벌금)

② 사유
  ㉠ 변경허가를 받지 아니하고 제조소등의 위치·구조 또는 설비를 변경한 때
  ㉡ 완공검사를 받지 아니하고 제조소등을 사용한 때
  ㉢ 제조소등의 사용중지 시 안전조치 이행명령을 따르지 아니한 때
  ㉣ 수리·개조 또는 이전의 명령을 위반한 때
  ㉤ 위험물안전관리자를 선임하지 아니한 때
  ㉥ 위험물안전관리자의 직무를 대행하는 대리자를 지정하지 아니한 때
  ㉦ 정기점검을 하지 아니한 때
  ㉧ 정기검사를 받지 아니한 때
  ㉨ 저장·취급기준 준수명령을 위반한 때

9 **과징금처분**

① 과징금 부과권자 및 금액: 시·도지사, 제조사등의 사용정지처분 갈음 2억원 이하의 과징금

② 필요한 사항: 행정안전부령

구분	내용	과징금
소방시설법	소방시설관리업의 영업정지처분에 갈음하는 과징금	3천만원 이하
소방시설공사업법	소방시설업의 영업정지처분에 갈음하는 과징금	2억원 이하
위험물안전관리법	제조소등의 사용정지처분에 갈음하는 과징금	2억원 이하

제3장 | 위험물시설의 안전관리

1 위험물시설의 유지 · 관리

① 제조소등의 위치 · 구조 및 설비의 기술기준

  ㉠ 관계인의 역할: 당해 제조소등의 위치 · 구조 및 설비가 기술기준에 적합하도록 유지 · 관리할 것

  ㉡ 시 · 도지사, 소방본부장, 소방서장의 역할: 유지 · 관리의 상황이 기술기준에 부적합하다고 인정하는 때에는 그 기술기준에 적합하도록 제조소등의 위치 · 구조 및 설비의 수리 · 개조 또는 이전을 명할 수 있음 (→ 위반 시: 1,500만원 ↓ 벌금)

② 제조소등의 위치 · 구조 및 설비의 기술기준 中 소방시설의 관련 기준

구분	내용
소화설비	소화난이도 등급의 구분 → 제조소등의 규모 → 저장, 취급하는 위험물의 품명 및 최대수량 → 설치하여야 하는 소화설비의 종류 선정 ㉠ 화재발생 시 **소화가 곤란한** 정도에 따라 그 소화에 적응성이 있는 소화설비를 설치함 ㉡ 소화난이도등급 I, 소화난이도등급 II, 소화난이도등급 III 구분(위험성: I > II > III)

경보설비	㉠ 설치대상: **지정수량 10배 이상**의 위험물을 저장 또는 취급하는 제조소등(이동탱크저장소 제외)
	㉡ 종류 💡 **자동 2 비상 2 확성 1**
	  • **자동화재탐지설비**
	  • **자동화재속보설비**
	  • **비상경보설비**(비상벨장치 또는 경종 포함)
	  • **비상방송설비**
	  • **확성장치**(휴대용확성기 포함)
	㉢ 자동신호장치를 갖춘 스프링클러설비 또는 물분무등소화설비를 설치한 제조소등에 있어서는 자동화재탐지설비를 설치한 것으로 봄

피난설비	㉠ 설치대상 💡 **옥내 휴전점**
	  • 주유취급소 중 건축물의 2층 이상의 부분을 **점포 · 휴게음식점** 또는 **전시장**의 용도로 사용하는 것 💣 일반음식점, 관람장
	  • **옥내주유취급소**
	㉡ 종류: **유도등**

제조소등의 소방시설

1. 소화설비
2. 경보설비
3. 피난설비

③ 제조소등의 기준 특례 – 안전성평가
  ㉠ 평가 실시권자: 한국소방산업기술원
  ㉡ 안전성 평가: 시·도지사 또는 소방서장은 제조소등의 기준의 특례 적용 여부를 심사함에 있어서 전문기술적인 판단이 필요하다고 인정하는 사항에 대해서는 기술원이 실시한 해당 제조소등의 안전성에 관한 평가를 참작할 수 있다.
  ㉢ 절차

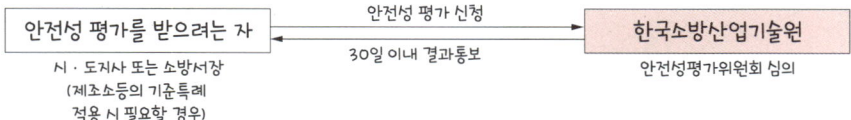

2 위험물안전관리자

① 위험물안전관리자 선임 및 선임신고

구분	내용
선임 ✕ 제조소등	㉠ 허가를 받지 아니하는 제조소등 • 주택의 난방시설(공동주택의 중앙난방시설을 제외한다)을 위한 저장소 또는 취급소 • 농예용·축산용 또는 수산용으로 필요한 난방시설 또는 건조시설을 위한 지정수량 20배 이하의 저장소 ㉡ 이동탱크저장소(차량에 고정된 탱크에 위험물을 저장 또는 취급하는 저장소)
재선임	㉠ 선임: 제조소등의 관계인 ㉡ 기한: 해임·퇴직한 날부터 30일 이내(→ 선임✕: 1,500만원 ↓ 벌금)
선임신고	㉠ 신고: 제조소등의 관계인 → 소방본부장 또는 소방서장 ㉡ 기한: 선임한 날부터 14일 이내(→ 선임신고✕: 500만원 ↓ 과태료)
자격	㉠ 위험물기능장, 위험물산업기사, 위험물기능사 자격: 모든 위험물 취급 ○ ㉡ 안전관리자 교육이수자, 소방공무원 경력자 3년 ↑: 제4류 위험물 취급 ○ ㉢ 위험물취급자격자가 아닌 경우: 안전관리자, 대리자 참여한 상태에서 위험물 취급 (→ 위반시: 1,000만원 ↓ 벌금)

② 위험물안전관리자의 직무대행 (→ 대리자 지정 ✕: 1,500만원 ↓ 벌금)

구분	내용
사유	㉠ 안전관리자가 여행·질병 그 밖의 사유로 인하여 일시적으로 직무를 수행할 수 없는 경우 ㉡ 안전관리자의 해임 또는 퇴직과 동시에 다른 안전관리자를 선임하지 못하는 경우
직무대행기한	30일 초과 금지
대리자의 자격	㉠ 국가기술자격법에 따른 위험물의 취급에 관한 자격취득자 ㉡ 위험물안전에 관한 기본지식과 경험이 있는 자로서 행정안전부령이 정하는 자 • 안전교육을 받은 자 • 제조소등의 위험물 안전관리업무에 있어서 안전관리자를 지휘·감독하는 직위에 있는 자

✿소방안전관리자

1. 선임: 30일 이내
2. 선임신고
   • 14일 이내
   • 소방본·서장

✿제조소등의 종류 및 규모에 따른 위험물안전관리자 (대통령령)

1. 위험물기능장, 위험물산업기사, 위험물기능사, 안전관리교육이수자, 소방공무원 경력자(3년↑)
   • 제4류, 주유취급소 등
2. 위험물기능장, 위험물산업기사, 2년↑ 실무경력의 위험물기능사
   • 기타

③ 1인의 안전관리자를 중복하여 선임할 수 있는 경우 – 동일인이 설치한 경우

    ㉠ 보일러·버너 또는 이와 비슷한 것으로서 위험물을 **소비**하는 장치로 이루어진 **7개 이하**의 일반취급소, 일반취급소에 공급하기 위한 위험물을 저장하는 저장소

      → 일반취급소 및 저장소가 모두 동일구내에 있는 경우

    ㉡ 위험물을 차량에 고정된 탱크 또는 운반용기에 **옮겨** 담기 위한 **5개 이하**의 일반취급소, 일반취급소에 공급하기 위한 위험물을 저장하는 저장소

      → 일반취급소간의 보행거리 300m 이내인 경우

    ㉢ **동일구내**에 있거나 상호 **100m 이내**의 (보행)거리에 있는 저장소로서 동일인이 직접 설치한 경우 💡 **내(10)외(10)내외(30) 지간암(10)**

      • **10개** 이하의 옥**내**저장소

      • **30개** 이하의 옥**외**탱크저장소

      • 옥**내**탱크저장소

      • **지하**탱크저장소

      • **간**이탱크저장소

      • **10개** 이하의 옥**외**저장소

      • **10개** 이하의 **암**반탱크저장소

    ㉣ 다음의 기준에 모두 적합한 **5개 이하**의 제조소등을 동일인이 설치한 경우

      • 각 제조소등이 **동일구내**에 위치하거나 상호 **100m 이내**의 (보행)거리에 있을 것

      • 각 제조소등에서 저장 또는 취급하는 위험물의 최대수량이 지정수량의 **3천배 미만**일 것(제외: 저장소)

    ㉤ 선박주유취급소의 고정주유설비에 공급하기 위한 위험물을 저장하는 저장소와 당해 선박주유취급소 제조소등을 동일인이 설치한 경우

④ 1인의 안전관리자를 중복하여 선임할 경우 – 대리자가 안전관리자를 보조하여야 하는 제조소등 💡 **이제 일등 인싸(4) 3830**

    ㉠ 제조소

    ㉡ 이송취급소

    ㉢ 일반취급소 → 제외(대리자 선임 ✕): 인화점이 **38℃** ↑인 **제4류** 위험물만을 지정수량의 **30배** ↓로 취급하는 일반취급소로서 다음에 해당하는 일반취급소

      • 보일러·버너 또는 이와 비슷한 것으로서 위험물을 소비하는 장치로 이루어진 일반취급소

      • 위험물을 용기에 옮겨 담거나 차량에 고정된 탱크에 주입하는 일반취급소

⑤ 안전관리대행기관

    ㉠ 지정 및 지도·감독권자: 소방청장

    ㉡ 변경신고: **14일 이내** 소방청장에게 서류제출 → 변경신고사항: 영업소 **소재지**, 법인**명칭**, **대표자**, **기술인력** 변경 💡 **명소 대기**

    ㉢ 휴업·재개업 또는 폐업신고: **1일 전**까지 소방청장에게 제출

    ㉣ 지정취소 및 업무정지(권한자: 소방청장)

🔑 **1일**

① 상주공사감리(1일 이상)

② 제조소등의 변경신고(1일 전)

③ 안전관리대행기관의 휴·폐업 신고 (1일 전)

구분	내용
지정취소	• 허위 그 밖의 부정한 방법으로 지정을 받은 때 • 탱크시험자의 등록 또는 다른 법령에 의하여 안전관리업무를 대행하는 기관의 지정·승인 등이 취소된 때 • 다른 사람에게 지정서를 대여한 때
업무정지 (6개월↓)	• 안전관리대행기관의 지정기준에 미달되는 때 • 소방청장의 지도·감독에 정당한 이유 없이 따르지 아니하는 때 • 변경·휴업 또는 재개업의 신고를 연간 2회 이상 하지 아니한 때 • 안전관리대행기관의 기술인력이 안전관리업무를 성실하게 수행하지 아니한 때

◎ 1인의 기술인력으로 다수의 제조소등 중복지정
- 제조소등의 개수: 25 초과 ×
- 관계인의 안전관리원 지정: 대행기관이 지정한 안전관리자의 업무를 보조(제외: 지정수량의 20배 이하를 저장하는 저장소)
ⓑ 점검 및 감독: 매월 4회 ↑(저장소의 경우: 매월 2회 ↑)
ⓐ 지정기준(행정안전부령)

구분	내용
기술인력	• 위험물기능장 OR 산업기사 1인↑ • 위험물산업기사 OR 기능사 2인↑ • 기계 및 전기분야의 소방설비기사 1인↑ → 2 이상의 기술인력을 동일인이 겸할 수 없음
시설	전용사무실
장비	절연저항계(절연저항측정기), 접지저항측정기(최소눈금 0.1Ω 이하), 가스농도측정기(탄화수소계 가스의 농도측정이 가능할 것), 정전기 전위측정기, 토크렌치, 진동시험기, 표면온도계, 두께측정기, 안전용구, 소화설비점검기구

3 탱크안전성능시험자(탱크시험자)의 등록

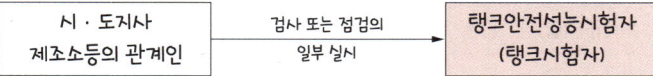

등록권자	시·도지사(→ 등록 × 영업시: 1년, 1천만원)		

기술능력, 시설, 장비(대통령령)

구분		내용	
기술능력	필수	① 위험물기능장 OR 산업기사 OR 기능사 中 1명↑ ② 비파괴검사기술사 1명↑ OR 　초음파, 자기, 침투 비파괴검사별 기사 OR 산업기사 각 1명↑	
	필요	① 충·수압, 진공, 기밀 OR 내압시험	누설비파괴검사 기사, 산업기사 OR 기능사
		② 수직·수평도시험	측량 및 지형공간정보 기술사, 기사, 산업기사 OR 측량기능사
		③ 방사선투과시험	방사선비파괴검사 기사 OR 산업기사
		④ 필수 인력의 보조	방사선·초음파·자기 OR 침투비파괴검사 기능사
시설	전용사무실		
장비	필수	자기탐상시험기, 초음파두께측정기 및 다음 ① 또는 ② 중 어느 하나 ① 영상초음파시험기 ② 방사선투과시험기 및 초음파시험기	
	필요 💡 진기수	① 충·수압, 진공, 기밀 OR 내압시험	㉠ 진공능력 53KPa 이상의 진공누설시험기 ㉡ 기밀시험장치(안전장치가 부착된 것으로서 가압능력 200KPa 이상, 감압의 경우에는 감압능력 10KPa 이상·감도 10Pa 이하의 것으로서 각각의 압력 변화를 스스로 기록할 수 있는 것)
		② 수직·수평도시험	수직·수평도 측정기

(좌측 그룹: 등록기준)

등록증 교부	시·도지사, 15일 이내 교부

변경신고	시·도지사, 30일 이내 변경신고(→ 변경신고 ×: 500만원 ↓ 과태료) 💡 명상소 대기 ① 명칭 또는 상호의 변경 ② 영업소 소재지의 변경 ③ 기술능력의 변경 ④ 대표자의 변경

결격사유	① 피성년후견인 ② 금고 이상의 실형의 선고를 받고 그 집행이 종료(집행이 종료된 것으로 보는 경우 포함)되거나 집행이 면제된 날부터 2년이 지나지 아니한 자 ③ 금고 이상의 형의 집행유예 선고를 받고 그 유예기간 중에 있는 자 ④ 탱크시험자의 등록이 취소("①"에 해당하여 자격이 취소된 경우는 제외한다)된 날부터 2년이 지나지 아니한 자 ⑤ 법인으로서 그 대표자가 ① 내지 ④의 1에 해당하는 경우

구분	내용
등록취소	① 허위 그 밖의 부정한 방법으로 등록을 한 경우 ② 등록의 결격사유에 해당하게 된 경우 ③ 등록증을 다른 자에게 빌려준 경우
업무정지	④ 등록기준에 미달하게 된 경우 ⑤ 탱크안전성능시험 또는 점검을 허위로 하거나 이 법에 의한 기준에 맞지 아니하게 탱크안전성능시험 또는 점검을 실시하는 경우 등 탱크시험자로서 적합하지 아니하다고 인정하는 경우

(좌측 라벨) 등록취소, 업무정지 (6개월↓)

💠 업무정지명령을 위반한 탱크시험자

1,500만원 ↓ 벌금

4 예방규정

제조소등의 관계인 → (제조소등의 사용시작 전) → 시·도지사

예방규정	제조소등의 화재예방과 화재 등 재해발생시의 비상조치
제출시기	제조소등의 사용시작 전(→ 예방규정×: 1,500만원 ↓ 벌금)
변경	관계인 → 시·도지사, 변경 시 제출(→ 제출×: 1,000만원 ↓ 벌금)
예방규정의 준수	관계인, 종업원(→ 준수×: 500만원 ↓ 과태료)
관계인이 예방규정을 정하여야 하는 제조소등 (대통령령)	① 지정수량의 10배 이상의 위험물을 취급하는 제조소 ② 지정수량의 100배 이상의 위험물을 저장하는 옥외저장소 ③ 지정수량의 150배 이상의 위험물을 저장하는 옥내저장소 ④ 지정수량의 200배 이상의 위험물을 저장하는 옥외탱크저장소 ⑤ 암반탱크저장소 ⑥ 이송취급소 ⑦ 지정수량의 10배 이상의 위험물을 취급하는 일반취급소. 다만, 제4류 위험물(특수인화물을 제외한다)만을 지정수량의 50배 이하로 취급하는 일반취급소 (제1석유류·알코올류의 취급량이 지정수량의 10배 이하인 경우에 한한다)로서 다음의 어느 하나에 해당하는 것을 제외한다. 　⊙ 보일러·버너 또는 이와 비슷한 것으로서 위험물을 소비하는 장치로 이루어진 일반취급소 　ⓒ 위험물을 용기에 옮겨 담거나 차량에 고정된 탱크에 주입하는 일반취급소 💡 예방해야해! 암이 제일 쉽(10)게 걸려! 옥외 100% 옥내 150% 옥외탱 200%
예방규정 포함사항	① 위험물의 안전관리업무를 담당하는 자의 직무 및 조직에 관한 사항 ② 안전관리자가 여행·질병 등으로 인하여 그 직무를 수행할 수 없을 경우 그 직무의 대리자에 관한 사항 ③ 자체소방대를 설치하여야 하는 경우에는 자체소방대의 편성과 화학소방자동차의 배치에 관한 사항 ④ 위험물의 안전에 관계된 작업에 종사하는 자에 대한 안전교육 및 훈련에 관한 사항 ⑤ 위험물시설 및 작업장에 대한 안전순찰에 관한 사항

| 예방규정
포함사항 | ⑥ 위험물시설·소방시설 그 밖의 관련 시설에 대한 점검 및 정비에 관한 사항
⑦ 위험물시설의 운전 또는 조작에 관한 사항
⑧ 위험물 취급작업의 기준에 관한 사항
⑨ 이송취급소에 있어서는 배관공사 현장책임자의 조건 등 배관공사 현장에 대한 감독체제에 관한 사항과 배관주위에 있는 이송취급소 시설 외의 공사를 하는 경우
　배관의 안전확보에 관한 사항
⑩ 재난 그 밖의 비상시의 경우에 취하여야 하는 조치에 관한 사항
⑪ 위험물의 안전에 관한 기록에 관한 사항
⑫ 제조소등의 위치·구조 및 설비를 명시한 서류와 도면의 정비에 관한 사항
⑬ 그 밖에 위험물의 안전관리에 관하여 필요한 사항
💡 이송취급소 서류와 시설 점검해보니, 기록을 조작한 것이 밝혀졌대! 비상 3가지 조치! 담당자와 대리자 훈교 / 화학소방자동차 순찰 / 작업기준 필요 |

예방규정 이행실태 평가

① 권한자: 소방청장
② 예방규정 이행 실태 평가 대상(대통령령으로 정하는 제조소등): 지정수량의 3천배 ↑ 제조소등
　　　　　　　　　　　　　　　　　　　　　(*소방청장은 제조소등의 위험성 등 고려하여 평가 방법 다르게 할 수 있음)
③ 평가방법(행정안전부령)
　㉠ 평가주기

구분	내용
최초평가	예방규정을 최초로 제출한 날부터 3년이 되는 날이 속하는 연도에 실시
정기평가	최초평가 또는 직전 정기평가를 실시한 날을 기준으로 4년마다 실시. 다만, 수시평가를 실시한 경우에는 수시평가를 실시한 날을 기준으로 4년마다 실시한다.
수시평가	위험물의 누출·화재·폭발 등의 사고가 발생한 경우 소방청장이 제조소등의 관계인 또는 종업원의 예방규정 준수 여부를 평가할 필요가 있다고 인정하는 경우에 실시

　㉡ 평가 방법: 서면점검 또는 현장검사(소방청장이 정하여 고시하는 고위험군의 제조소등만 실시)의 방법으로 실시
　㉢ 평가 실시 통보방법

　　┌─────────┐　평가실시일 30일 전까지(수시평가: 구일 전)　┌───────┐
　　│ 소방청장 │ ────────────────────────────→ │ 관계인 │
　　└─────────┘　　평가실시일, 평가항목, 세부 평가일정 통보　　└───────┘

　㉣ 평가항목: 예방규정의 세부항목에 대하여 실시
　　→ 평가실시일 직전 1년 동안 "공정안전보고서 이행 상태 평가" 또는 "화학사고예방관리계획서 이행 여부 점검"을 받은 경우로서 중복항목이 있는 경우:
　　　해당 항목에 대한 평가 면제가능
　㉤ 평가결과 통보

　　┌─────────┐　　　　平가 완료한 때 결과 통보　　　　┌───────┐
　　│ 소방청장 │ ────────────────────────────→ │ 관계인 │
　　└─────────┘　　(필요한 조치 등 이행 권고가능)　　└───────┘

　㉥ 예방규정의 이행 실태 평가의 내용·절차·방법 등에 관하여 필요한 사항: 소방청장 정하여 고시

5 정기점검 / 구조안전점검 / 정기검사

정기점검

① **실시자**
  ㉠ 안전관리자
  ㉡ 위험물운송자(이동탱크저장소)
  ㉢ 점검의뢰
    • 안전관리대행기관
      (특정·준특정 옥외탱크저장소 제외)
    • 탱크시험자
② **대상**: 대통령령(* 점검 ✕: 1년/1천만원 ↓ 벌금)
  ㉠ 예방규정 대상
  ㉡ 지하탱크저장소
  ㉢ 이동탱크저장소
  ㉣ 위험물 취급탱크 + 지하 매설 +
    제조소, 주유취급소, 일반취급소
  💡 예방규정 + 이저탱 + 지하수 일등은 제주
③ **실시주기**: 연 1회 이상
④ **기록보존**: 3년
⑤ **결과제출**: 30일 이내, 시·도지사
⑥ **정기점검의 의뢰**
  ㉠ 제조소등의 관계인 → 탱크시험자
  ㉡ 적합: 시험성적서 10일 이내 교부
  ㉢ 부적합: 개선사항 통보 → 기재

구조안전점검 (행정안전부령)

① **대상**: 액체위험물을 저장 또는 취급하는 50만ℓ↑ 옥외탱크저장소 (특정/준특정)
② **실시주기**
  ㉠ 최근 정밀정기검사 + 11년
  ㉡ 완공검사합격확인증 + 12년
  ㉢ 안전조치, 연장신청, 최근 정밀정기검사 + 13년
③ **구조안전점검의 연장신청**: 소방서장에게 연장신청(1년의 범위에서 연장 ○)
④ **기록보존**: 25년(②의 ㉢의 경우: 30년)

정기검사

① **실시자**: 소방본부장 또는 소방서장 (* 검사 ✕: 1년/1천만원 ↓ 벌금)
② **대상**(대통령령): 액체위험물을 저장 또는 취급하는 50만ℓ↑ 옥외탱크저장소(특정/준특정)
③ **실시주기 및 검사항목**(행정안전부령)

정밀정기검사	중간정기검사
㉠ 최근 정밀정기검사 + 11년 ㉡ 완공검사합격확인증 + 12년	㉠ 최근 중간 or 정밀정기검사 + 4년 ㉡ 완공검사합격확인증 + 4년
㉠ 수직도·수평도에 관한 사항 ㉡ 밑판(지중탱크: 누액방지판)의 두께에 관한 사항 ㉢ 용접부에 관한 사항 ㉣ 구조·설비의 외관에 관한 사항 💡 (계란) 두판 수평으로 들고 외용~	㉠ 구조·설비의 외관에 관한 사항

④ **정밀정기검사** → 구조안전점검 실시 시 함께 받을 수 있음

💠 **특정·준특정옥외저장탱크**

1. 특정: 100만L 이상
2. 준특정: 50만L 이상
   100만L 미만

6 자체소방대

① **설치대상**: 대통령령 (* 자체소방대 두지 ✕: 1년/1천만원 ↓ 벌금)

　　㉠ 제조소 또는 일반취급소에서 취급하는 제4류 위험물의 최대수량의 합이 지정수량의 **3천배 이상**

　　㉡ 옥외탱크저장소에 저장하는 제4류 위험물의 최대수량이 지정수량의 **50만배 이상**

② **설치제외대상인 일반취급소**: 행정안전부령 💡 용광보이유

　　㉠ **보**일러, 버너 그 밖에 이와 유사한 장치로 위험물을 소비하는 일반취급소

　　㉡ **이동**저장탱크 그 밖에 이와 유사한 것에 위험물을 주입하는 일반취급소

　　㉢ **용기**에 위험물을 옮겨 담는 일반취급소

　　㉣ **유압**장치, 윤활유순환장치 그 밖에 이와 유사한 장치로 위험물을 취급하는 일반취급소

　　㉤ 「**광산**안전법」의 적용을 받는 일반취급소

③ **자체소방대에 두는 화학소방자동차 및 인원**

사업소의 구분	화학소방 자동차	자체소방 대원의 수
1. 제조소 또는 일반취급소: 취급 제4류 위험물의 최대수량의 합이 지정수량의 **3천배 이상 12만배 미만**	1대	5인
2. 제조소 또는 일반취급소: 취급 제4류 위험물의 최대수량의 합이 지정수량의 **12만배 이상 24만배 미만**	2대	10인
3. 제조소 또는 일반취급소: 취급 제4류 위험물의 최대수량의 합이 지정수량의 **24만배 이상 48만배 미만**	3대	15인
4. 제조소 또는 일반취급소: 취급 제4류 위험물의 최대수량의 합이 지정수량의 **48만배 이상**	4대	20인
5. 옥외탱크저장소: 저장하는 제4류 위험물의 최대수량이 지정수량의 **50만배 이상**인 사업소	2대	10인

[비고] 화학소방자동차에는 행정안전부령으로 정하는 소화능력 및 설비를 갖추어야 하고, 소화활동에 필요한 소화약제 및 기구(방열복 등 개인장구 포함)를 비치하여야 한다.

④ **편성특례**: 상호응원에 관한 협정체결 → 합산한 양 기준 화학소방자동차의 대수의 1/2 이상 및 화학소방자동차마다 5인 이상 자체소방대원을 둠

⑤ **포수용액을 방사하는 화학소방자동차의 대수**: 화학소방자동차의 대수의 2/3 이상

⑥ **화학소방자동차에 갖추어야 하는 소화능력 및 설비의 기준** 💡 35분 내 포위(2)! 할사(4)이사(4)! 오(5)독?!

화학소방자동차의 구분		소화능력 및 설비의 기준
포수용액 방사차	방사능력	포수용액의 방사능력이 매분 **2,000ℓ 이상**일 것
	비치사항	**소화약액탱크 및 소화약액 혼합장치**를 비치할 것
	소화약제량	**10만ℓ 이상**의 포수용액을 방사할 수 있는 양의 소화약제를 비치할 것
분말 방사차	방사능력	분말의 방사능력이 **매초 35kg 이상**일 것
	비치사항	분말탱크 및 **가압용 가스설비**를 비치할 것
	소화약제량	**1,400kg 이상**의 분말을 비치할 것

	방사능력	할로젠화합물의 방사능력이 매초 40kg 이상일 것
할로젠화합물 방사차	비치사항	할로젠화합물탱크 및 가압용 가스설비를 비치할 것
	소화약제량	1,000kg 이상의 할로젠화합물을 비치할 것
	방사능력	이산화탄소의 방사능력이 매초 40kg 이상일 것
이산화탄소 방사차	비치사항	이산화탄소저장용기를 비치할 것
	소화약제량	3,000kg 이상의 이산화탄소를 비치할 것
제독차	비치사항	가성소다 및 규조토를 각각 50kg 이상 비치할 것

7 제조소등에서의 흡연금지

① 제조소등의 흡연금지: 누구든지 지정된 장소 아닌 곳에서 흡연 ✕(* 위반 시: 500만원↓ 과태료)

㉠ 제조소등의 관계인: 금연구역임을 알리는 표지 설치

㉡ 시·도지사의 시정명령: 표지 설치 ✕, 표지의 보완 필요 → 일정한 기간을 정하여 시정명령 〇(* 위반 시: 500만원↓ 과태료)

② 흡연장소의 지정기준: 대통령령

구분	내용
흡연장소의 지정기준	㉠ 폭발위험장소 외의 장소에 지정하는 등 위험물을 저장·취급하는 건축물, 공작물 및 기계·기구, 그 밖의 설비로부터 안전 확보에 필요한 일정한 거리를 둘 것 ㉡ 옥외로 지정할 것(부득이한 경우 건축물 내 지정가능)
화재예방 조치	㉠ 흡연장소: 구획된 실 + 가연성 증기 또는 미분이 실내 체류 또는 실내유입되는 것을 방지하기 위한 구조 또는 설비를 갖출 것 ㉡ 소형수동식소화기(소화설비 포함) 1개↑ 비치
세부적인 기준	소방청장이 정하여 고시함

③ 표지의 설치기준 및 방법: 행정안전부령

구분	내용
표지를 설치한 것으로 보는 장소	→ 아래 조건을 모두 만족하는 경우 ㉠ 제조소에 출입하는 사람이 특정인으로 한정 ㉡ 해당 제조소를 포함하는 사업소의 출입구에 해당 사업소 전체가 금연구역임을 알리는 표지를 설치한 경우
표지	㉠ 표지의 포함사항: 금연을 상징하는 그림 또는 문자, 위반시 조치사항 등 ㉡ 표지의 크기: 건축물 또는 시설의 규모나 구조에 따라 크기를 다르게 가능 ㉢ 바탕색 및 글씨 색상: 내용이 눈에 잘 띄도록 배색

제4장 | 위험물의 운반 ~ 제5장 | 감독 및 조치명령

1 위험물의 운반

① 위험물의 운반
  ㉠ 용기
  ㉡ 적재방법
  ㉢ 운반방법

② 위험물의 운반에 관한 중요기준 및 세부기준

구분	화재의 영향	화재가능성	규정	벌칙
중요기준	큰 영향	직접적	행정안전부령	1,000만원 ↓ 벌금
세부기준	작은 영향	간접적	행정안전부령	500만원 ↓ 과태료

③ 위험물의 운반

구분	내용

위험물운반자	㉠ 운반용기에 수납된 위험물을 지정수량 이상으로 **차량**에 적재하여 운반하는 차량의 운전자
	㉡ 자격기준 (* 자격 ✕: 1,000만원 ↓ 벌금)
	  • 「국가기술자격법」에 따른 **위험물 분야의 자격**을 취득할 것
	  • 소방청장이 실시하는 위험물안전관리와 관련된 **안전교육**을 수료할 것

운반용기검사	㉠ 검사 권한자: **시·도지사** (* 운반용기검사 ✕: 1년/1천만원 ↓ 벌금) ㉡ 검사 합격확인증 교부: **한국소방산업기술원** ㉢ 검사업무 처리결과 보고체계 기술원의 원장 ──운반용기 검사업무 처리결과 보고 (매년 1월 31일까지)──▶ 시·도지사 ──운반용기 검사업무 처리결과 제출 (매년 2월 말까지)──▶ 소방청장

중요기준 및 세부기준

1. 위험물의 저장·취급
2. 위험물의 운반

위험물		주의사항					
		물기엄금	화기주의	화기엄금	충격주의	가연물접촉주의	공기접촉엄금
제1류	알칼리금속의 과산화물	●	●		●	●	
	그 밖의 것		●		●	●	
제2류	철분·금속분·마그네슘	●	●				
	인화성 고체			●			
	그 밖의 것		●				
제3류	자연발화성물질			●			●
	금수성물질	●					
제4류				●			
제5류				●	●		
제6류						●	

④ 위험물의 운송

구분	내용

위험물운송자	㉠ 이동탱크저장소에 의하여 위험물을 운송하는 자(운송책임자 및 이동탱크저장소운전자를 말한다.)
	㉡ 자격기준 (* 자격: 1,000만원↓ 벌금)
	  • 「국가기술자격법」에 따른 위험물 분야의 자격을 취득할 것
	  • 소방청장이 실시하는 위험물안전관리와 관련된 안전교육을 수료할 것
	㉢ 운송 시 준수사항: 세심한 주의를 기울여야 함 (* 위반시: 500만원↓ 과태료)

운송책임자	㉠ 위험물 운송의 감독 또는 지원을 하는 자
	㉡ 자격기준
	  • 당해 위험물의 취급에 관한 국가기술자격을 취득 + 관련 업무에 1년 이상 종사한 경력이 있는 자
	  • 위험물의 운송에 관한 안전교육을 수료 + 관련 업무에 2년 이상 종사한 경력이 있는 자
	㉢ 운송책임자의 감독·지원을 받아 운송하여야 하는 위험물: 알킬알루미늄, 알킬리튬, 알킬알루미늄 또는 알킬리튬의 물질을 함유하는 위험물
	  (* 감독·지원 ×: 1,000만원↓ 벌금)

위험물 운송 시 주의사항	㉠ 장거리: 고속국도(340km 이상), 그 밖의 도로(200km 이상)
	㉡ 장거리 운송 시 → 2명 이상의 운전자 필요: 다음의 경우에는 제외
	  • 운송책임자를 동승시킨 경우
	  • 운송하는 위험물이 제2류·제3류(칼슘 또는 알루미늄의 탄화물과 이것만을 함유한 것)·제4류(특수인화물 제외)인 경우
	  • 운송도중에 2시간 이내마다 20분 이상씩 휴식하는 경우

제조소등 - 게시판 주의사항

1. 물기엄금
   • 1류 中 알칼리금속의 과산화물
   • 3류 中 금수성 물질
2. 화기주의
   • 2류(인화성 고체 제외)
3. 화기엄금
   • 2류 中 인화성 고체
   • 3류 中 자연발화성 물질
   • 4류
   • 5류

운반용기의 표시사항(기타)

위험물의 품명·위험등급·화학명·수용성("수용성" 표시는 제4류 위험물로서 수용성인 것 한함)·수량

2 출입 · 검사

① 출입 · 검사

　㉠ 소방청장, 시·도지사, 소방본부장, 소방서장 → 관계인: 보고, 자료제출 명령, 출입, 검사, 질문, 물품의 수거(→ 위반시: 1년, 1천만원)

　㉡ 출입·검사시간: 공개시간, 근무시간내, 해가 뜬 후부터 해가 지기 전까지

　㉢ 출입·검사를 하는 관계 공무원의 의무: 업무방해금지, 증표, 비밀누설금지(→ 위반시: 1,000만원 ↓ 벌금)

② 위험물운송자 또는 운반자의 요건 확인

　㉠ 소방공무원, 경찰공무원 → 위험물운반자, 위험물운송자: 국가기술자격증 또는 교육수료증의 제시요구

　㉡ 제시하지 아니한 경우: 주민등록증(모바일 포함), 여권, 운전면허증 등 신원확인을 위한 증명서 제시 요구, 신원확인을 위한 질문 가능

③ 탱크시험자에 대한 출입 · 검사

　㉠ 시·도지사, 소방본부장, 소방서장 → 탱크시험자: 보고, 자료제출, 명령, 출입, 검사, 질문(→ 위반시: 1,500만원 ↓ 벌금)

3 위험물 누출 등의 사고 조사

① 사고의 원인 및 피해조사의 권한자: 소방청장, 소방본부장, 소방서장

② 사고조사위원회: ~ 둘 수 있다.

구분	내용
구성권자	소방청장, 소방본부장, 소방서장
구성	7명 이내의 위원(위원장 1명 포함)
위원장	위원 中 소방청장, 소방본부장, 소방서장이 임명하거나 위촉
위원	㉠ 소속 소방공무원 ㉡ 기술원의 임직원 중 위험물 안전관리 관련 업무에 5년 이상 종사한 사람 ㉢ 한국소방안전원의 임직원 중 위험물 안전관리 관련 업무에 5년 이상 종사한 사람 ㉣ 위험물로 인한 사고의 원인·피해 조사 및 위험물 안전관리 관련 업무 등에 관한 학식과 경험이 풍부한 사람
임기	2년, 한 차례만 연임

4 각종 명령

① 탱크시험자에 대한 명령: 시·도지사, 소방본부장, 소방서장 → 탱크시험자(감독상 필요한 명령)

② 무허가장소의 위험물에 대한 조치명령: 시·도지사, 소방본부장, 소방서장 → 무허가장소에서 위험물을 저장 또는 취급한 자(제거의 조지명령)

③ 제조소등에 대한 긴급 사용정지명령: 시·도지사, 소방본부장, 소방서장 → 관계인(사용의 일시정지, 사용제한 명령)

④ 저장·취급기준 준수명령: 시·도지사, 소방본부장, 소방서장 → 관계인(기준에 따른 저장 또는 취급하도록 명령)

⑤ 응급조치·통보 및 조치명령

⊙ 응급조치: 당해 제조소등에서 위험물의 유출 그 밖의 사고가 발생한 때에는 즉시 그리고 지속적으로 위험물의 유출 및 확산의 방지, 유출된 위험물의 제거 그 밖에 재해의 발생방지

ⓛ 응급조치의 통보: 제조소등의 관계인 → 소방서, 경찰서, 관계기관

ⓒ 응급조치의 강구(조치명령): 소방본부장 또는 소방서장 → 제조소등 또는 이동탱크저장소의 관계인

각종 명령 위반 시 벌칙

• "③" 위반시: 1년, 1천만원 ↓ 벌금

• "①, ②, ④, ⓒ응급조치명령)" 위반 시: 1,500만원 ↓ 벌금

제6장 | 보칙

1 안전교육

① **교육의 실시권자**: 소방청장

② **안전교육 대상자**(대통령령)

    ㉠ 안전관리자로 선임된 자

    ㉡ 탱크시험자의 기술인력으로 종사하는 자

    ㉢ 위험물운반자로 종사하는 자

    ㉣ 위험물운송자로 종사하는 자

③ **기타사항**

    ㉠ 제조소등의 관계인 → 안전교육을 받게 할 것

    ㉡ 시·도지사, 소방본부장, 소방서장 → 안전교육 미수료 시 교육을 받을 때까지 행위제한

④ **강습교육과 실무교육**(행정안전부령)

교육과정	교육대상자		교육시간	교육시기		교육기관
강습교육	위험물취급자격자의 자격을 갖추려는 사람	안전관리자가 되려는 사람	24시간	최초 선임되기 전		안전원
	위험물운송자의 요건을 갖추려는 사람	위험물운송자가 되려는 사람	16시간	최초 종사하기 전		
	위험물운반자의 요건을 갖추려는 사람	위험물운반자가 되려는 사람	8시간	최초 종사하기 전		
실무교육	안전관리자로 선임된 자	안전관리자	8시간	㉠ 선임된 날부터 6개월 이내	㉡ 2년마다 1회	안전원
	위험물운송자로 종사하는 자	위험물운송자	8시간	㉠ 종사한 날부터 6개월 이내	㉡ 3년마다 1회	
	위험물운반자로 종사하는 자	위험물운반자	4시간	㉠ 종사한 날부터 6개월 이내	㉡ 3년마다 1회	
	탱크시험자의 기술인력으로 종사하는 자	탱크시험자의 기술인력	8시간	㉠ 등록한 날부터 6개월 이내	㉡ 2년마다 1회	기술원

⑤ **교육실시계획**(행정안전부령)

    ㉠ 계획수립: 기술원 또는 한국소방안전원 → 소방청장의 승인(매년, 전년도 말까지)

    ㉡ 결과보고: 기술원 또는 한국소방안전원 → 소방청장의 보고(다음 연도 1월 31일까지)

⑥ **실무교육대상자 현황 통보 및 안전교육의 지도·감독**(행정안전부령)

    ㉠ 권한자: 소방본부장

    ㉡ 기한: 매년 10월 말까지

2 청문

① 청문의 실시권자: 시·도지사, 소방본부장 또는 소방서장
② 청문을 실시하는 경우
  ㉠ 제조소등 설치허가의 취소 ✱ 변경신고, 정지
  ㉡ 탱크시험자의 등록취소 ✱ 영업정지

3 위험물 안전관리에 관한 협회

① 협회의 설립목적: 위험물의 안전관리, 사고 예방을 위한 안전기술 개발, 위험물 안전관리의 건전한 발전 도모(소방청장의 인가)
② 협회의 구성원
  ㉠ 제조소등의 관계인
  ㉡ 위험물운송자
  ㉢ 탱크안전성능시험자
  ㉣ 안전관리자의 업무를 위탁받아 수행할 수 있는 안전관리대행기관으로 소방청장의 지정을 받은 자
③ 기타사항: 민법 中 사단법인
④ 설립인가 절차(대통령령)
  ㉠ 제조소등의 관계인, 위험물운송자, 탱크안전성능시험자, 안전관리대행기관 + 10명 이상 발기인 + 정관 작성 + 소방청장의 인가
  ㉡ 소방청장 인가 시 사실 공고

4 권한의 위임·위탁

① 권한의 위임: 소방청장 또는 시·도지사 → 시·도지사, 소방본부장 또는 소방서장
② 업무의 위탁

권한	위탁	업무
소방청장	안전원	다음의 어느 하나에 해당하는 사람에 대한 안전교육 ㉠ 위험물운반자의 요건을 갖추려는 사람 ㉡ 위험물운송자의 요건을 갖추려는 사람 ㉢ 위험물취급자격자의 자격을 갖추려는 사람 ㉣ 위험물안전관리자로 선임된 자 ㉤ 위험물운반자로 종사하는 자 ㉥ 위험물운송자로 종사하는 자
	기술원	탱크시험자의 기술인력으로 종사하는 자에 대한 안전교육

법인

1. 사단법인
  • 한국119청소년단
  • 소방시설업자협회
  • 위험물 안전관리에 관한 협회
2. 재단법인
  • 한국소방안전원

| 시·도지사 | 기술원 | ㉠ 다음의 탱크에 대한 탱크안전성능검사
• 용량 100만ℓ ↑ 액체위험물을 저장하는 탱크
• 암반탱크
• 지하탱크저장소의 위험물탱크 중 행정안전부령으로 정하는 액체위험물탱크
㉡ 다음의 완공검사
• 지정수량의 1천배 ↑의 위험물을 취급하는 제조소 또는 일반취급소의 설치 또는 변경에 따른 완공검사
• 옥외탱크저장소(저장용량 50만ℓ ↑인 것) 또는 암반탱크저장소의 설치 또는 변경에 따른 완공검사
㉢ 운반용기 검사 |
| 소방본부장, 소방서장 | 기술원 | 정기검사 |

1 제조소의 위치 · 구조 및 설비의 기준

① 안전거리(제6류 위험물을 취급하는 제조소 제외)

| 3m ↑ | 5m ↑ | 10m ↑ | 20m ↑ | 30m ↑ | 50m ↑ |

제조소 / 7,000~35,000V / 35,000V 초과 / 주거용 / ~가스시설 (익숙 x) / 학교, 병원 (익숙 ○) / 지정문화유산, 천연기념물등

안전거리 대상	안전거리
• 7,000V 초과 35,000V 이하의 특고압 가공전선	3[m] 이상
• 35,000V를 초과하는 특고압 가공전선	5[m] 이상
• 주거용(부지 내에 있는 것 제외)	10[m] 이상
• 고압가스제조시설(용기에 충전하는 것 포함) • 고압가스사용시설(1일 30[m³] 이상의 용적을 취급하는 시설) • 고압가스저장시설 • 액화산소소비시설 • 액화석유가스제조시설 · 저장시설 • 도시가스공급시설	20[m] 이상
• 학교 • 종합병원, 병원, 치과병원, 한방병원, 요양병원 • 공연장 · 영화상영관: 수용인원 300명 이상 • 아동복지시설, 노인복지시설, 장애인복지시설, 한부모가족복지시설, 어린이집, 성매매피해자 등을 위한 지원시설, 정신건강증진시설, 가정폭력피해자보호시설 　: 수용인원 20명 이상	30[m] 이상
• 지정문화유산, 천연기념물등	50[m] 이상

② 보유공지

㉠ 보유공지 기준

취급하는 위험물의 최대수량	공지의 너비
지정수량의 10배 이하	3[m] 이상
지정수량의 10배 초과	5[m] 이상

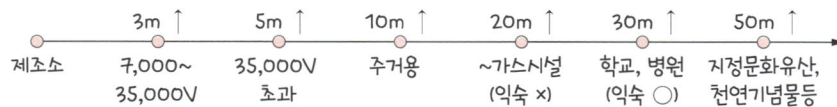

하이드록실아민 등을 취급하는 제조소의 안전거리

$$D = 51.1\sqrt[3]{N}$$

여기서,

D: 거리[m]

N: 하이드록실아민 등의 지정수량의 배수

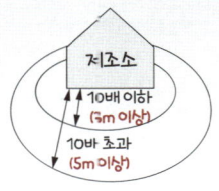

ⓒ 보유공지를 제외할 수 있는 방화상 유효한 격벽
  • 방화벽은 내화구조로 할 것(제6류 위험물의 경우 불연재료 가능)
  • 방화벽에 설치하는 출입구 및 창 등의 개구부는 가능한 한 최소로 하고, 출입구 및 창에는 자동폐쇄식의 60분+ 또는 60분 방화문을 설치할 것
  • 방화벽의 양단 및 상단이 외벽 또는 지붕으로부터 50[cm] 이상 돌출하도록 할 것

③ 표지 및 게시판

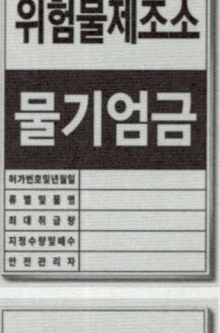

표지	ⓐ 색상: 백색바탕 / 흑색문자 ⓑ 크기: 한 변의 길이 0.3m ↑, 다른 한 변의 길이 0.6m ↑ 직사각형			
게시판	ⓐ 색상: 백색바탕 / 흑색문자 ⓑ 크기: 한 변의 길이 0.3m ↑, 다른 한 변의 길이 0.6m ↑ 직사각형 ⓒ 기재사항: 위험물의 유별·품명, 저장최대수량·취급최대수량, 지정수량의 배수, 안전관리자의 성명·직명 💣 연락처, 선임일자 ⓓ 주의사항			

위험물		주의사항	바탕색상	문자색상
• 제1류 위험물 중 알칼리금속의 과산화물 • 제3류 위험물 중 금수성 물질		물기엄금	청색	백색
• 제2류 위험물(인화성 고체 제외)		화기주의	적색	백색
• 제2류 위험물 중 인화성 고체 • 제4류 위험물	• 제3류 위험물 중 자연발화성 물질 • 제5류 위험물	화기엄금	적색	백색
• 제6류 위험물		별도표시 없음		

금연구역임을 알리는 표지	표지를 설치한 것으로 보는 장소	→ 아래 조건을 모두 만족하는 경우 ⓐ 제조소에 출입하는 사람이 특정인으로 한정 ⓑ 해당 제조소를 포함하는 사업소의 출입구에 해당 사업소 전체가 금연구역임을 알리는 표지를 설치한 경우
	표지	ⓐ 표지의 포함사항 : 금연을 상징하는 그림 또는 문자, 위반시 조치사항 등 ⓑ 표지의 크기 : 건축물 또는 시설의 규모나 구조에 따라 크기를 다르게 가능 ⓒ 바탕색 및 글씨 색상: 내용이 눈에 잘 띄도록 배색

④ 건축물의 구조

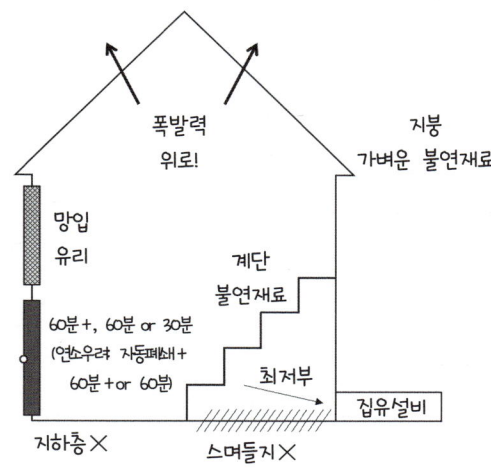

㉠ 지하층: 지하층이 없도록 할 것
㉡ 벽, 기둥, 바닥, 보, 서까래, 계단: 불연재료
   (연소우려가 있는 외벽: 출입구 외의 개구부가 없는 내화구조의 벽)
㉢ 지붕: 폭발력이 위로 방출될 정도의 가벼운 불연재료
㉣ 출입구와 비상구: 60분+, 60분 또는 30분 방화문
   (연소우려가 있는 외벽: 수시로 열 수 있는 자동폐쇄식의 60분+ 또는 60분 방화문)
㉤ 유리: 망입유리
㉥ 액체위험물: 스며들지 ×, 적당한 경사를 두어 최저부 집유설비

⑤ 채광 · 조명설비

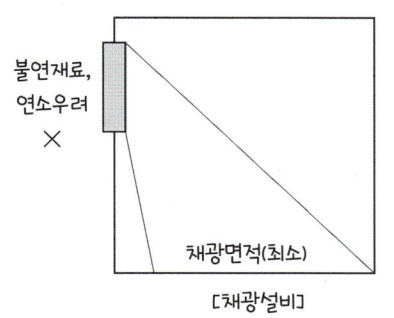

[채광설비]

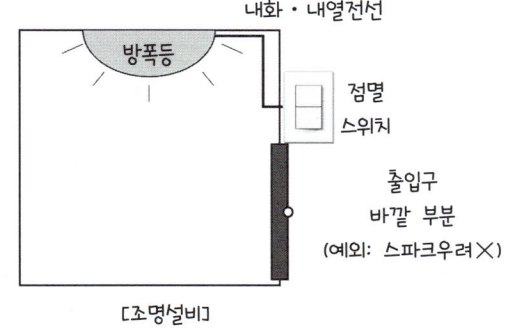

[조명설비]

채광설비 면제

조명설비가 설치되어 유효하게 조도 (밝기)가 확보되는 건축물

채광설비	조명설비
㉠ 불연재료 ㉡ 연소의 우려가 없는 장소 설치 ㉢ 채광면적: 최소	㉠ 가연성가스 등이 체류할 우려가 있는 장소의 조명등: 방폭등 ㉡ 전선: 내화 · 내열전선 ㉢ 점멸스위치: 출입구 바깥부분에 설치(제외: 스파크로 인한 화재 · 폭발의 우려가 없을 경우)

⑥ 환기설비

방식	자연배기방식
급기구	㉠ 설치: 낮은 곳 + 인화방지망(가는 눈의 구리망) ㉡ 설치개수: 당해 급기구가 설치된 실의 바닥면적 150m²마다 1개 이상 ㉢ 크기: 800cm² 이상 ㉣ 바닥면적 150m² 미만인 경우 급기구의 면적 표 참조
환기구	㉠ 설치높이: 지붕 위 또는 지상 2[m] 이상의 높이 ㉡ 설치방식: 회전식 고정 벤틸레이터 또는 루프팬방식(지붕에 설치하는 배기장치)

바닥면적	급기구의 면적
60m² 미만	150cm² 이상
60m² 이상 90m² 미만	300cm² 이상
90m² 이상 120m² 미만	450cm² 이상
120m² 이상 150m² 미만	600cm² 이상

루프팬

회전식 고정 벤틸레이터

자연배기
급기구(낮게)

2m 이상

급기구
인화방지망

바닥 150m²마다 1개 이상
(급기구 크기: 800cm² 이상)

⑦ 배출설비

방식	국소방식(경우에 따라 전역방식 가능)
구성	배풍기, 배출덕트, 후드 등을 이용하여 **강제 배출**
배출능력	㉠ 국소방식: 1시간당 배출장소 용적의 20배 이상 ㉡ 전역방식: 바닥면적 1m²당 18m³ 이상
배출설비	㉠ 급기구 설치: 높은 곳 + 인화방지망(가는 눈의 구리망) ㉡ 배출구 설치: 지상 2[m] 이상 + 연소우려가 없는 장소, 배출덕트 관통부 + 화재 시 자동 폐쇄 방화댐퍼 설치
배풍기	㉠ 방식: 강제배기방식 ㉡ 위치: 옥내 덕트의 내압이 대기압 이상이 되지 아니하는 위치

국소(용적의 20배 이상)
전역(1m²당 18m³ 이상)

2m 이상

급기구
인화방지망

급기구
(높게)

방화댐퍼

배출덕트

배풍기

강제
배기

후드

국소방식

가연성 증기

환기설비 면제

배출설비가 설치되어 유효하게 환기가 되는 건축물

⑧ 옥외설비의 바닥(액체위험물을 취급하는 설비의 바닥)

　　㉠ 턱: 높이 0.15m ↑ (위험물이 외부로 흘러나가지 아니하도록 함)

　　㉡ 바닥: 스며들지 ×, 경사지게 하여 최저부 집유설비

　　㉢ 위험물(온도 20℃의 물 100g에 용해되는 양이 1g 미만인 것): 집유설비에 유분리장치 설치

⑨ 압력계 및 안전장치 → 설치대상: 위험물을 가압하는 설비 또는 그 취급하는 위험물의 압력이 상승할 우려가 있는 설비 💡 감경파 압력

　　㉠ 자동적으로 압력의 상승을 정지시키는 장치

　　㉡ 감압측에 안전밸브를 부착한 감압밸브

　　㉢ 안전밸브를 겸하는 경보장치

　　㉣ 파괴판(위험물의 성질에 따라 안전밸브의 작동이 곤란한 가압설비에만 설치)

⑩ 정전기 제거설비

　　㉠ 접지에 의한 방법

　　㉡ 공기 중의 상대습도 70% 이상으로 하는 방법

　　㉢ 공기를 이온화하는 방법

⑪ 피뢰설비 → 설치대상: 지정수량 10배 이상의 위험물을 취급하는 제조소(제6류 위험물을 취급하는 위험물제조소 제외)

⑫ 옥외에 있는 위험물취급탱크로서 액체위험물(이황화탄소 제외)의 방유제

구분	방유제의 용량
하나의 취급탱크	탱크용량의 50% 이상
2개 이상의 취급탱크	최대로 큰 것의 50% + 나머지 탱크용량 합계의 10% 이상

⑬ 고인화점 위험물: 인화점이 100℃ 이상인 제4류 위험물

　　→ 고인화점 위험물의 제조소: 고인화점 위험물만을 100℃ 미만의 온도에서 취급하는 제조소

2 옥내저장소의 위치·구조 및 설비의 기준

① 안전거리

> 🎯 참고 　안전거리 적용 제외 옥내저장소 💡 이미 동사육!
>
> ① 제4석유류 or 동식물유류 + 지정수량 20배 미만
> ② 제6류 위험물
> ③ 지정수량 20배(하나의 저장창고 바닥면적 150m² ↓: 50배) 이하 + 벽·기둥·바닥·보·지붕(내화구조) + 출입구(자동폐쇄식 60분+ or 60분 방화문) + 창 설치 ×

✿아세트알데하이드등 취급하는 제조소의 특례

아세트알데하이드등을 취급하는 설비는 은·수은·동·마그네슘 또는 이들을 성분으로 하는 합금으로 만들지 아니할 것

② 보유공지

저장 또는 취급하는 위험물의 최대수량	공지의 너비	
	벽·기둥 및 바닥이 내화구조로 된 건축물	그 밖의 건축물
지정수량의 5배 이하	-	0.5[m] 이상
지정수량의 5배 초과 10배 이하	1[m] 이상	1.5[m] 이상
지정수량의 10배 초과 20배 이하	2[m] 이상	3[m] 이상
지정수량의 20배 초과 50배 이하	3[m] 이상	5[m] 이상
지정수량의 50배 초과 200배 이하	5[m] 이상	10[m] 이상
지정수량의 200배 초과	10[m] 이상	15[m] 이상

③ 옥내저장소의 구조 및 설비 – 저장창고
  ㉠ 저장 전용, 독립된 건축물
  ㉡ 지면에서 처마까지의 높이가 6m 미만인 단층건물 (* 20m 이하: 제2류 or 4류만 + 벽·기둥·바닥·보(내화구조) + 출입구(60분+ or 60분) + 피뢰침 설치)
     💡 20m 올리려면! 이사(2류, 4류)피 내! 60만원!
  ㉢ 바닥을 지반면보다 높게 설치
  ㉣ 바닥면적(ⓐ와 ⓑ 위험물 같은 저장창고 저장 시: 1,000m² 이하)

ⓐ 1,000m² 이하	• 제1류 中 아염소산염류, 염소산염류, 과염소산염류, 무기과산화물, 그 밖에 지정수량이 50kg인 위험물 • 제3류 中 칼륨, 나트륨, 알킬알루미늄, 알킬리튬, 그 밖에 지정수량이 10kg인 위험물 및 황린 • 제4류 中 특수인화물, 제1석유류 및 알코올류 • 제5류 中 유기과산화물, 질산에스터류, 그 밖에 지정수량이 10kg인 위험물 • 제6류
ⓑ 2,000m² 이하	"ⓐ"의 위험물 외의 위험물
ⓒ 1,500m² 이하	"ⓐ"의 위험물과 "ⓑ"의 위험물을 내화구조의 격벽으로 완전히 구획된 실에 각각 저장하는 창고 (ⓐ의 위험물을 저장하는 실의 면적은 500[m²]를 초과할 수 없다)

  ㉤ 벽·기둥·바닥(내화구조), 보·서까래(불연재료), 지붕(가벼운 불연재료 + 천장 만들지 ✕)
  ㉥ 출입구: 60분+, 60분 또는 30분방화문
     → 연소 우려가 있는 외벽의 출입구: 수시로 열 수 있는 자동폐쇄식의 60분+ or 60분방화문
  ㉦ 창, 출입구에 유리를 이용하는 경우: 망입유리
④ 기타 바닥면적
  ㉠ 2류(인화성고체 제외)와 4류(인화점 70℃ 미만 제외)만을 저장하는 다층건물의 옥내저장소: 1,000m² 이하
  ㉡ 복합용도 건축물의 옥내저장소(지정수량 20배 이하의 것): 75m² 이하, 1층 OR 2층 설치, 층고 6m 미만, 자동폐쇄식(60분+ OR 60분), 창✕

3 옥외탱크저장소의 위치 · 구조 및 설비의 기준

① 안전거리(제6류 위험물을 취급하는 제조소 제외)

| 제조소 | 3m ↑ 7,000~35,000V | 5m ↑ 35,000V 초과 | 10m ↑ 주거용 | 20m ↑ ~가스시설 (익숙 X) | 30m ↑ 학교, 병원 (익숙 ○) | 50m ↑ 지정문화유산, 천연기념물등 |

② 보유공지

저장 또는 취급하는 위험물의 최대수량	공지의 너비
지정수량의 500배 이하	3[m] 이상
지정수량의 500배 초과 1,000배 이하	5[m] 이상
지정수량의 1,000배 초과 2,000배 이하	9[m] 이상
지정수량의 2,000배 초과 3,000배 이하	12[m] 이상
지정수량의 3,000배 초과 4,000배 이하	15[m] 이상
지정수량의 4,000배 초과	당해 탱크의 수평단면의 최대지름(가로형인 경우에는 긴 변)과 높이 중 큰 것과 같은 거리 이상 (단, 30m 초과인 경우 30m 이상으로 할 수 있고, 15m 미만인 경우 15m 이상으로 하여야 함)

③ 밸브없는 통기관 또는 대기밸브 부착 통기관 → 압력탱크 외의 탱크(제4류)에 설치

구분	설치기준
밸브없는 통기관	㉠ 지름: 30mm ↑ ㉡ 끝부분은 수평면보다 45° 이상 구부려 빗물 등의 침투를 막는 구조 ㉢ 인화점이 38℃ 미만인 위험물만을 저장 또는 취급하는 탱크에 설치하는 통기관: 화염방지장치 설치 　그 외의 탱크에 설치하는 통기관: 40메쉬 이상의 구리망 또는 동등 이상의 성능을 가진 인화방지장치 설치 　→ 인화점이 70℃ 이상인 위험물만을 해당 위험물의 인화점 미만의 온도로 저장 또는 취급하는 탱크에 설치하는 통기관에는 인화방지장치를 설치제외가능 ㉣ 가연성의 증기를 회수하기 위한 밸브를 통기관에 설치하는 경우에 있어서는 당해 통기관의 밸브는 저장탱크에 위험물을 주입하는 경우를 제외하고는 항상 개방되어 있는 구조로 하는 한편, 폐쇄하였을 경우에 있어서는 10kPa 이하의 압력에서 개방되는 구조로 할 것(개방된 부분의 유효단면적: 777.15mm^2 이상)
대기밸브 부착 통기관	㉠ 5kPa 이하의 압력차이로 작동할 수 있을 것 ㉡ 인화점이 38℃ 미만인 위험물만을 저장 또는 취급하는 탱크에 설치하는 통기관: 화염방지장치 설치 　그 외의 탱크에 설치하는 통기관: 40메쉬 이상의 구리망 또는 동등 이상의 성능을 가진 인화방지장치 설치 　→ 인화점이 70℃ 이상인 위험물만을 해당 위험물의 인화점 미만의 온도로 저장 또는 취급하는 탱크에 설치하는 통기관에는 인화방지장치를 설치제외가능

④ 펌프설비

㉠ 보유공지: 너비 3m ↑ 공지(제외: 방화상 유효한 격벽, 제6류 위험물, 지정수량 10배 이하의 위험물)

㉡ 펌프설비~옥외저장탱크 사이: 탱크 보유공지 너비의 1/3 이상의 거리 유지

㉢ 턱: 펌프실(높이 0.2m ↑) / 펌프실 외의 장소(높이 0.15m ↑)

☀옥외저장소의 보유공지

위험물의 최대수량	공지의 너비
지정수량 10배 이하	3m 이상
지정수량 10배 ~ 20배 이하	5m 이상
지정수량 20배 ~ 50배 이하	9m 이상
지정수량 50배 ~ 200배 이하	12m 이상
지정수량 200바 초과	15m 이상

☀보유공지 너비 완화기준(6류)

보유공지 × 1/3(최소 1.5m 이상)

☀보유공지 단축

물분무설비로 방호조치를 하는 경우 규정에 의한 보유공지의 1/2 이상의 너비(최소 3m 이상)로 가능!

☀압력탱크

최대상용압력이 부압 또는 정압 5kPa 초과하는 탱크
→ 안전장치 설치

⑤ **옥외저장탱크의 배수관**: 탱크의 옆판에 설치할 것

→ 결합부분이 손상우려가 없는 방법으로 배수관을 설치하는 경우: 탱크의 밑판에 설치가능

⑥ **저장물질에 따른 옥외저장탱크의 기준**

㉠ 제3류 위험물 중 금수성 물질(고체): 방수성의 불연재료로 만든 피복설비 설치

㉡ 이황화탄소: 벽 및 바닥의 두께가 0.2m 이상, 누수가 되지 아니하는 철근콘크리트의 수조에 넣어 보관

⑦ **방유제의 설치기준**: 제3류, 제4류 및 제5류 위험물 中 인화성 있는 액체(이황화탄소 제외)의 옥외탱크저장소 주위 설치

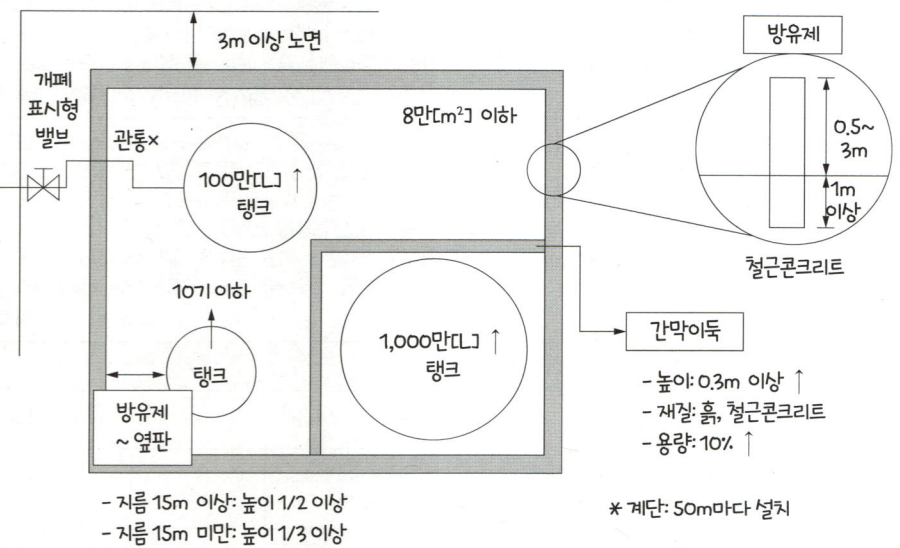

구분	설치기준
방유제	㉠ 높이: 0.5m 이상 3m 이하 ㉡ 두께: 0.2m 이상 ㉢ 지하매설깊이: 1m 이상 ㉣ 면적: 80,000m² 이하 ㉤ 탱크의 수: 10기(모든 탱크의 용량이 20만L 이하이고 인화점이 70~200℃ 미만: 20기) 이하[* 제외: 인화점 200℃ 이상] ㉥ 용량: 하나의 탱크(탱크용량의 110% 이상) / 2개 이상의 탱크(최대탱크용량의 110% 이상) ㉦ 재질: 철근콘크리트(방유제와 옥외저장탱크 사이의 지표면: 불연성과 불침윤성이 있는 구조) ㉧ 방유제와 탱크의 옆판 사이의 거리(* 제외: 인화점 200℃ 이상)

구분	탱크지름 15m 이상	탱크지름 15m 미만
이격거리	탱크높이의 $\frac{1}{2}$ 이상	탱크높이의 $\frac{1}{3}$ 이상

간막이둑	→ 설치대상: 용량이 1,000만ℓ 이상인 옥외저장탱크 + 당해 탱크마다 간막이둑을 설치할 것 ㉠ 높이: 0.3m(방유제 내에 설치되는 옥외저장탱크의 용량의 합계가 2억ℓ를 넘는 방유제: 1m) 이상으로 하되, 방유제의 높이보다 0.2m 이상 낮게 할 것 ㉡ 재질: 흙 또는 철근콘크리트 ㉢ 용량: 둑안에 설치된 탱크의 용량의 10% 이상
기타기준	㉠ 구내도로: 방유제 외면의 $\frac{1}{2}$ 이상은 자동차 등이 통행할 수 있는 3m 이상의 노면폭을 확보한 구내도로에 직접 접하도록 할 것 ㉡ 배수구 및 개폐밸브: 방유제에는 그 내부에 고인 물을 외부로 배출하기 위한 배수구를 설치하고 이를 개폐하는 밸브 등을 방유제의 외부에 설치할 것 ㉢ 개폐표시형밸브: 용량이 100만ℓ 이상인 위험물을 저장하는 옥외저장탱크에 있어서는 개폐밸브 등에 그 개폐상황을 쉽게 확인할 수 있는 장치를 설치할 것 ㉣ 전용유조: 용량이 50만ℓ 이상인 옥외탱크저장소가 해안 또는 강변에 설치되어 방유제 외부로 누출된 위험물이 바다 또는 강으로 유입될 우려가 있는 경우에는 해당 옥외탱크저장소가 설치된 부지 내에 전용유조 등 누출위험물 수용설비를 설치할 것 ㉤ 계단 또는 경사로: 높이가 1m를 넘는 방유제 및 간막이 둑의 안팎에는 방유제 내에 출입하기 위한 계단 또는 경사로를 약 50m마다 설치할 것

4 지하탱크저장소의 위치·구조 및 설비의 기준

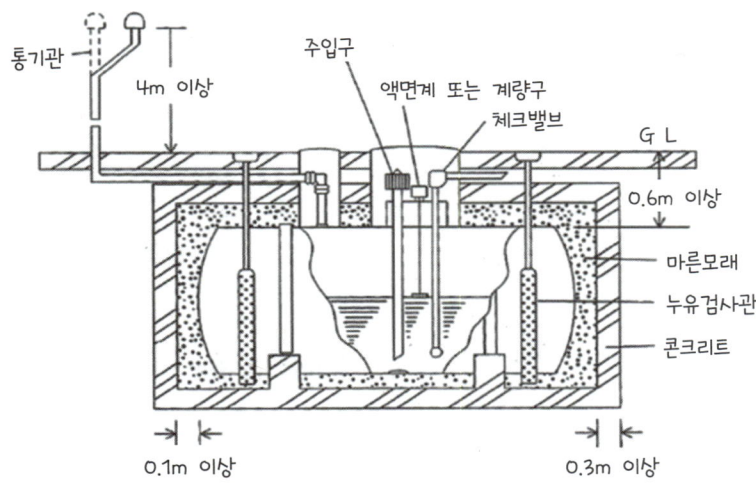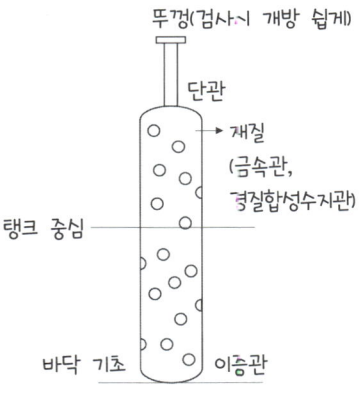

① **탱크전용실**
   ㉠ 설치위치: 지하의 가장 가까운 벽·피트·가스관 등의 시설물 및 대지경계선으로부터 0.1m ↑
   ㉡ 안쪽간격: 지하저장탱크와 탱크전용실의 안쪽과의 사이는 0.1m ↑의 간격을 유지
   ㉢ 탱크주위: 마른 모래 또는 습기 등에 의하여 응고되지 아니하는 입자지름 5[mm] 이하의 마른 자갈분을 채울 것
② **지하저장탱크의 위치**: 탱크의 윗부분은 지면으로부터 0.6m ↑ 아래에 있을 것
③ **지하저장탱크 상호간 간격**: 1m(당해 2 이상의 탱크용량의 합계가 지정수량의 100배 이하인 경우 0.5m) 이상의 간격유지
   → 제외: 사이에 탱크전용실의 벽 or 두께 20cm ↑ 콘크리트 구조물 있는 경우

④ **과충전방지장치**: 용량초과 시 자동으로 주입구 폐쇄 또는 공급차단 OR 탱크용량의 90%가 찰 때 경보음을 울리는 방법

⑤ **누유검사관**

㉠ 개수	4개소 이상 적당한 위치에 설치할 것
㉡ 구조	이중관으로 할 것(소공이 없는 상부는 단관으로 할 수 있음)
㉢ 재료	금속관 또는 경질합성수지관으로 할 것
㉣ 위치	관은 탱크전용실의 바닥 또는 탱크의 기초까지 닿게 할 것
㉤ 소공	관의 밑부분으로부터 탱크의 중심 높이까지의 부분에는 소공이 뚫려 있을 것 다만, 지하수위가 높은 장소에 있어서는 지하수위 높이까지의 부분에 소공이 뚫려 있어야 한다.
㉥ 상부구조	상부는 물이 침투하지 아니하는 구조로 하고, 뚜껑은 검사시에 쉽게 열 수 있도록 할 것

5 간이탱크저장소의 위치·구조 및 설비의 기준

① **간이저장탱크의 설치기준**
   ㉠ 하나의 간이탱크저장소에 설치하는 간이저장탱크: 3 이하
   ㉡ 동일한 품질의 위험물의 간이저장탱크를 2 이상 설치하지 아니할 것
   ㉢ 간이저장탱크 주위 공간: 옥외 설치(1m ↑ 공지), 전용실 안 설치(0.5m ↑ 간격)
   ㉣ 간이저장탱크의 용량: 600ℓ 이하
   ㉤ 간이저장탱크는 두께 3.2mm 이상의 강판으로 흠이 없도록 제작하여야 하며, 70kPa의 압력으로 10분간의 수압시험을 실시하여 새거나 변형되지 아니할 것

② **밸브없는 통기관 또는 대기밸브 부착 통기관**

구분	설치기준
밸브없는 통기관	㉠ 지름: 25mm ↑ ㉡ 설치위치: **옥외**에 설치, 그 끝부분의 높이는 **지상 1.5m 이상**으로 할 것 ㉢ 끝부분은 수평면에 대하여 **45° 이상** 구부려 빗물 등의 침투를 막는 구조 ㉣ 가는 눈의 구리망 등으로 **인화방지장치**를 할 것 　다만, 인화점 70℃ 이상의 위험물만을 해당 위험물의 인화점 미만의 온도로 저장 또는 취급하는 탱크에 설치하는 통기관에 있어서는 그러하지 아니하다.
대기밸브 부착 통기관	㉠ **5kPa 이하**의 압력차이로 작동할 수 있을 것 ㉡ 설치위치: **옥외**에 설치, 그 끝부분의 높이는 **지상 1.5m 이상**으로 할 것 ㉢ 가는 눈의 구리망 등으로 **인화방지장치**를 할 것 　다만, 인화점 70℃ 이상의 위험물만을 해당 위험물의 인화점 미만의 온도로 저장 또는 취급하는 탱크에 설치하는 통기관에 있어서는 그러하지 아니하다.

6 이동탱크저장소의 위치 · 구조 및 설비의 기준

① 상치장소
　㉠ 옥외: 화기를 취급하는 장소 또는 인근의 건축물로부터 5m ↑(인근의 건축물이 1층인 경우에는 3m ↑)의 거리를 확보하여야 한다.
　㉡ 옥내: 벽·바닥·보·서까래 및 지붕이 내화구조 또는 불연재료로 된 건축물의 1층에 설치하여야 한다.

② 기타기준

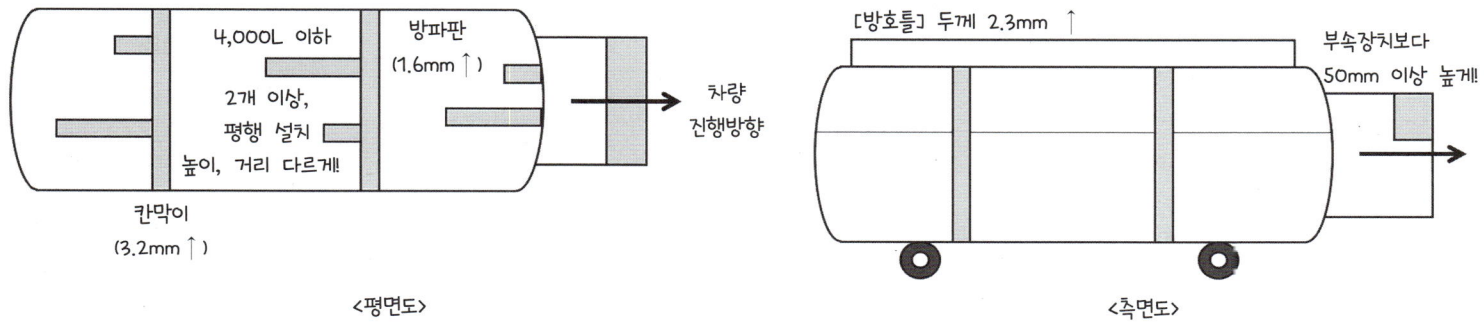

〈평면도〉　　　　　　　　　　　　　　　　　　　　　〈측면도〉

구분	설치기준
칸막이	㉠ 구획: 그 내부에 4,000ℓ 이하마다 설치 ㉡ 재질: 3.2mm 이상의 강철판 또는 이와 동등 이상의 강도·내열성 및 내식성이 있는 금속성의 것
방파판	→ 칸막이로 구획된 부분의 용량 2,000L 미만인 부분은 설치 제외 ㉠ 방향: 하나의 구획부분에 2개 이상의 방파판을 이동탱크저장소의 진행방향과 **평행**으로 설치 ㉡ 위치: 각 방파판은 그 높이 및 칸막이로부터의 거리를 다르게 할 것 ㉢ 재질: 두께 1.6mm 이상의 강철판 또는 이와 동등 이상의 강도·내열성 및 내식성이 있는 금속성의 것
방호틀	㉠ 높이: 정상부분은 부속장치보다 50mm 이상 높게 하거나 이와 동등 이상의 성능이 있는 것 ㉡ 재질: 두께 2.3mm 이상의 강철판 또는 이와 동등 이상의 기계적 성질이 있는 재료 ㉢ 형상: 산모양의 형상으로 하거나 이와 동등 이상의 강도가 있는 형상

③ **주입설비**: 길이 50m 이내, 정전기 제거장치, 분당 배출량 200ℓ 이하
④ **접지도선**: 제4류 中 **특수**인화물, 제**1**석유류, 제**2**석유류의 이동탱크저장소에 설치 💡특12

7 주유취급소의 위치·구조 및 설비의 기준

① 주유공지 및 급유공지

주유공지	급유공지
주유를 받으려는 자동차 등이 출입할 수 있는 너비 15m 이상, 길이 6m 이상의 공지보유	고정급유설비의 호스기기의 주위에 필요한 공지보유

　㉠ 공지의 바닥: 주위 지면보다 **높게** 설치할 것
　㉡ 배수구, 집유설비 및 유분리장치를 설치할 것

② 표지 및 게시판

표지	게시판	기타
"위험물 주유취급소"	"주유 중 엔진정지"(황색바탕, 흑색문자)	금연구역임을 알리는 표지

③ 주유취급소에 설치하는 탱크의 조건: 옥외의 지하 또는 캐노피 아래의 지하에 설치 💡 5만 주급, 만보 폐인(2)!

탱크	탱크의 용량
자동차 등에 주유하기 위한 고정주유설비에 직접 접속하는 전용탱크	50,000L 이하
고정급유설비에 직접 접속하는 전용탱크	50,000L 이하
보일러 등에 직접 접속하는 전용탱크	10,000L 이하
자동차 등을 점검·정비하는 작업장 등에서 사용하는 폐유·윤활유 등의 위험물을 저장하는 탱크	2,000L 이하
고정주유설비 또는 고정급유설비에 직접 접속하는 3기 이하의 간이탱크	–

④ 고정주유설비: 주유관의 길이 5m 이내, 정전기 제거장치

⑤ 고정주유설비 또는 고정급유설비의 설치위치

　㉠ 설치위치(기준점: 설비의 중심선)

구분	도로경계선까지	부지경계선·담까지	건축물의 벽까지	건축물의 개구부가 없는 벽까지
고정주유설비	4m↑	2m↑	2m↑	1m↑
고정급유설비	4m↑	1m↑	2m↑	1m↑

펌프기기의 최대배출량(l/min)

유류	최대배출량
제1석유류	50↓
등유	80↓
경유	180↓

ⓛ 고정주유설비와 고정급유설비의 사이: 4[m] 이상의 거리 유지

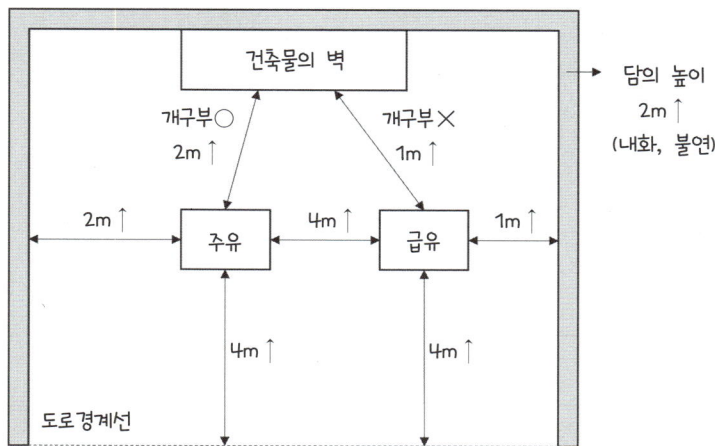

⑥ 설치가능한 건축물 또는 시설

ⓛ + ⓒ + ⓜ 부분의 면적의 합 = 1,000m² 초과불가 💡 **휴전점 정비 업무**

㉠ 주유 또는 등유·경유를 옮겨 담기 위한 작업장
ⓛ 주유취급소의 **업무**를 행하기 위한 사무소
ⓒ 자동차 등의 점검 및 간이**정비**를 위한 작업장
㉣ 자동차 등의 세정을 위한 작업장
ⓜ 주유취급소에 출입하는 사람을 대상으로 한 **점포·휴게음식점** 또는 **전시장**
ⓗ 주유취급소의 관계자가 거주하는 주거시설
㉃ 전기자동차용 충전설비(전기를 동력원으로 하는 자동차에 직접 전기를 공급하는 설비)
◎ 그 밖의 소방청장이 정하여 고시하는 건축물 또는 시설

⑦ **주유원 간이대기실**: 불연재료, 바퀴 부착 ✕ 고정식, 차량출입·주유작업 장애 ✕ 위치, 바닥면적 2.5m² ↓

⑧ **담 또는 벽의 설치** → 주유취급소의 주위에는 자동차 등이 출입하는 쪽 외의 부분에 높이 2m 이상의 내화구조 또는 불연재료의 담 또는 벽을 설치할 것

> 🎯 참고 **방화상 유효한 구조의 유리를 부착할 수 있는 경우**
>
> ① 유리 ~ 주입구, 고정주유(급유)설비: 4m↑ 거리
> ② 유리 부착 범위: 전체 담 or 벽 길이의 2/10 초과 ✕
> ③ 유리 부착 방법: 지반면 70cm 초과하는 부분 설치, 1개 유리판 가로길이 2m 이내, 견고하게 부착, 접합유리

🌸주유취급소 펌프실의 출입구

바닥으로부터 0.1m 이상의 턱 설치

⑨ 셀프용 고정주유설비의 기준

셀프용 고정주유설비	내용
주유노즐	㉠ 주유호스의 끝부분에 **수동개폐장치**를 부착한 주유노즐을 설치할 것 ㉡ 수동개폐장치를 개방한 상태로 고정시키는 장치가 부착된 경우 • 주유작업을 개시함에 있어서 주유노즐의 수동개폐장치가 개방상태에 있는 때에는 당해 수동개폐장치를 일단 폐쇄시켜야만 다시 주유를 개시할 수 있는 구조로 할 것 • 주유노즐이 자동차 등의 주유구로부터 이탈된 경우 주유를 **자동적으로 정지**시키는 구조일 것 ㉢ 자동차 등의 연료탱크가 가득 찬 경우 **자동으로 정지**시키는 구조일 것
주유호스	㉠ 200[kg중] 이하의 하중에 의하여 깨져 분리되거나 이탈되어야 할 것 ㉡ 깨져 분리되거나 이탈된 부분으로부터의 위험물 누출을 방지할 수 있는 구조일 것
기타기준	㉠ 휘발유와 경유 상호간의 **오인**에 의한 주유를 방지할 수 있는 구조일 것 ㉡ 1회 연속주유량 및 주유시간의 상한을 **미리 설정**할 수 있는 구조일 것

⑩ 셀프용 고정급유설비의 기준
　㉠ 급유호스의 끝부분에 **수동개폐장치**를 부착한 급유노즐을 설치할 것
　㉡ 급유노즐은 용기가 가득찬 경우에 **자동적으로 정지**시키는 구조일 것
　㉢ 1회의 연속 급유량 및 급유시간의 상한을 **미리 설정**할 수 있는 구조일 것

> 🎯 **참고** 셀프용 고정주유설비 및 셀프용 고정급유설비의 비교

구분	주유설비		급유설비
	휘발유	경유	
1회 주유(급유)량	100L 이하	600L 이하	100L 이하
주유(급유)시간의 상한	4분 이하	12분 이하	6분 이하

8 판매취급소의 위치·구조 및 설비의 기준

① 종류
　㉠ 제1종 판매취급소: 저장 또는 취급하는 위험물의 수량이 **지정수량의 20배 이하**인 판매취급소
　㉡ 제2종 판매취급소: 저장 또는 취급하는 위험물의 수량이 **지정수량의 40배 이하**인 판매취급소
② 공통기준
　㉠ 설치위치: 건축물의 1층에 설치할 것
　㉡ 표지 및 게시판: "위험물 판매취급소(제1종)" 또는 "위험물 판매취급소(제2종)" 표지, 방화 필요 사항 게시한 게시판, 금연구역 임을 알리는 표지 설치
　㉢ 건축물의 부분: 내화구조 또는 불연재료로 할 것

셀프용 고정주유(급유) 설비의 기타기준

① 고객 직접 주유할 수 있다는 의미의 표시
② 사용방법·위험물 품목 표시
③ 감시대(카메라, 제어장치, 방송설비) 설치

ⓔ 건축물의 전기설비: 전기사업에 의한 전기설비기술기준에 의할 것

ⓜ 창 또는 출입구: 유리를 사용하는 경우 망입유리로 할 것

③ **위험물을 배합하는 실**

ⓖ 바닥면적은 6m² 이상 15m² 이하로 할 것

ⓛ 내화구조 또는 불연재료로 된 벽으로 구획할 것

ⓒ 바닥은 위험물이 침투하지 아니하는 구조로 하여 적당한 경사를 두고 집유설비를 할 것

ⓔ 출입구에는 수시로 열 수 있는 **자동폐쇄식의 60분+ OR 60분 방화문**을 설치할 것

ⓜ 출입구 문턱의 높이는 바닥면으로부터 **0.1m 이상**으로 할 것

ⓗ 내부에 체류한 가연성의 증기 또는 가연성의 미분을 지붕 위로 방출하는 설비를 할 것

참고 턱의 높이

구분		턱의 높이
불을 사용할 때 지켜야 하는 사항	노·화덕설비	0.1m 이상
제조소	옥외설비의 바닥(액체위험물)	0.15m 이상
옥외탱크저장소	펌프실 외	0.15m 이상
	펌프실	0.2m 이상
판매취급소	위험물을 배합하는 실	0.1m 이상
주유취급소	펌프실	0.1m 이상

④ **제1종, 제2종 판매취급소의 개별기준**

구분	건축물의 부분	보	상층		창	출입구
			있는	없는		
제1종	내화 or 불연 [격벽(내화)]	불연[천장(불연)]	바닥(내화)	지붕(내화 or 불연)	60분+, 60분, 30분 방화문	
제2종	내화, 천장(불연), 격벽(내화)		바닥(내화) + 상층 연소 방지 조치	지붕(내화)	연소우려 ✕ 부분 설치+ 60분+, 60분, 30분 방화문	60분+, 60분, 30분 방화문 (연소우려○: 자동폐쇄식 60분+, 60분 방화문)

9 이송취급소의 위치 · 구조 및 설비의 기준

구분	내용
설치불가장소	① 철도 및 도로의 터널 안 ② 고속국도 및 자동차전용도로의 차도 · 갓길 및 중앙분리대 ③ 호수 · 저수지 등으로서 수리의 수원이 되는 곳 ④ 급경사지역으로서 붕괴의 위험이 있는 지역
긴급차단밸브의 설치위치 💡 4가지 10산 양끝	① 시가지에 설치하는 경우에는 약 4km의 간격 ② 산림지역에 설치하는 경우에는 약 10km의 간격 ③ 해상 또는 해저를 통과하여 설치하는 경우에는 통과하는 부분의 양 끝 ④ 하천 · 호소 등을 횡단하여 설치하는 경우에는 횡단하는 부분의 양 끝 ⑤ 도로 또는 철도를 횡단하여 설치하는 경우에는 횡단하는 부분의 양 끝
설치하여야 하는 경보설비	① 이송기지에는 비상벨장치 및 확성장치를 설치할 것 ② 가연성증기를 발생하는 위험물을 취급하는 펌프실 등에는 가연성증기 경보설비를 설치할 것

10 소화설비의 기준

① 소화난이도등급

　㉠ 소화난이도등급 I

구분	소화난이도등급 I (일부)
제조소, 일반취급소	• 연면적 1,000m² ↑ • 지정수량 100배 ↑ (제외: 고인화점위험물만을 100℃↓의 온도 취급) • 6m ↑ 높이(제외: 고인화점위험물만을 100℃↓의 온도 취급) 등
주유취급소	• 면적(업무 사무소, 점검 · 정비 작업장, 점포 · 휴게음식점 · 전시장)의 합 500m² ↑
옥내저장소	• 지정수량 150배 ↑ • 연면적 150m² ↑ • 처마높이 6m ↑ 인 단층건물
옥외탱크 저장소	• 액표면적 40m² ↑ (제외: 6류, 고인화점위험물만을 100℃↓의 온도 저장) • 높이 6m ↑ (제외: 6류, 고인화점위험물만을 100℃↓의 온도 저장) • 지중탱크 or 해상탱크 + 지정수량 100배 ↑ 　(제외: 6류, 고인화점위험물만을 100℃↓의 온도 저장) • 고체위험물 + 지정수량 100배 ↑ 💡 사육하고, 해지에게 고백 유(6류)! 고백 out!

옥내탱크 저장소	• 액표면적 40m² ↑ (제외: 6류, 고인화점위험물만을 100℃ ↓ 의 온도 저장) • 높이 6m ↑ (제외: 6류, 고인화점위험물만을 100℃ ↓ 의 온도 저장) • 탱크전용실 + 단층건물 외의 건축물 + 인화점 38~70℃ + 지정수량 5배 ↑ (제외: 내화구조로 개구부없이 구획된 것)
옥외저장소	• 덩어리 황 + 면적 100m² ↑ • 제2류 중 인화성고체(인화점이 21℃ 미만인 것) 또는 제4류 중 제1석유류 또는 알코올류 저장 + 지정수량 100바 ↑
암반탱크 저장소	• 액표면적 40m² ↑ (제외: 6류, 고인화점위험물만을 100℃ ↓ 의 온도 저장) • 고체위험물 + 지정수량 100배 ↑
이송취급소	• 모든 대상
구분	**소화설비(일부)**
제조소, 일반취급소, 옥외저장소, 이송취급소	• 옥내소화전설비, 옥외소화전설비, 스프링클러설비 또는 물분무등소화설비 　(화재발생시 연기가 충만할 우려가 있는 장소에는 스프링클러설비 또는 이동식 외의 물분무등소화설비에 한한다)

ⓒ 소화난이도등급 Ⅱ

구분	**소화난이도등급 Ⅱ (일부)**
제조소, 일반취급소	• 연면적 600m² ↑ • 지정수량 10배 ↑ (제외: 고인화점위험물만을 100℃ ↓ 의 온도 취급) 등
주유취급소	• 옥내주유취급소 + 소화난이도 Ⅰ 해당×
옥내저장소	• 단층건물 이외의 것 등
옥외탱크 옥내탱크 저장소	• 소화난이도등급 Ⅰ 의 제조소등 외의 것(제외: 고인화점위험물만을 100℃ ↓ 의 온도로 저장하는 것 및 제6류 위험물만을 저장하는 것)
옥외저장소	• 덩어리 황 + 면적 5~100m² • 제2류 중 인화성고체(인화점이 21℃ 미만인 것) 또는 제4류 중 제1석유류 또는 알코올류 저장 + 지정수량 10~100배 • 지정수량 100배 ↑ (제외: 덩어리 황 or 고인화점위험물 저장)
판매취급소	• 제2종

구분	소화설비(일부)
제조소 옥내저장소 옥외저장소 주유취급소 판매취급소 일반취급소	방사능력범위 내에 당해 건축물, 그 밖의 공작물 및 위험물이 포함되도록 대형수동식소화기를 설치하고, 당해 위험물의 소요단위의 1/5 ↑에 해당되는 능력단위의 소형수동식소화기등을 설치할 것
옥외탱크 옥내탱크 저장소	대형수동식소화기 및 소형수동식소화기등을 각각 1개↑ 설치할 것

ⓒ 소화난이도등급 Ⅲ·

구분	소화난이도등급 Ⅱ (일부)
지하탱크 간이탱크 이동탱크 저장소	• 모든 대상
주유취급소	• 옥내주유취급소 외의 것 + 소화난이도 Ⅰ 해당×
판매취급소	• 제1종

구분	소화설비(일부)		
지하탱크 저장소	소형수동식소화기등	능력단위 3↑	2개↑
이동탱크 저장소	자동차용소화기	무상 강화액 8L↑	2개↑
		CO_2 3.2kg↑	
		소화분말 3.3kg↑	
		CF_2ClBr 2L↑	
		CF_3Br 2L↑	
		$C_2F_4Br_2$ 1L↑	
	마른모래 및 팽창질석 또는 팽창진주암	마른모래 150L↑	
		팽창질석 또는 팽창진주암 640L↑	

황만 저장 또는 취급하는 것의 소화설비 설치대상

물분무소화설비

② **전기설비의 소화설비**: 당해 장소의 면적 100m² 마다 소형수동식소화기를 1개 이상 설치할 것

③ **소요단위의 산정기준**

구분		1소요단위의 연면적
⊙ 제조소 또는 취급소의 건축물	일반구조	50[m²]
	내화구조	100[m²]
ⓒ 저장소의 건축물	일반구조	75[m²]
	내화구조	150[m²]
ⓒ 제조소등의 옥외에 설치된 공작물 (공작물의 최대수평투영면적을 연면적으로 간주)	내화구조로 간주	⊙ 및 ⓒ의 규정에 의해 소요단위 산정
ⓔ 위험물		지정수량의 10배

④ **수동식 소화기의 설치기준**: 대형(보행거리 30m 이하) / 소형(보행거리 20m 이하)

⑤ **소화설비의 능력단위**

소화설비	용량	능력단위	소화설비	용량	능력단위
소화전용물통	8L	0.3	마른 모래(삽 1개 포함)	5ⓞL	0.5
수조(소화전용물통 3개 포함)	80L	1.5	팽창질석 또는 팽창진주암(삽 1개 포함)	1€0L	1.0
수조(소화전용물통 6개 포함)	190L	2.5			

⑥ **옥내·옥외소화전설비의 설치기준**

구분	방수량 Q	방수압력 P	방사시간 T	수원의 양 V	수평거리
옥내소화전설비	260l/min	0.35MPa	30분	7.8m³ × N(최대 5개)	25m
옥외소화전설비	450l/min	0.35MPa	30분	13.5m³ × N(최대 4개)	40m

11 경보설비의 기준

① 제조소등별로 설치해야 하는 경보설비의 종류

제조소등의 구분	내용	경보설비
제조소 및 일반취급소	㉠ 연면적이 500m² 이상인 것 ㉡ 옥내에서 지정수량의 100배 이상을 취급하는 것 ㉢ 일반취급소로 사용되는 부분 외의 부분이 있는 건축물에 설치된 일반취급소	자동화재탐지설비
옥내저장소	㉠ 지정수량의 100배 이상을 저장 또는 취급하는 것 ㉡ 저장창고의 연면적이 150m²를 초과하는 것 ㉢ 처마 높이가 6m 이상인 단층 건물의 것 ㉣ 옥내저장소로 사용되는 부분 외의 부분이 있는 건축물에 설치된 옥내저장소	자동화재탐지설비
옥내탱크저장소	단층 건물 외의 건축물에 설치된 옥내탱크저장소로서 소화난이도등급 I 에 해당하는 것	자동화재탐지설비
주유취급소	옥내주유취급소	자동화재탐지설비
옥외탱크저장소	특수인화물, 제1석유류 및 알코올류를 저장 또는 취급하는 탱크의 용량이 1,000만L 이상인 것	자동화재탐지설비 자동화재속보설비
기타 제조소등 (이송취급소 제외)	지정수량의 10배 이상을 저장 또는 취급하는 것	자동화재탐지설비, 비상경보설비, 확성장치 또는 비상방송설비 中 1종 이상

② 자동화재탐지설비의 설치기준 💡 25-6511

㉠ 자동화재탐지설비의 경계구역은 건축물 그 밖의 공작물의 **2 이상의 층**에 걸치지 아니하도록 할 것. 다만, 하나의 경계구역의 면적이 **500m² 이하**이면서 당해 경계구역이 2개의 층에 걸치는 경우이거나 계단·경사로·승강기의 승강로 그 밖에 이와 유사한 장소에 연기감지기를 설치하는 경우에는 그러하지 아니하다.

㉡ 하나의 경계구역의 면적은 **600m² 이하**로 하고 그 한변의 길이는 **50m**(광전식분리형 감지기를 설치할 경우 **100m**) 이하로 할 것. 다만, 당해 건축물 그 밖의 공작물의 주요한 출입구에서 그 내부의 전체를 볼 수 있는 경우에 있어서는 그 면적을 **1,000m² 이하**로 할 수 있다.

㉢ 자동화재탐지설비의 감지기는 지붕 또는 벽의 옥내에 면한 부분에 유효하게 화재의 발생을 감지할 수 있도록 설치할 것

③ 옥외탱크저장소에 자동화재탐지설비 또는 자동화재속보설비를 설치하지 않아도 되는 경우

면제설비	면제하는 구조
자동화재탐지설비 자동화재속보설비	㉠ 옥외탱크저장소의 방유제와 옥외저장탱크 사이의 지표면을 불연성 및 불침윤성(수분에 젖지 않는 성질)이 있는 철근콘크리트 구조 등으로 한 경우 ㉡ 화학물질안전원장이 정하는 고시에 따라 가스감지기를 설치한 경우
자동화재속보설비	㉠ 자체소방대를 설치하는 경우 ㉡ 안전관리자가 해당 사업소에 24시간 상주하는 경우

12 피난설비의 기준

① **주유취급소 중 건축물의 2층 이상의 부분을 점포·휴게음식점 또는 전시장의 용도로 사용하는 것**: 유도등 설치
- ㉠ 당해 건축물의 2층 이상으로부터 주유취급소의 부지 밖으로 통하는 출입구
- ㉡ 당해 출입구로 통하는 통로·계단 및 출입구

② **옥내주유취급소**: 유도등 설치
- ㉠ 당해 사무소 등의 출입구 및 피난구
- ㉡ 당해 피난구로 통하는 통로·계단 및 출입구

③ **유도등**: 비상전원 설치

13 위험물의 저장 및 취급에 관한 기준

① **위험물의 유별 저장·취급의 공통기준(중요기준)**

위험물	저장·취급의 공통기준(중요기준)	위험물	저장·취급의 공통기준(중요기준)
제1류	• 가연물과의 접촉·혼합이나 분해를 촉진하는 물품과의 접근 또는 과열·충격·마찰 등을 피함 • 알카리금속의 과산화물 및 이를 함유한 것에 있어서는 물과의 접촉을 피함	제2류	• 산화제와의 접촉·혼합이나 불티·불꽃·고온체와의 접근 또는 과열을 피함 • 철분·금속분·마그네슘 및 이를 함유한 것에 있어서는 물이나 산과의 접촉을 피함 • 인화성 고체에 있어서는 함부로 증기를 발생시키지 아니하여야 한다.
제3류	• 자연발화성물질에 있어서는 불티·불꽃 또는 고온체와의 접근·과열 또는 공기와의 접촉을 피함 • 금수성물질에 있어서는 물과의 접촉을 피함	제4류	• 불티·불꽃·고온체와의 접근 또는 과열을 피함 • 함부로 증기를 발생시키지 아니할 것
제5류	• 불티·불꽃·고온체와의 접근이나 과열·충격 또는 마찰을 피함	제6류	• 가연물과의 접촉·혼합이나 분해를 촉진하는 물품과의 접근 또는 과열을 피함

② **유별을 달리하는 위험물 저장 기준(중요기준)**
- ㉠ 원칙: 유별 달리 위험물 동일 저장소 저장 ✕
- ㉡ 옥내(옥외)저장소의 예외 규정: 서로 1m 이상 간격을 두는 경우

구분	제3류	제4류	제5류	제6류
제1류	○ (황린)	–	○ (알칼리금속의 과산화물 제외)	○
제2류	–	○ (인화성 고체)	–	–
제3류	–	○ (알킬알루미늄등)	–	–
제4류	–	–	○ (유기과산화물)	–

③ **황린과 금수성물질의 저장 기준(중요기준)**: 제3류 中 황린, 물속 저장 물품 + 금수성물질 → 동일 저장소 저장 ✕

④ **옥내저장소의 저장 기준**

    ㉠ **동일 품명 위험물 + 자연발화** 위험성 위험물의 다량 저장(중요기준): 지정수량의 **10배 이하**마다 구분, 상호 **0.3m 이상** 간격 저장

    ㉡ 용기의 쌓는 높이: 다음의 높이 초과하여 용기를 겹쳐 쌓지 아니할 것

        • 기계 하역하는 구조로된 용기만 겹쳐 쌓는 경우: 6m

        • 제4류 中 3석, 4석, 동식물유류 수납하는 용기만 겹쳐 쌓는 경우: 4m

        • 그 밖의 경우: 3m

    ㉢ 용기수납 시 저장 위험물의 온도(중요기준): 55℃ 넘지 아니하도록 필요한 조치 강구

⑤ **옥외저장소의 저장 기준**

    ㉠ 용기수납 저장: 옥외저장소에 있어서 위험물은 용기에 수납하여 저장

    ㉡ 용기의 쌓는 높이: 다음의 높이 초과하여 용기를 겹쳐 쌓지 아니할 것

        • 기계 하역하는 구조로된 용기만 겹쳐 쌓는 경우: 6m

        • 제4류 中 3석, 4석, 동식물유류 수납하는 용기만 겹쳐 쌓는 경우: 4m

        • 그 밖의 경우: 3m

    ㉢ 위험물을 수납한 용기를 **선반**에 저장하는 경우: 6m **초과**하여 저장하지 아니할 것

⑥ **기타 저장 기준**

    ㉠ 옥외저장탱크·옥내저장탱크 또는 지하저장탱크 중 압력탱크에 저장하는 아세트알데하이드등 또는 다이에틸에터등의 온도: 40℃↓ 유지

    ㉡ 보냉장치가 있는 이동저장탱크에 저장하는 아세트알데하이드등 또는 다이에틸에터등의 온도: 비점↓ 유지

    ㉢ 보냉장치가 없는 이동저장탱크에 저장하는 아세트알데하이드등 또는 다이에틸에터등의 온도: 40℃↓ 유지

14 위험물의 운반에 관한 기준 – 운반용기의 적재방법(중요기준)

① **운반용기의 적재방법(중요기준)**

    ㉠ 고체 위험물은 운반용기 내용적의 **95% 이하**의 수납율로 수납할 것

    ㉡ 액체 위험물은 운반용기 내용적의 **98% 이하**의 수납율로 수납하되, **55℃의 온도**에서 누설되지 아니하도록 충분한 공간용적을 유지하도록 할 것

    ㉢ 하나의 외장용기에는 **다른 종류의 위험물**을 수납하지 **아니할 것**

    ㉣ 제3류 위험물은 다음의 기준에 따라 운반용기에 수납할 것

        • 자연발화성물질에 있어서는 불활성 기체를 봉입하여 밀봉하는 등 공기와 접하지 아니하도록 할 것

        • 자연발화성물질 외의 물품에 있어서는 파라핀·경유·등유 등의 보호액으로 채워 밀봉하거나 불활성 기체를 봉입하여 밀봉하는 등 수분과 접하지 아니하도록 할 것

        • 위의 규정에 불구하고 자연발화성물질 중 알킬알루미늄 등은 운반용기의 내용적의 **90% 이하**의 수납율로 수납하되, **50℃의 온도**에서 **5% 이상**의 공간용적을 유지하도록 할 것

② 일광의 직사 또는 빗물의 침투 방지(중요기준)

구분	소화난이도등급 II (일부)
차광성이 있는 피복	• 제1류 위험물 • 제3류 위험물 중 자연발화성물질 • 제4류 위험물 중 특수인화물 • 제5류 위험물 • 제6류 위험물
방수성이 있는 피복	• 제1류 위험물 중 알칼리금속의 과산화물 또는 이를 함유한 것, • 제2류 위험물 중 철분·금속분·마그네슘 또는 이들 중 어느 하나 이상을 함유한 것 • 제3류 위험물 중 금수성물질
적정한 온도관리	• 제5류 위험물 중 55℃ 이하의 온도에서 분해될 우려가 있는 것

③ 기타 기준(중요기준)

　㉠ 전도, 낙하 방지: 위험물은 당해 위험물이 용기 밖으로 쏟아지거나 위험물을 수납한 운반용기가 전도·낙하 또는 파손되지 아니하도록 적재하여야 한다.

　㉡ 수납구의 방향: 운반용기는 수납구를 위로 향하게 하여 적재하여야 한다.

　㉢ 적재방법: 위험물을 수납한 운반용기를 겹쳐 쌓는 경우에는 그 높이를 3m 이하로 하고, 용기의 상부에 걸리는 하중은 당해 용기 위에 당해 용기와 동종의 용기를 겹쳐 쌓아 3m의 높이로 하였을 때에 걸리는 하중 이하로 하여야 한다.

PART 4   소방의 화재조사에 관한 법률

제1장 | 총칙

1 목적

화재원인	
화재성장 및 확산	
피해현황	

과학적 조사
전문적 조사

→ 화재예방
→ 소방정책 활용

이 법은 화재예방 및 소방정책에 활용하기 위하여 화재원인, 화자성장 및 확산, 피해현황 등에 관한 과학적·전문적인 조사에 필요한 사항을 규정함을 목적으로 한다.

궁극의 목적

1. 화재예방
2. 소방정책 활용

2 정의

용어	정의
화재	사람의 의도에 반하거나 고의 또는 과실에 의하여 발생하는 연소 현상으로서 **소화할 필요**가 있는 현상 또는 사람의 의도에 반하여 발생하거나 확대된 **화학적 폭발현상**을 말한다. 💣 물리적 폭발현상
화재조사	소방청장, 소방본부장 또는 소방서장이 화재원인, 피해상황, 대응활동 등을 파악하기 위하여 ① 자료의 수집, ② 관계인등에 대한 질문, ③ 현장 확인, ④ 감식, ⑤ 감정 및 ⑥ 실험 등을 하는 일련의 행위를 말한다. → 화재조사: 자료의 수집 – 관계인등에 대한 질문 – 현장확인 – 감식, 감정 및 실험
화재조사관	화재조사에 전문성을 인정받아 화재조사를 수행하는 소방공무원을 말한다.
관계인등	화재가 발생한 소방대상물의 **소유자·관리자** 또는 **점유자**(관계인) 및 다음의 사람을 말한다. ① 화재 현장을 **발견**하고 **신고**한 사람 ② 화재 현장을 **목격**한 사람 ③ **소화활동**을 행하거나 **인명구조활동**(유도대피 포함)에 관계된 사람 ④ 화재를 **발생**시키거나 화재발생과 관계된 사람 💡 소관점 + 발신목 소인 발생

제 2 장 | 화재조사의 실시

1 화재조사의 실시

구분	내용
실시권한자	소방청장, 소방본부장, 소방서장(소방관서장)
실시시기	화재발생 사실을 알게 된 때 지체 없이 (* 수사기관의 범죄수사 지장 ×)
조사내용	① 화재원인에 관한 사항 ② 화재로 인한 인명·재산피해상황 ③ 대응활동에 관한 사항 ④ 소방시설 등의 설치·관리 및 작동 여부에 관한 사항 ⑤ 화재발생건축물과 구조물, 화재유형별 화재위험성 등에 관한 사항 ⑥ 그 밖에 대통령령으로 정하는 사항: 화재안전조사의 실시 결과에 관한 사항 💡 원피소 대위 조사
조사대상 (대통령령)	① 「소방기본법」에 따른 소방대상물에서 발생한 화재 ② 그 밖에 소방관서장이 화재조사가 필요하다고 인정하는 화재
조사절차 (대통령령)	① 현장출동 중 조사 — 화재발생 접수, 출동 중 화재상황 파악 등 ② 화재현장 조사 — 화재의 발화원인, 연소상황 및 피해상황 조사 등 ③ 정밀조사 — 감식·감정, 화재원인 판정 등 ④ 화재조사 결과 보고 💡 중화정결

2 화재조사전담부서의 설치·운영: ~하여야 한다.

화재조사전담부서	⇨	화재조사관 2명 이상 배치
① 설치·운영권자: 소방관서장 ② 수행업무: 결실 역기 시장 필요		① 자격기준: 화재조사시험 또는 자격취득(화재감식평가 분야의 기사 또는 산업기사) ② 교육·훈련 　㉠ 화재조사관 양성 전문교육 　㉡ 화재조사관의 전문능력 향상 교육 　㉢ 전담부서에 배치된 화재조사관을 위한 의무 보수교육: 2년마다(신규교육 1년 이내)

🌸 **조사의 개시**
(화재조사 및 보고규정)

화재사실을 인지하는 즉시

🌸 **소방대상물**

1. 건축물
2. 차량
3. 산림
4. 인공구조물
5. 물건
6. 선박건조구조물
7. 선박(항구에 매어둔 것)

① 화재조사전담부서

    ㉠ 설치·운영권자: 소방관서장

    ㉡ 설치목적: 전문성에 기반하는 화재조사를 하기 위함

    ㉢ 수행업무 💡 **결실 역기 시장 필요**

      • 화재조사의 **실**시 및 조사**결**과 분석·관리

      • 화재조사 관련 **기**술개발과 화재조사관의 **역량**증진

      • 화재조사에 필요한 **시설·장비**의 관리·운영

      • 그 밖의 화재조사에 관하여 **필요한** 업무

② **화재조사전담부서의 구성·운영**: 대통령령

    ㉠ 배치기준: 화재조사관 2명 이상 배치

    ㉡ 장비와 시설: 행정안전부령 💡 **누가 정전기 멀티클 절연 접지 검전 / 복합 가스 검지, 내시 산업 확대, 심도 깊은 적! 휴대용 해머**

      • 감식기기: **누설전류계**, **정전기측정장치**, **멀티테스터기**, **클램프미터**, **절연저항계**, **접지저항계**, **검전기** /

            복합가스측정기, **가스(유증)검지기**, **내시경현미경**, **산업용실체현미경**, **확대경**, 디지털탄화심도계, **적외선열상카메라**, **휴대용**디지털현미경, 슈미트해머

      • 감정용기기: 금속현미경, 접점저항계 등

      • 화재조사분석실: 30m² 이상의 실

    ㉢ 자격기준: 다음 어느 하나에 해당하는 소방공무원

      • 소방청장이 실시하는 **화재조사에 관한 시험**에 합격한 소방공무원

      • 「국가기술자격법」에 따른 국가기술자격의 직무분야 중 **화재감식평가** 분야의 기사 또는 산업기사 자격을 취득한 소방공무원

③ **화재조사에 관한 시험**: 행정안전부령

구분	내용
시험의 실시권자 자격증의 발급권자	소방청장
시험의 공고	30일 전까지 소방청의 인터넷 홈페이지에 공고
응시자격	소방공무원 중 다음에 해당하는 사람 ㉠ 화재조사관 양성을 위한 **전문교육**을 이수한 사람 ㉡ 국립과학수사연구원 또는 소방청장이 인정하는 외국의 화재조사 관련 기관에서 **8주 이상** 화재조사에 관한 전문교육을 이수한 사람

④ **화재조사에 관한 교육훈련**: 대통령령

구분	내용
실시권자	소방관서장
종류	㉠ 화재조사관 양성을 위한 전문교육 ㉡ 화재조사관의 전문능력 향상을 위한 전문교육 ㉢ 전담부서에 배치된 화재조사관을 위한 의무 보수교육

❀ *시험의 공고(30일 전)*

1. 소방안전관리자
2. 화재조사관

❀ *시험의 공고(90일 전)*

1. 소방안전교육사
2. 소방시설관리사

❀ *화재조사관의 의무보수교육*
(화재조사 및 보고규정)

4시간 이상

화재조사관 양성을 위한 전문교육의 내용(행정안전부령)	㉠ 화재조사 이론과 실습 ㉡ 화재조사 시설 및 장비의 사용에 관한 사항 ㉢ 주요·특이 화재조사, 감식·감정에 관한 사항 ㉣ 화재조사 관련 정책 및 법령에 관한 사항 ㉤ 그 밖에 소방청장이 화재조사 관련 전문능력의 배양을 위해 필요하다고 인정하는 사항
전담부서에 배치된 화재조사관을 위한 의무 보수교육(행정안전부령)	㉠ 교육주기: 2년마다(신규교육: 배치 후 1년 이내) ㉡ 의무 보수교육 미이수 시: 이수할 때까지 화재조사 업무 수행불가

3 화재합동조사단의 구성·운영: ~ 할 수 있다.

화재합동조사단(소방공무원 + 전문가)	화재조사 결과보고 사항
① 구성·운영권자: 소방관서장 ② 구성화재 　㉠ 사망자 5명 이상 　㉡ 사회·경제적 영향 광범위 + 소방관서장 인정 ③ 단원: 화재조사관, 3년, 산업기사 ↑ ④ 단장: 단원 中 소방관서장이 지명, 위촉	㉠ 조사단 운영개요 ㉡ 화재조사 개요 ㉢ 화재조사의 내용: 원피소 대위 조사 ㉣ 다수 인명피해 발생 시 원인 ㉤ 현행 제도의 문제점 및 개선방안

구분	내용
구성·운영권자	소방관서장
구성화재 (대통령령)	① 사망자가 5명 이상 발생한 화재 ② 화재로 인한 사회적·경제적 영향이 광범위하다고 소방관서장이 인정하는 화재
구성·운영 (대통령령)	① 단원 　㉠ 화재조사관 　㉡ 화재조사 업무에 관한 경력이 3년 이상인 소방공무원 　㉢ 「고등교육법」에 따른 학교 또는 이에 준하는 교육기관에서 화재조사, 소방 또는 안전관리 등 관련 분야 조교수 이상의 직에 3년 이상 재직한 사람 　㉣ 「국가기술자격법」에 따른 국가기술자격의 직무분야 중 안전관리 분야에서 산업기사 이상의 자격을 취득한 사람 　㉤ 그 밖에 건축·안전 분야 또는 화재조사에 관한 학식과 경험이 풍부한 사람 ② 단장: 단원 중 소방관서장이 지명 또는 위촉 ③ 소속 공무원 또는 소속 임직원의 파견요청가능
화재조사 결과보고 (대통령령)	① 화재합동조사단 운영 개요 ② 화재조사 개요 ③ 화재조사의 내용에 관한 사항 ④ 다수의 인명피해가 발생한 경우 그 원인

화재조사의 내용에 관한 사항

1. 화재원인에 관한 사항
2. 화재로 인한 인명·재산피해상황
3. 대응활동에 관한 사항
4. 소방시설 등의 설치·관리 및 작동 여부에 관한 사항
5. 화재발생건축물과 구조물, 화재유형별 화재위험성 등에 관한 사항
6. 화재안전조사의 실시 결과에 관한 사항

⑤ 현행 제도의 문제점 및 개선 방안

⑥ 그 밖에 소방관서장이 필요하다고 인정하는 사항

4 화재현장 보존

① 화재현장 보존조치

　㉠ 화재현장 보존조치: 소방관서장, 관할 경찰서장 또는 해양경찰서장(경찰서장)

화재의 구분	화재현장 보존조치, 통제구역 설정
일반	소방청장, 소방본부장, 소방서장(소방관서장)
방화 또는 실화의 혐의로 수사의 대상이 된 경우	관할 경찰서장 또는 해양경찰서장(경찰서장)

　㉡ 누구든지 허가 없이 통제구역의 출입금지

　㉢ 누구든지 허가 없이 화재현장의 물건 이동, 변경·훼손 금지(제외: 긴급한 사유가 있는 경우)

② 화재현장 보존조치의 통지 및 표지 설치: 대통령령

```
┌─────────────────────┐   화재현장 보존조치 또는 통제구역의   ┌─────────────────────┐
│    소방관서장          │ ───────────────────────────────→ │   소방대상물의        │
│ 경찰서장 또는 해양경찰서장(경찰서장) │   설정 시 통지 및 표지 설치          │ 소유자, 관리자, 점유자   │
└─────────────────────┘                                   └─────────────────────┘
```

<표지의 작성내용> 💡 이주법기

　㉠ 화재현장 보존조치나 통제구역 설정의 이유 및 주체

　㉡ 화재현장 보존조치나 통제구역 설정의 범위

　㉢ 화재현장 보존조치나 통제구역 설정의 기간

③ 화재현장 보존조치의 해제: 대통령령

　㉠ 화재조사가 완료된 경우

　㉡ 화재현장 보존조치나 통제구역의 설정이 해당 화재조사와 관련이 없다고 인정되는 경우

　→ 지체없이 해제해야 한다.(필수)

5 출입 · 조사

① 권한자: 소방관서장

② 출입·조사: ㉠ 보고, 자료제출, 출입, 화재조사, 관계인등 질문 / ㉡ 화재조사관 증표 제시 / ㉢ 비밀누설금지(→ 위반 시: 300만원 ↓ 벌금)

6 관계인등의 출석

① 권한자: 소방관서장

② 관계인등의 출석요구 및 질문: 대통령령

　㉠ 출석요구: 소방관서장 → 관계인등(출석일 3일 전까지 통보) [* 정당한 사유 × 출석 거부, 거짓 진술: 200만원 ↓ 과태료]

🌸 통제구역의 출입금지 위반

200만원 이하의 과태료

🌸 화재현장의 물건 이동, 변경·훼손금지 위반

300만원 이하의 벌금

🌸 300만원↓ 벌금

정당한 사유 없이 화재조사관의 출입 또는 조사를 거부·방해 또는 기피한 사람

🌸 200만원↓ 과태료

소방관서장의 명령을 위반하여 보고 또는 자료 제출을 하지 아니하거나 거짓으로 보고 또는 자료를 제출한 사람

ⓛ 통보내용: 출석 일시와 장소, 출석 요구 사유, 그 밖의 화재조사와 관련하여 필요한 사항
ⓒ 출석 일시의 변경신청가능
ⓔ 수당과 여비 지급가능

7 화재조사 증거물 수집

① 증거물 수집 권한자: 소방관서장
② 증거물 수집 목적
   ⓐ 검사
   ⓑ 시험
   ⓒ 분석 등을 위함(제외: 범죄수사와 관련된 증거물의 경우 수사기관의 장과 협의하여 수집)
③ 화재조사의 증거물 수집: 대통령령
   ⓐ 수집범위: 화재조사를 위하여 필요한 **최소**한의 범위
   ⓑ 수집통보: 증거물을 수집한 경우 관계인에게 통보할 것
   ⓒ 증거물 반환: 화재조사 관련 × 인정된 경우 / 증거물 보관 필요 × 경우, 지체없이 반환해야 한다. (필수)
④ 증거물 수집·관리: 행정안전부령
   ⓐ 수집과정의 기록: 사진촬영 또는 영상녹화의 방법으로 기록
   ⓑ 파일의 관리: **국가화재정보시스템**에 전송 및 보관
   ⓒ 규정한 사항 외: 소방청장

8 소방공무원과 경찰공무원의 협력사항

① 협력: 소방공무원 ↔ 경찰공무원
② 협력사항 💡현장출입, 증거물, 진술, 필요
   ⓐ 화재현장의 출입·보존 및 통제에 관한 사항
   ⓑ 화재조사에 필요한 증거물의 수집 및 보존에 관한 사항
   ⓒ 관계인등에 대한 진술 확보에 관한 사항
   ⓔ 그 밖에 화재조사에 필요한 사항

9 관계 기관 등의 협력기관

① 소방관서장
② 중앙행정기관의 장
③ 지방자치단체의 장
④ 보험회사
⑤ 그 밖의 관련 기관·단체의 장 💡관서장 + 중지보기
* 소방관서장 → 금융감독원, 관계 보험회사: 보험가입 정보 등 요청가능

제3장 | 화재조사 결과의 공표

1 화재조사 결과의 공표

구분	내용
공표권자	소방관서장
공표목적	① 국민이 유사한 화재로부터 피해를 입지 않도록 하기 위한 경우 등 필요한 경우 ② 수사진행 中 경우: 수사기관의 장과 공표 여부 사전 협의 필요
공표할 수 있는 화재의 종류 (행정안전부령)	① 국민이 **유사한 화재**로부터 피해를 입지 않도록 하기 위해 필요한 경우 ② 사회적 관심이 집중되어 **국민의 알권리 충족** 등 공공의 이익을 위해 필요한 경우 💡 **유알**
공표 시 포함사항 (행정안전부령)	① 화재**원인**에 관한 사항 ② 화재로 인한 인명·재산**피해**에 관한 사항 ③ 화재발생 **건축물**과 **구조물** 현황 ④ 그 밖에 화재예방을 위해 공표할 필요가 있다고 **소방관서장**이 인정하는 사항 💡 **원인 피해 건축물**
공표방법 (행정안전부령)	① 소방관서의 인터넷 홈페이지에 게재 💣**관보 공고** ② 신문 ③ 방송 → 일반인이 쉽게 알 수 있는 방법

2 화재조사 결과의 통보

소방**관서장** → ① **중앙행정기관**의 장, ② **지방자치단체**의 장, ③ **관계인**, ④ 그 밖의 관련 **기관**·단체의 장 💡 **관서장 + 중지 기관(보험회사 ✕)**

3 화재증명원의 발급

① **발급권자**: 소방관서장
② **발급신청 가능자**: 화재와 관련된 이해관계인, 화재발생 내용 입증이 필요한 사람
③ **화재증명원 발급대장**(행정안전부령): 소방관서장, 화재증명원 발급 기록의 보관·관리

1 감정기관의 지정 · 운영

화재감정기관 (지정 · 운영권자: 소방청장)
→ 소방청장: 비용의 전부 또는 일부 지원가능

소방관서장

→ 화재감정기관에 감정의뢰 가능

화재감정기관의 장

① 감정완료 시 감정결과의 지체없이 통보(필수)
② 감정대상물의 반환(필수)
③ 감정결과 및 감정관련자료의 보존(필수)
④ 제출된 감정의뢰서의 보완요청가능(선택)

지정 신청 및 지정서의 발급

① **지정 신청**: 소방청장
② **첨부서류의 보완기간**: 10일 이내
③ **지정서 발급**: 소방청장
  → 지정대장에 기록, 보관, 관리
  → 소방청의 인터넷 홈페이지 게재

지정기준(시설, 전문인력, 장비): 대통령령

① **시설**
  ㉠ 증거물, 장비 등 보호설비를 갖춘 시설
  ㉡ 증거물 등 장기간 보존 · 보관시설
  ㉢ 디지털파일 형태 처리 · 보관할 수 있는 시설
② **전문인력**
  ㉠ 주된: 2명 ↑
    • 화재감식평가 기사 + 5년 ↑
    • 화재조사관 자격취득 + 5년 ↑
    • 이공계 박사학위 + 2년 ↑
  ㉡ 보조: 3명 ↑
    • 화재감식평가 기사 or 산업기사
    • 화재조사관 자격취득
    • 소방청장 인정 화재조사 관련 국제자격증
    • 이공계 석사학위 ↑ + 1년 ↑
③ **장비**: 감식 · 감정장비, 증거물 수집장비

지정취소

① **지정취소권자**: 소방청장
② **지정취소** [㉠: 1차 지정취소]
  ㉠ 거짓, 부정한 방법 + 지정 받은 경우
  ㉡ 지정기준에 적합 ×
  ㉢ 고의, 중대한 과실 + 감정 결과 사실과 다르게 작성
  ㉣ 대통령령으로 정하는 사항
    • 감정거부 or 1개월 이상 수행 ×
    • 거짓, 부정한 방법 + 감정비용 청구
③ **청문**: 감정기관의 지정취소 시
④ **지정서 반환기한**: 10일 이내

등록취소 시 등록증 · 등록 수첩 반납(지체없이)

① 소방시설업
② 소방시설관리업

2 국가화재정보시스템의 구축·운영

① **구축·운영권자**: 소방청장

② **목적**: ㉠ 화재예방, ㉡ 소방활동에 활용

③ **화재정보(대통령령)** 💡 원피소 대위 법정 보험

  ㉠ 화재 **원**인

  ㉡ 화재**피**해 상황

  ㉢ **대응**활동에 관한 사항

  ㉣ **소방**시설 등의 설치·관리 및 작동 여부에 관한 사항

  ㉤ 화재발생건축물과 구조물, 화재유형별 화재**위**험성 등에 관한 사항

  ㉥ 화재예방 관계 **법령** 등의 이행 및 위반 등에 관한 사항

  ㉦ 관계인의 **보험**가입 정보 등에 관한 사항

  ㉧ 그 밖에 화재예방과 소방활동에 활용할 수 있는 **정보**

④ **권한자**

구분	권한자
㉠ 국가화재정보시스템의 구축·운영권자 ㉡ 화재정보의 수집·관리 ㉢ 규정사항 외 국가화재정보시스템의 운영 및 활용 등 필요한 사항	소방청장
㉣ 화재정보의 기록·유지 및 보관	소방관서장

3 연구개발사업의 지원

① **지원시책의 수립권자**: 소방청장

② **연구개발사업**: 화재조사 기법에 필요한 ㉠ **연구**·㉡ **실험**·㉢ **조사**·㉣ **기술개발** 등 💡 조기실연

③ **연구개발사업의 수행명령**: 소방청장 → 기관 또는 단체

  ㉠ 국공립 연구기관

  ㉡ 특정연구기관

  ㉢ 과학기술분야 정부출연연구기관

  ㉣ 대학·산업대학·전문대학·기술대학

  ㉤ 법인으로서 화재조사 관련 연구기관 또는 법인 부설 연구소

  ㉥ 기업부설연구소 또는 기업의 연구개발전담부서

  ㉦ 그 밖에 대통령령으로 정하는 화재조사와 관련한 연구·조사·기술개발 등을 수행하는 기관 또는 단체(→ 화재감정기관) 💥 한국소방산업기술원, 한국소방안전원

④ **연구개발사업의 필요경비 지원**: 소방청장, 전부 또는 일부 보조

소방청장의 지원(전부 또는 일부, ~할 수 있다.)
1. 화재감정기관의 과학적 조사·분석 소요비용
2. 연구개발사업의 필요한 경비

제1장 | 총칙

1 목적

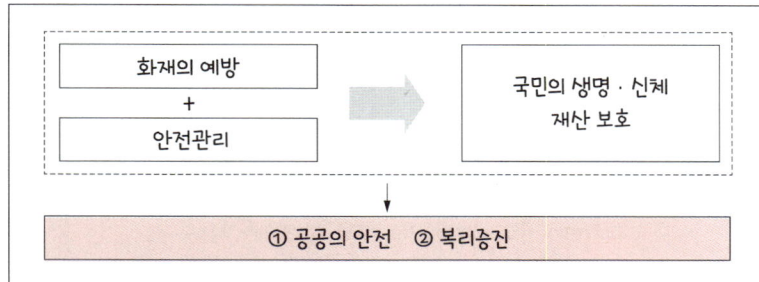

이 법은 화재의 예방과 안전관리에 필요한 사항을 규정함으로써 화재로부터 국민의 생명·신체 및 재산을 보호하고 ① 공공의 안전과 ② 복리 증진에 이바지함을 목적으로 한다.

🌸 **궁극의 목적**

1. 공공의 안전
2. 복리증진

2 정의

용어	정의
예방	화재의 위험으로부터 사람의 생명·신체 및 재산을 보호하기 위하여 화재발생을 사전에 제거하거나 방지하기 위한 모든 활동
안전관리	화재로 인한 피해를 최소화하기 위한 ① 예방, ② 대비, ③ 대응 등의 활동 ✻💣복구
화재안전조사	소방청장, 소방본부장 또는 소방서장(소방관서장)이 소방대상물, 관계지역 또는 관계인에 대하여 소방시설등이 소방 관계 법령에 적합하게 설치·관리되고 있는지, 소방대상물에 화재의 발생 위험이 있는지 등을 확인하기 위하여 실시하는 현장조사·문서열람·보고요구 등을 하는 활동
화재예방강화지구	시·도지사가 화재발생 우려가 크거나 화재가 발생할 경우 피해가 클 것으로 예상되는 지역에 대하여 화재의 예방 및 안전관리를 강화하기 위해 지정·관리하는 지역
화재예방안전진단	화재가 발생할 경우 사회·경제적으로 피해 규모가 클 것으로 예상되는 소방대상물에 대하여 **화재위험요인을 조사**하고 그 **위험성을 평가**하여 개선대책을 수립하는 것

🌸 **재난 및 안전관리 기본법**

1. 재난관리: 재난의 예방·대비·대응 및 복구를 위하여 하는 모든 활동
2. 안전관리: 재난이나 그 밖의 각종 사고로부터 사람의 생명·신체 및 재산의 안전을 확보하기 위하여 하는 모든 활동

3 국가와 지방자치단체의 의무

① 국가 → 화재예방정책의 수립·시행
② 지방자치단체 → 지역의 실정에 부합하는 화재예방정책을 수립·시행
③ 관계인 → 국가와 지방자치단체에 적극 협조

제2장 | 화재의 예방 및 안전관리 기본계획의 수립·시행

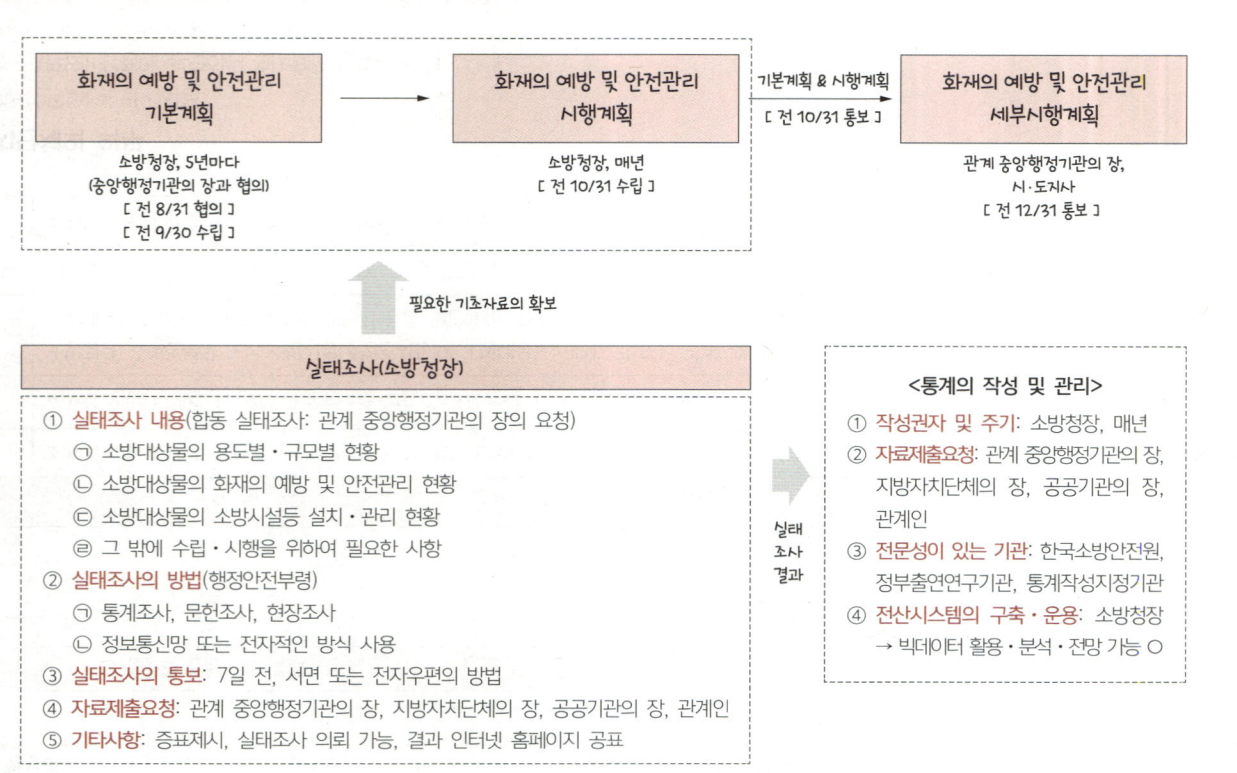

| 화재의 예방 및 안전관리 기본계획 | → | 화재의 예방 및 안전관리 시행계획 | 기본계획 & 시행계획 [전 10/31 통보] | 화재의 예방 및 안전관리 세부시행계획 |

소방청장, 5년마다
(중앙행정기관의 장과 협의)
[전 8/31 협의]
[전 9/30 수립]

소방청장, 매년
[전 10/31 수립]

관계 중앙행정기관의 장,
시·도지사
[전 12/31 통보]

↑ 필요한 기초자료의 확보

실태조사(소방청장)

① **실태조사 내용**(합동 실태조사: 관계 중앙행정기관의 장의 요청)
　㉠ 소방대상물의 용도별·규모별 현황
　㉡ 소방대상물의 화재의 예방 및 안전관리 현황
　㉢ 소방대상물의 소방시설등 설치·관리 현황
　㉣ 그 밖에 수립·시행을 위하여 필요한 사항
② **실태조사의 방법**(행정안전부령)
　㉠ 통계조사, 문헌조사, 현장조사
　㉡ 정보통신망 또는 전자적인 방식 사용
③ **실태조사의 통보**: 7일 전, 서면 또는 전자우편의 방법
④ **자료제출요청**: 관계 중앙행정기관의 장, 지방자치단체의 장, 공공기관의 장, 관계인
⑤ **기타사항**: 증표제시, 실태조사 의뢰 가능, 결과 인터넷 홈페이지 공표

실태조사 결과 →

<통계의 작성 및 관리>

① **작성권자 및 주기**: 소방청장, 매년
② **자료제출요청**: 관계 중앙행정기관의 장, 지방자치단체의 장, 공공기관의 장, 관계인
③ **전문성이 있는 기관**: 한국소방안전원, 정부출연연구기관, 통계작성지정기관
④ **전산시스템의 구축·운용**: 소방청장
　→ 빅데이터 활용·분석·전망 가능 ○

1 **기본계획 / 시행계획 / 세부시행계획의 포함사항**

기본계획의 포함사항	시행계획의 포함사항	세부시행계획의 포함사항

① 화재예방정책 기본**목표** 및 추진방향
② **법령**·제도의 마련 등 기반 조성
③ **대**국민 교육·홍보
④ 관련 **기술**의 개발·보급
⑤ 관련 **전문**인력의 육성·지원 및 관리
⑥ 관련 산업의 **국제경쟁력** 향상
⑦ 대통령령
  ㉠ **화재발생** 현황
  ㉡ 소방대상물의 **환경** 및 화재위험특성 변화 추세 등 화재예방정책의 여건 변화
  ㉢ 소방시설의 설치·관리 및 화재안전**기준**의 **개선**
  ㉣ 계절별·**시기별**·소방대상물별 화재예방대책의 추진 및 평가
  ㉤ 화재의 예방 및 안전관리와 관련하여 소방청장이 필요하다고 인정하는 사항
💡 국제 목표 법전 대기 + 화재발생 계씨! 환경기준 개선
	① 기본계획의 시행을 위하여 필요한 사항
	② 그 밖에 화재의 예방 및 안전관리와 관련하여 소방청장이 필요하다고 인정하는 사항
		① 기본계획 및 시행계획에 대한 관계 중앙행정기관 또는 시·도의 세부집행계획
		② 직전 세부시행계획의 시행결과
		③ 그 밖에 화재안전과 관련하여 관계 중앙행정기관의 장 또는 시·도지사가 필요하다고 결정한 사항

2 **기타사항**

① **소방청장의 관련 자료 제출요청**: 관계중앙행정기관의 장 또는 시·도지사에게 관련 자료의 제출요청가능
② **기본계획, 시행계획 및 세부시행계획의 수립·시행에 필요한 사항**: 대통령령

3 **실태조사**

① **권한자**: 소방청장(관계 중앙행정기관의 장 요청 시: 합동 실태조사 가능)
② **목적**: 기본계획 및 시행계획의 수립·시행에 필요한 기초자료를 확보하기 위함
③ **조사 내용** 💡 용규화소수
  ㉠ 소방대상물의 **용도**별·**규모**별 현황   ㉡ 소방대상물의 **화재**의 예방 및 안전관리 현황
  ㉢ 소방대상물의 **소방시설등** 설치·관리 현황   ㉣ 그 밖에 기본계획 및 시행계획의 **수립**·시행을 위하여 필요한 사항
④ **자료제출의 요청**: 소방청장 → 관계 **중앙**행정기관의 장, **지방**자치단체의 장, **공공기관**의 장, **관계인** 💡 중지공관
⑤ **실태조사의 방법 및 절차**(행정안전부령)
  ㉠ 방법: 통계조사, 문헌조사, 현장조사
  ㉡ 방식: 정보통신망, 전자적인 방식 사용
  ㉢ 절차: 실태조사 시작 **7일 전**까지, 서면 또는 전자우편 등의 방법
  ㉣ 기타사항: 소방대상물 출입 시 문서 확인, 전문가에게 조사의뢰가능, 결과의 인터넷 공표

4 통계의 작성 및 관리

① 작성권자 및 작성주기: 소방청장(매년)

② 자료제출의 요청: 소방청장 → 관계 중앙행정기관의 장, 지방자치단체의 장, 공공기관의 장, 관계인 💡중자공관

③ 통계자료의 작성·관리 업무 수행명령

소방청장

전산시스템 구축·운용가능
(→ 빅데이터 활용)[대통령령]

통계자료의 작성·관리
수행명령

한국소방안전원
정부출연연구기관
통계작성지정기관

행정안전부령

④ 통계의 작성·관리 항목: 소방대상물의 현황 및 안전관리에 관한 사항, 다중이용업 현황 및 안전관리에 관한 사항, 제조소등 현황, 실태조사 결과 등

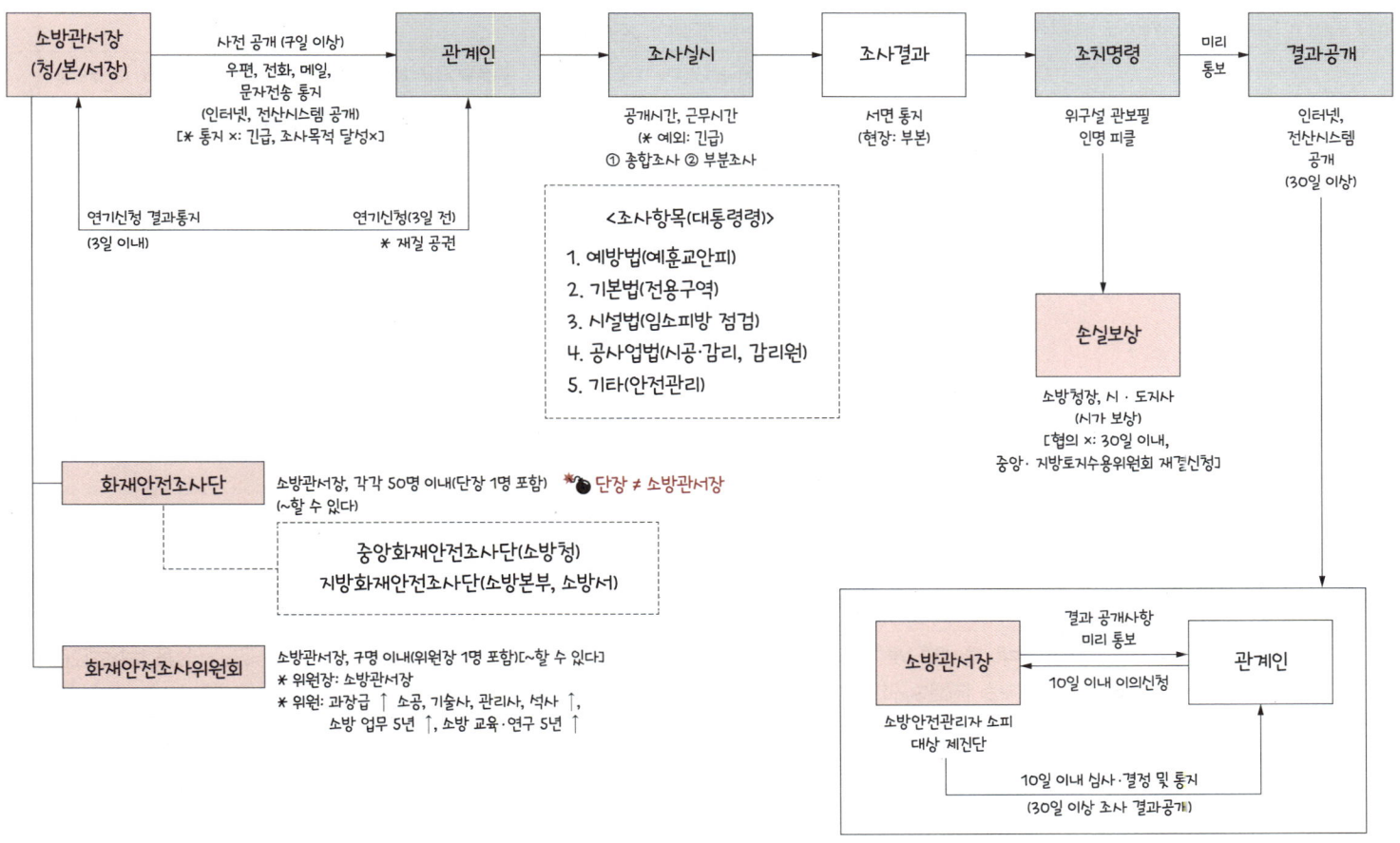

소방관서장 (청/본/서장) → 사전 공개 (구일 이상) 우편, 전화, 메일, 문자전송 통지 (인터넷, 전산시스템 공개) [* 통지 x: 긴급, 조사목적 달성x] → **관계인** → **조사실시** → **조사결과** → **조치명령** 미리 통보 → **결과공개**

연기신청 결과통지 (3일 이내) / 연기신청(3일 전) * 재질 공권

조사실시: 공개시간, 근무시간 (* 예외: 긴급) ① 총합조사 ② 부분조사

조사결과: 서면 통지 (현장: 부본)

조치명령: 위구설 관보필 인명 피클

결과공개: 인터넷, 전산시스템 공개 (30일 이상)

<조사항목(대통령령)>
1. 예방법(예훈교안피)
2. 기본법(전용구역)
3. 시설법(임소피방 점검)
4. 공사업법(시공·감리, 감리원)
5. 기타(안전관리)

손실보상
소방청장, 시·도지사 (시가 보상) [협의 x: 30일 이내, 중앙·지방토지수용위원회 재결신청]

화재안전조사단
소방관서장, 각각 50명 이내(단장 1명 포함) (~할 수 있다)
💣 단장 ≠ 소방관서장

중앙화재안전조사단(소방청)
지방화재안전조사단(소방본부, 소방서)

화재안전조사위원회
소방관서장, 구명 이내(위원장 1명 포함)[~할 수 있다]
* 위원장: 소방관서장
* 위원: 과장급 ↑ 소공, 기술사, 관리사, 석사 ↑,
소방 업무 5년 ↑, 소방 교육·연구 5년 ↑

소방관서장 결과 공개사항 미리 통보 → **관계인**
소방안전관리자 소피 대상 제진단
10일 이내 이의신청
10일 이내 심사·결정 및 통지
(30일 이상 조사 결과공개)

💥 **300만원↓ 벌금**
화재안전조사를 정당한 사유 없이 거부·방해 또는 기피한 자

💥 **1년 / 1천만원↓ 벌금**
관계인의 정당한 업무를 방해하거나 화재안전조사 업무를 수행하면서 취득한 자료나 알게 된 비밀을 다른 사람 또는 기관에 제공 또는 느설하거나 목적 외의 용도로 사용한 경우

💥 **3년 / 3천만원↓ 벌금**
화재안전조사 결과에 따른 조치명령을 정당한 사유 없이 위반한 자

1 화재안전조사의 실시

① **권한자**: 소방관서장(소방청장, 소방본부장, 소방서장)

② **개인의 주거에 대한 화재안전조사**

　㉠ 관계인의 승낙이 있는 경우

　㉡ 화재발생의 우려가 뚜렷하여 긴급한 필요가 있는 경우

③ **화재안전조사를 실시할 수 있는 경우** 💡 **국가화재피해점검 안전강화**

　㉠ 「소방시설 설치 및 관리에 관한 법률」에 따른 자체점검이 불성실하거나 불완전하다고 인정되는 경우

　㉡ 화재예방강화지구 등 법령에서 화재안전조사를 하도록 규정되어 있는 경우

　㉢ 화재예방안전진단이 불성실하거나 불완전하다고 인정되는 경우

　㉣ 국가적 행사 등 주요 행사가 개최되는 장소 및 그 주변의 관계 지역에 대하여 소방안전관리 실태를 조사할 필요가 있는 경우

　㉤ 화재가 자주 발생하였거나 발생할 우려가 뚜렷한 곳에 대한 조사가 필요한 경우

　㉥ 재난예측정보, 기상예보 등을 분석한 결과 소방대상물에 화재의 발생 위험이 크다고 판단되는 경우

　㊀ "㉠"부터 "㉥"까지에서 규정한 경우 외에 화재, 그 밖의 긴급한 상황이 발생할 경우 인명 또는 재산피해의 우려가 현저하다고 판단되는 경우

④ **화재안전조사의 항목**(대통령령) 💡 **화재예방법(예훈교안피) / 소방기본법(전용구역) / 소방시설법(임소피방 점검) / 공사업법(시공, 감리, 감리원) / 기타(안전관리)**

법령	화재안전조사의 항목
화재의 예방 및 안전관리에 관한 법률	• 화재의 예방조치 등에 관한 사항 • 소방안전관리 업무 수행에 관한 사항 • 소방훈련 및 교육에 관한 사항 • 피난계획의 수립 및 시행에 관한 사항
소방기본법	• 소방자동차 전용구역의 설치에 관한 사항
소방시설 설치 및 관리에 관한 법률	• 소방시설의 설치 및 관리 등에 관한 사항 • 건설현장의 임시소방시설의 설치 및 관리에 관한 사항 • 피난시설, 방화구획 및 방화시설의 관리에 관한 사항 • 방염에 관한 사항 • 소방시설등의 자체점검에 관한 사항
소방시설공사업법	• 시공, 감리 및 감리원 배치 등에 관한 사항
위험물안전관리법	• 위험물 안전관리에 관한 사항
다중이용업소의 안전관리에 관한 특별법	• 안전관리에 관한 사항
초고층 및 지하연계 복합건축물에 재난관리에 관한 특별법	• 초고층 및 지하연계 복합건축물의 안전관리에 관한 사항
기타	• 그 밖에 소방대상물에 화재의 발생 위험이 있는지 등을 확인하기 위해 소방관서장이 화재안전조사가 필요하다고 인정하는 사항

⑤ **화재안전조사의 종류:** 종합조사(전부) / 부분조사(일부)
⑥ **화재안전조사의 통보** 💡 **전문예우 구인전**
　　㉠ 통보내용: 조사대상, 조사기간, 조사사유 등
　　㉡ 통보방법: **우**편, **전**화, 전자메일, **문**자전송
　　㉢ 공개방법: **인**터넷 홈페이지 또는 **전**산시스템(**7일 이상**)
　　㉣ 통보제외대상: 긴급조사 / 조사목적 달성 ✕
⑦ **합동조사반**
　　㉠ 관계 중앙행정기관 또는 지방자치단체　　㉡ 한국소방안전원　　㉢ 한국소방산업기술원 💣 **국립소방연구원**
　　㉣ 한국화재보험협회　　㉤ 한국가스안전공사　　㉥ 한국전기안전공사 💣 **한국전력공사**
⑧ **화재안전조사의 연기신청**

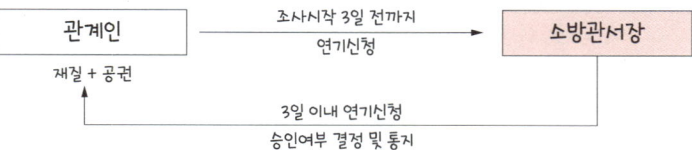

구분	내용
연기신청	통지를 받은 관계인 → 소방관서장
연기신청을 할 수 있는 경우 (대통령령) 💡 재질 + 공권	㉠ **재**난이 발생한 경우 ㉡ 소방대상물의 증축·용도변경 또는 대수선 등의 **공**사로 화재안전조사를 실시하기 어려운 경우 ㉢ 관계인이 **질**병, 사고, 장기출장 등 경우 ㉣ **권**한 있는 기관에 자체점검기록부, 교육·훈련일지 등 화재안전조사에 필요한 장부·서류 등이 압수되거나 영치되어 있는 경우
연기신청의 방법 (행정안전부령)	㉠ **화재안전조사 시작 3일 전까지** 신청 및 서류제출 / **3일 이내** 연기신청 승인여부 결정 ㉡ 연기기간 종료 시 지체없이 화재안전조사 시작 ㉢ 연기기간 끝나기 전 조사가능한 경우: 연기사유가 사라진 경우, 긴급히 조사하여야 하는 경우(관계인 미리 알림)

2 화재안전조사단 / 화재안전조사위원회

구성·운영권자	단장 / 위원장	목적	조사단 / 위원회	구성 [대통령령]
소방관서장	단원 中 소방관서장 임명 또는 위촉	조사의 효율적 수행 (~할 수 있다.)	중앙화재안전조사단	단장 포함, 각각 50명 이내의 단원
			지방화재안전조사단	
	소방관서장	대상의 공정한 선정 (~할 수 있다.)	화재안전조사위원회	위원장 1명 포함, 7명 이내의 위원

① **화재안전조사단**: ~할 수 있다.
　㉠ 구성: 단장 포함, 각각 50명 이내의 단원, 성별고려 → 중앙화재안전조사단(소방청) / 지방화재안전조사단(소방본부 및 소방서)
　㉡ 단장: 단원 중 소방관서장이 임명 또는 위촉
　㉢ 단원: 소방관서장이 위촉
　　• 소방공무원
　　• 단체 또는 연구기관의 임직원
　　• 소방 전문 지식・경험 풍부
② **화재안전조사위원회**: ~할 수 있다.
　㉠ 구성: 위원장 1명 포함, 7명 이내 위원, 성별고려
　㉡ 위원장: 소방관서장
　㉢ 위원: 소방관서장이 위촉
　　• 과장급 ↑ 소방공무원
　　• 소방기술사, 관리사
　　• 소방 석사학위 ↑
　　• 소방관련업무 + 5년 ↑
　　• 학교, 연구소의 교육・연구 + 5년 ↑
　㉣ 임기: 2년, 한 차례 연임

3 화재안전조사의 실시

① 전문가의 참여
② 증표 제시 / 관계인의 방해금지 / 비밀누설금지

4 화재안전조사 결과의 통보 및 조치명령

① **결과통보**: 서면통지(현장: 부본 교부가능)
② **조치명령**

구분	내용
조치명령	소방관서장 → 관계인
조치명령시기	㉠ 소방대상물의 위치・구조・설비 또는 관리의 상황이 화재예방을 위하여 보완될 필요가 있는 경우 ㉡ 화재가 발생하면 인명 또는 재산의 피해가 클 것으로 예상되는 경우 💡위구설 관보필 / 인명피클 ㉢ 법령위반 건축 또는 설비된 경우 ㉣ 소방시설등, 피난시설, 방화구획, 방화시설 법령 위반된 경우
조치명령 사항	소방대상물의 개수・이전・제거, 사용의 금지 또는 제한, 사용폐쇄, 공사의 정지 또는 중지, 그 밖에 필요한 조치

🌸*관계인의 정당한 업무를 방해,
비밀누설 시 벌칙*

1년 징역, 1천만원 벌금

🌸*화재안전조사 결과에 따른
조치명령을 정당한 사유 없이
위반한 자*

3년 징역, 3천만원 벌금

5 **손실보상**

① **보상권자**: 소방청장 또는 시·도지사

② **보상사유**: 화재안전조사 결과에 따른 조치명령에 따른 명령으로 인하여 손실을 입은 경우

③ **금액기준**: 시가(時價)로 보상 💣 원가

④ **손실보상방법**

　　㉠ 손실을 입은 자와 협의

　　㉡ 협의되지 않은 경우

　　　　• 금액 지급 또는 공탁하고 상대방에게 알림

　　　　• 재결 신청: 30일 이내, 중앙 또는 지방 토지수용위원회에 재결신청

6 **화재안전조사 결과 공개**

① **공개권자**: 소방관서장

② **결과공개 방법**: 전부 또는 일부를 인터넷 홈페이지나 전산시스템 등을 통하여 공개

③ **공개내용**: 소방대상물, 소방시설등, 피난시설, 방화구획 및 방화시설, 대통령령(제조소등, 소방안전관리자 선임, 화재예방안전진단 실시 결과)

　　💡 소방안전관리자 소피 대상 제진단

④ **공개절차, 공개기간 및 공개방법**(대통령령)

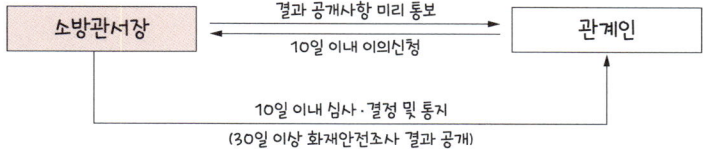

　　㉠ 소방관서장: 관계인 미리 통보

　　㉡ 관계인: 통보를 받은 날로부터 **10일 이내** 이의신청

　　㉢ 소방관서장: 이의신청을 받은 날로부터 **10일 이내** 심사·결정 및 그 결과 지체없이 통보

　　㉣ 소방관서장: **30일 이상** 결과 공개(소방관서 인터넷 홈페이지, 전산시스템)

⑤ **전산시스템의 구축·운영**: ~하여야 한다.

　　㉠ 권한자: 소방청장

　　㉡ 목적: 화재안전조사 결과의 체계적 관리 및 활용

제 4 장 | 화재의 예방조치

1 화재의 예방조치

누구든지 하여서는 아니 되는 행위 [A] (→위반 시: 300만원 이하의 과태료)

1. 금지장소 💡 예방 계석저화 수공사
   ① 화재예방강화지구
   ② 대통령령: 제조소등, 고압가스의 저장소, 액화석유가스의 저장소·판매소, 수소연료공급시설, 수소연료사용시설, 화약류 장소

2. 금지행위 💡 모풍용대(위험)
   [*예외: 흡연실 지정장소, 소화기 소방시설 화재감시자 안전요원, 사전협의]
   ① 모닥불, 흡연 등 화기취급
   ② 풍등 등 소형열기구 날리기
   ③ 용접·용단 등 불꽃을 발생시키는 행위
   ④ 대통령령: 위험물 방치 행위

소방관서장 – 화재예방 조치명령 (→위반 시: 300만원 이하의 벌금)

1. 소방관서장의 명령 💡 목차
   ① A 행위의 금지 또는 제한
   ② 목재, 플라스틱 등 가연성 大 물질 제거, 이격, 적재 ✕
   ③ 소방차량 통행, 소화활동 지장 물건의 이동

2. 옮긴 물건 보관기간 및 경과 후 처리(대통령령)

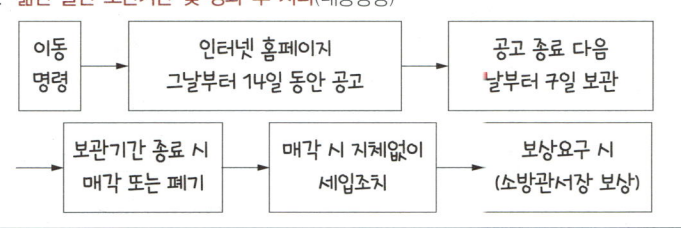

2 불을 사용할 때 지켜야 하는 사항

① 보일러: 사업장, 영업장 등에 사용하는 것(제외: 주택사용 가정용 보일러)
   ㉠ 가연성 벽, 바닥, 천장과 접촉하는 증기기관 또는 연통: 난연성 또는 불연성 단열재
   ㉡ 보일러 ↔ 벽·천장 거리: 0.6m ↑
   ㉢ 실내 설치 시: 콘크리트 바닥 또는 금속 외의 불연재료로 된 바닥 위 설치
   ㉣ 연료의 종류에 따른 설치기준

고체연료(화목 등)	액체연료(경유, 등유 등)	기체연토
㉠ 연료 ↔ 보일러: 불연재료 별도 공간 or 수평거리 2m↑ ㉡ 연통: 천장 0.6m, 연통배출구 건물 밖 0.6m↑ ㉢ 연통의 배출구: 보일러보다 2m↑ 높게 설치 ㉣ 연통 관통 벽면, 지붕: 불연재료 ㉤ 연통재질: 불연재료, 청소구 설치	㉠ 연료탱크 ↔ 보일러: 수평거리 1m↑ ㉡ 연료탱크 ↔ 개폐밸브: 0.5m↓ ㉢ 배관: 여과장치 설치 ㉣ 연료: 사용 허용된 것만 사용 ㉤ 받침대(불연재료) 설치 　: 연료탱크(불연재료) 넘어지지✕	㉠ 연료용기 ↔ 개폐밸브: 0.5m↓ ㉡ 배관: 금속관 💣 경질합성수지관 ㉢ 보일러가 설치된 장소 　– 환기구 설치 　– 가스누설경보기 설치

안전조치 협의신청

안전조치 하려는 자 → 소방관서장

1) 안전조치 하려는 자
   화재예방 안전조치 협의신청서 제출
2) 소방관서장
   화재예방 안전조치 적절성 검토,
   5일 이내 결과 통보

규정

1. 불을 사용할 때 지켜야 하는 사항
   : 대통령령
2. 불을 사용하는 설비의 종류와 세부 관리기준: 시·도의 조례

② 기타

난로	건조설비 [산업용 건조설비(제외: 주택 사용 건조설비)]
㉠ 연통: 천장 0.6m↑, 연통배출구 건물 밖 0.6m↑ ㉡ 가연성 벽, 바닥, 천장과 접촉하는 연통: 난연성 또는 불연성 단열재 ㉢ 이동식 난로 사용 ✕ 　(제외: 쓰러지지 않도록 받침대 고정 OR 쓰러지는 경우 즉시 소화+연료 누출 차단) 　영화상영관, 박물관, 미술관, 공연장, 학원, 숙박업, 식품접객업, 다중이용업소, 목욕장, 　세탁업, 상점가, 가설건축물, 역·터미널, 독서실, 조산원, ~의원, ~병원	㉠ 건조설비 ↔ 벽·천장 거리: 0.5m ↑ ㉡ 건조물품: 열원 직접 접촉 ✕ ㉢ 실내 설치 시: 벽, 천장, 바닥(불연재료) 💣 준불연재료

불꽃을 사용하는 용접·용단기구 (제외:「산업안전보건법」제38조의 적용을 받는 사업장)	노·화덕설비 [제조업, 가공업에서 사용되는 것(제외: 조리용)]
㉠ 작업장 ↔ 소화기: 반경 5m ↓ ㉡ 작업장 ↔ 가연물✕: 반경 10m ↓(제외: 방화포 등 방호조치를 한 경우)	㉠ 실내 설치 시: 흙바닥 또는 금속 외의 불연재료로 된 바닥 설치 ㉡ 설치장소의 벽·천장: 불연재료 ㉢ 주위: 턱 0.1m ↑ ㉣ 시간당 열량 30만kcal ↑ 노 설치 시 　• 주요구조부: 불연재료 이상 　• 창문, 출입구: 60분+ or 60분 방화문 　• 노 주위 공간 확보: 1m ↑

음식조리를 위하여 설치하는 설비	가스·전기시설
㉠ 배출덕트: 0.5mm ↑ 아연도금강판 or 동등 이상의 내식성 불연재료 ㉡ 동물 또는 식물의 기름을 제거할 수 있는 필터 ㉢ 열발생 조리기구 ↔ 반자, 선반: 0.6m ↑ ㉣ 열발생 조리기구 ↔ 0.15m 이내 가연성 주요구조부: 단열성 불연재료	㉠ 가스시설:「고압가스 안전관리법」,「도시가스 사업법」, 　　　　「액화석유가스의 안전관리 및 사업법」 ㉡ 전기시설:「전기사업법」,「전기안전관리법」

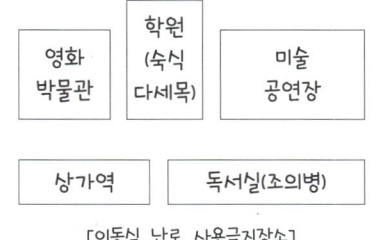

[이동식 난로 사용금지장소]

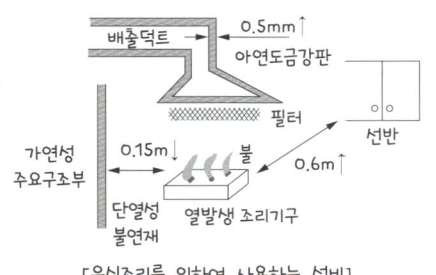

[음식조리를 위하여 사용하는 설비]

🌸 **불을 사용할 때 지켜야 하는 사항을 위반한 자**

200만원 이하의 과태료

🌸 **소화기 1개 이상 배치**

① 보일러
② 난로
③ 건조설비
④ 불꽃을 사용하는 용접·용단기구
⑤ 노·화덕설비가 설치된 장소

3 특수가연물

① **특수가연물**: 화재가 발생하는 경우 불길이 빠르게 번지는 고무류·플라스틱류·석탄 및 목탄 등 💡 면 200원, 대나무 400원 / 넝사볏천 / 가고상, 석목만 / 액이 나무목 10그루, 이발

품명	수량	품명		수량
면화류	200[kg] 이상	가연성액체류		2[m³] 이상
나무껍질 및 대팻밥	400[kg] 이상	목재가공품 및 나무부스러기		10[m³] 이상
넝마 및 종이부스러기	1,000[kg] 이상	고무류·플라스틱류	발포시킨 것	20[m³] 이상
사류(絲類)				
볏짚류			그 밖의 것	3,000[kg] 이상
가연성고체류	3,000[kg] 이상			
석탄·목탄류	10,000[kg] 이상			

규정(대통령령)
1. 특수가연물의 종류
2. 특수가연물의 저장 및 취급기준

② 정의

㉠ 가연성 고체류

가연성 고체류	인화점	연소열량	녹는점(융점)
ⓐ	40 ~ 100℃ 미만	–	–
ⓑ	100 ~ 200℃ 미만	8kcal/g 이상	–
ⓒ	200℃ 이상	8kcal/g 이상	100℃ 미만
ⓓ	1기압과 20 ~ 40℃ 이하에서 액상인 것으로서 인화점이 70 ~ 200℃ 미만이거나 ⓑ 또는 ⓒ에 해당하는 것		

㉡ 가연성 액체류

가연성 액체류	1기압, 20℃	가연성액체량	인화점	연소점
ⓐ	액상	40wt% 이하	40 ~ 70℃ 미만	60℃ 이상
ⓑ	액상	40wt% 이하	70 ~ 250℃ 미만	–
ⓒ	동물의 기름기와 살코기 또는 식물의 씨나 과일의 살로부터 추출한 것으로서 다음에 해당하는 것 • 1기압과 20℃에서 액상이고 인화점이 250℃ 미만인 것으로서 「위험물안전관리법」의 규정에 의한 용기기준과 수납·저장기준에 적합하고 용기외부에 물품명·수량 및 "화기엄금" 등의 표시를 한 것 • 1기압과 20℃에서 액상이고 인화점이 250℃ 이상인 것			

㉢ 사류: 불연성 또는 난연성이 아닌 실과 누에고치

㉣ 볏짚류: 마른 볏짚·북데기와 이들의 제품 및 건초 (＊제외: 축산용도 사용하는 것)

③ **특수가연물의 저장 및 취급기준**(※ 석탄·목탄류를 발전용으로 저장하는 경우 제외)

구분		일반	살수설비, 대형수동식소화기
품명		품명별로 구분하여 쌓을 것	
쌓는 높이		10m 이하	15m 이하
쌓는 부분의 바닥면적	일반	50m² 이하	200m² 이하
	석탄, 목탄류	200m² 이하	300m² 이하
실외에 쌓아 저장하는 경우		대지경계선, 도로, 인접건축물과 최소 6m 이상의 간격 (제외: 쌓는 높이보다 0.9m 이상 높은 내화구조의 벽 설치 시)	
실내에 쌓아 저장하는 경우		주요구조부 내화구조 & 불연재료, 다른 종류의 특수가연물과 같은 공간 보관불가 (제외: 내화구조의 벽으로 분리하는 경우) 💣방화구조	
쌓는 부분의 바닥면적 사이 간격	실내	1.2m 또는 쌓는 높이의 1/2 중 큰 값	
	실외	3m 또는 쌓는 높이 중 큰 값	

💠 **특수가연물의 저장 및 취급 기준 위반한 자**

200만원↓ 과태료

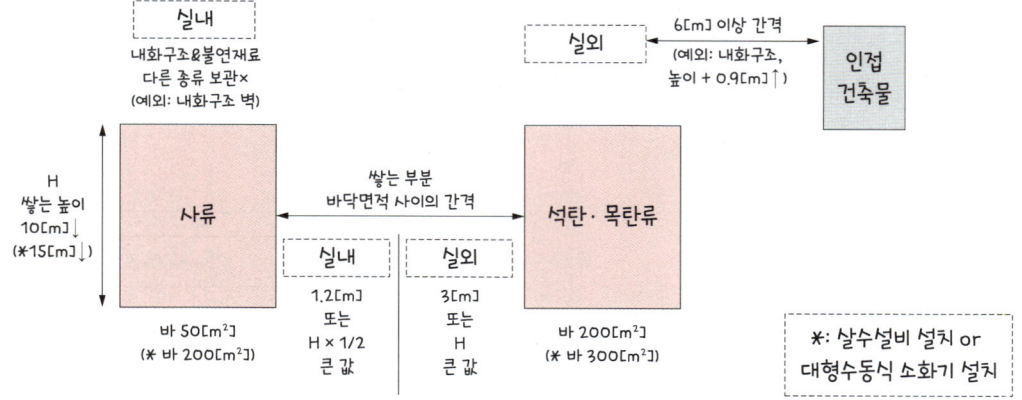

④ **특수가연물의 표지** → 보기 쉬운 곳에 설치할 것

특수가연물	
화기엄금	
품명	합성수지류
최대저장수량 (배수)	000톤(00배)
단위부피당 질량 (단위체적당 질량)	000kg/m³
관리책임자(직책)	우선주 과장
연락처	02-000-0000

㉠ 크기: 한변의 길이 0.3m ↑, 다른 한변의 길이 0.6m ↑ 직사각형
㉡ 기재사항
  ⓐ 화기취급의 금지표시
  ⓑ 품명
  ⓒ 최대저장수량(배수)
  ⓓ 단위체적당 질량 또는 단위부피당 질량
  ⓔ 관리책임자 성명 및 직책
  ⓕ 관리책임자의 연락처 **💣선임일자**
㉢ 표지: 바탕(흰색), 문자(검은색)(※제외: "화기엄금" 표시부분)
㉣ 화기엄금 표시부분: 바탕(붉은색), 문자(백색)

4 화재예방강화지구

① **지정권자**: 시·도지사(*소방청장 지정요청가능)
② **종류** 💡 **시공창 목노위 석산소방물**
  ㉠ **시장**지역
  ㉡ **공장·창**고가 밀집한 지역
  ㉢ **목조**건물이 밀집한 지역
  ㉣ **노후·**불량건축물이 밀집한 지역
  ㉤ **위험**물의 저장 및 처리 시설이 밀집한 지역
  ㉥ **석유**화학제품을 생산하는 공장이 있는 지역
  ㉦ 「산업입지 및 개발에 관한 법률」에 따른 **산업**단지
  ㉧ **소방**시설·소방용수시설 또는 소방출동로가 없는 지역
  ㉨ 「물류시설의 개발 및 운영에 관한 법률」에 따른 물류단지
  ㉩ 그 밖에 ㉠부터 ㉨까지에 준하는 지역으로서 소방관서장이 화재예방강화지구로 지정할 필요가 있다고 인정하는 지역
③ **화재안전조사**
  ㉠ 소방관서장, 연 1회 이상(~하여야 한다.)
  ㉡ 소방설비등의 설치 명령가능(→ 위반 시: 200만원 이하의 과태료)
④ **소방훈련 및 교육**: 소방관서장, 연 1회 이상, 10일 전까지 통보(~할 수 있다.)

⑤ **관리대장**: 시·도지사, 매년 작성 및 관리 💡 **대장 조지고 훈교 예썰!**

　⊙ 화재예방강화지구의 **지**정 현황　　　　　　ⓒ 화재안전**조**사의 결과

　ⓒ 소방설비등의 **설**치 명령 현황　　　　　　ⓔ 소방**훈**련의 실시 현황

　ⓜ 소방**교**육의 실시 현황　　　　　　　　　ⓗ 그 밖에 화재**예**방 강화를 위하여 필요한 사항

⑥ **화재의 예방 등에 대한 지원**

　⊙ 소방청장의 지원: 소방설비등의 설치에 대한 필요한 지원가능, 협조요청가능

　ⓒ 시·도지사의 지원: 소방설비등의 설치에 필요한 비용 지원가능(시·도의 조례)

5 화재 위험경보

| 소방관서장 | → 기상현상 및 기상영향에 대한 **예보, 특보, 태풍예보** 시 화재발생위험↑
위험경보 발령(행정안전부령) → | 일반인 |

6 화재안전영향평가 및 화재안전영향평가심의회

① **화재안전영향평가 실시권자**: 소방청장(~할 수 있다.)

② **평가사유**: 화재발생 원인 및 연소과정을 조사·분석하는 등의 과정에서 **법령**이나 **정책**의 **개선**이 필요하다고 인정되는 경우

③ **평가목적**: 그 법령이나 정책에 대한 화재 위험성의 유발요인 및 완화 방안 마련

④ **화재안전영향평가의 방법, 절차, 기준**(대통령령)

　⊙ 방법: 화재·피난 모의실험 실시, 관련 자료의 제출 요청

　ⓒ 화재안전영향평가의 기준 확정: 화재위험 **유**발요인, 화재**확**산경로에 미치는 영향, **사**회경제적 파급효과, 법령이나 **정책**의 개선방안 💡 **유사확정!**

⑤ **화재안전영향평가심의회**: ~할 수 있다.

　⊙ 구성·운영권자: 소방청장

　ⓒ 심의회의 구성: **12명** 이내의 위원(위원장 1명 포함)

　ⓒ 위원(대통령령)

구분		내용
위원의 구성	화재안전 관련 법령이나 정책 담당 직원	ⓐ **행**정안전부, **국**토교통부, **보**건복지부, **고**용노동부, **기**후에너지환경부 + 고위공무원단에 속하는 일반직공무원 + 해당 중앙행정기관의 장 지명 💡 **보고 국가행** ⓑ 소방청 + 소방준감↑ 소방공무원 + 소방청장 지명
	화재안전 관련 분야의 전문가	ⓐ 소방기술사 ⓑ 안전원, 기술원, 화재보험협회, 가스안전공사, 전기안전공사 + 화재안전 관련 업무 수행 ⓒ 학교 또는 연구기관 + 부교수↑
위원의 임기	2년, 한 차례만 연임가능	

　ⓔ 운영(대통령령): 전문위원회 둘 수 있음, 위원 경비 지급가능

7 화재안전취약자에 대한 지원

구분	내용
목적	소방용품의 제공 및 소방시설의 개선 등
권한자	소방관서장
지원대상 (대통령령) 💡중장기 관서장 노한대	① 중증장애인 ② 홀로 사는 노인 ③ 기초생활수급자 ④ 한부모가족 지원대상자 ⑤ 소방관서장이 인정하는 사람 ⑥ 다문화가족
지원사항 (대통령령)	① 소방시설등의 안전점검 ② 소방시설등의 설치 및 개선 ③ 소방용품의 제공 ④ 전기·가스 등 화재위험 설비의 점검 및 개선 ⑤ 그 밖에 화재안전취약자의 화재안전을 위하여 필요하다고 인정되는 사항
규정한 사항 외 필요한 사항	소방청장

안전취약계층(재난법)

13세 ↓ 어린이, 65세 ↑ 노인, 장애인 등

1 특정소방대상물의 소방안전관리

소방안전관리대상물의 관계인 ──선임──▶ 소방안전관리자 및 소방안전관리보조자

＊ 겸직금지: 특급, 1급 소방안전관리자
＊ 업무대행감독자: 3개월 이내 교육

① 소방안전관리자의 선임대상, 자격 및 인원기준(대통령령)

	특급 소방안전관리대상물(겸직불가)		1급 소방안전관리대상물(겸직불가)
대상물	㉠ 50층 ↑(지하층 제외) or 높이 200m ↑ 아파트 ㉡ 30층 ↑(지하층 포함) or 높이 120m ↑(아파트 제외) ㉢ 연면적 10만m² ↑(아파트는 제외)	대상물	㉠ 30층 ↑(지하층 제외) or 높이 120m ↑ 아파트 ㉡ 지상층 11층 ↑(아파트 제외) ㉢ 연면적 1만5천m² ↑(아파트 및 연립주택은 제외) ㉣ 가연성가스 1천톤 ↑ 저장·취급
선임 자격	㉠ 소방기술사 or 소방시설관리사의 자격 ㉡ 소방설비기사 + 1급 소방안전관리자 실무경력(5년 ↑) ㉢ 소방설비산업기사 + 1급 소방안전관리자 실무경력(7년 ↑) ㉣ 소방공무원 + 근무경력(20년 ↑) ㉤ 특급 소방안전관리대상물의 시험 합격	선임 자격	㉠ 소방설비기사 or 산업기사의 자격 ㉡ 소방공무원 + 근무경력(7년 ↑) ㉢ 1급 소방안전관리대상물의 시험 합격 ㉣ 특급 소방안전관리자 자격증을 발급받은 사람
인원	1명 이상	인원	1명 이상
제외	동·식물원, 철강 등 불연성 물품을 저장·취급하는 창고, 위험물 저장 및 처리시설 중 제조소등, 지하구 💡 불위동지		

	2급 소방안전관리대상물(겸직가능)		3급 소방안전관리대상물(겸직가능)
대상물	㉠ 옥내소화전설비, 스프링클러설비, 물분무등소화설비 설치 (호스릴 방식의 물분무등소화설비만 설치한 경우 제외) ㉡ 가스 제조설비를 갖추고 도시가스사업의 허가를 받아야 하는 시설 or 가연성 가스 100톤 ~ 1천톤 저장·취급 ㉢ 지하구 ㉣ 공동주택(옥내소화전설비 또는 스프링클러설비가 설치된 공동주택에 한정) ㉤ 보물 또는 국보로 지정된 목조건축물	대상물	㉠ 간이스프링클러설비(주택전용 간이스프링클러설비 제외) 설치 ㉡ 자동화재탐지설비 설치

🌸소방공무원 경력

1. 특급: 소공 + 20년
2. 1급: 소공 + 7년
3. 2급: 소공 + 3년
4. 3급: 소공 + 1년

🌸소방안전관리자 관련 벌칙

1. 선임×: 300만원 이하의 벌금
2. 겸직: 300만원 이하의 과태료

선임 자격	㉠ 위험물기능장, 위험물산업기사 or 위험물기능사 자격 ㉡ 소방공무원 + 근무경력(3년 ↑) ㉢ 2급 소방안전관리대상물의 시험 합격 ㉣ 특급 or 1급 소방안전관리자 자격증을 발급받은 사람 ㉤ 기업활동 규제완화에 관한 특별조치법 소방안전관리자 선임 　　(소방안전관리자로 선임된 기간 한정)	선임 자격	㉠ 소방공무원 + 근무경력(1년 ↑) ㉡ 3급 소방안전관리대상물의 시험 합격 ㉢ 특급 or 1급 or 2급 소방안전관리자 자격증을 발급받은 사람 ㉣ 기업활동 규제완화에 관한 특별조치법 소방안전관리자 선임 　　(소방안전관리자로 선임된 기간 한정)
인원	1명 이상	인원	1명 이상

② 소방안전관리보조자의 선임대상, 자격 및 인원기준(대통령령)

선임대상물	선임인원
㉠ 아파트(300세대↑)	1명. 초과되는 300세대마다 1명 이상 추가 선임
㉡ 연면적 1만5천m²↑(아파트 및 연립주택 제외)	1명. 초과되는 연면적 1만5천m²마다 1명 이상 추가 선임 (방재실 자위소방대 24시간 상시 근무 + 소방자동차 운용: 3만m²)
㉢ 공동주택 중 기숙사, 의료시설, 노유자시설, 수련시설, 숙박시설 💡 노숙의 기수 　　(제외: 바닥면적의 합계 1천5백m² 미만인 숙박시설 + 관계인 24시간 상시 근무)	1명. 소방서장 야간 or 휴일 해당 특정소방대상물 이용✕ 확인 경우 소방안전관리보조자 선임✕

선임자격
㉠ 특급, 1급, 2급 또는 3급 소방안전관리대상물의 소방안전관리자 자격이 있는 사람 ㉡ 건축, 기계제작, 기계장비설비·설치, 화공, 위험물, 전기, 안전관리에 해당하는 국가기술자격이 있는 사람 ㉢ 공공기관의 강습교육을 수료한 사람 ㉣ 특급, 1급, 2급 또는 3급 소방안전관리대상물의 소방안전관리에 대한 강습교육을 수료한 사람 ㉤ 소방안전관리대상물에서 소방안전 관련 업무에 2년 ↑ 근무한 경력이 있는 사람(→ 최초교육 3개월↓)

③ 특정소방대상물의 관계인 및 소방안전관리대상물의 소방안전관리자 수행업무

(*㉠·㉡·㉢·㉥의 업무: 소방안전관리대상물의 경우만 해당) [→ 업무수행✕: 300만원 이하의 과태료]

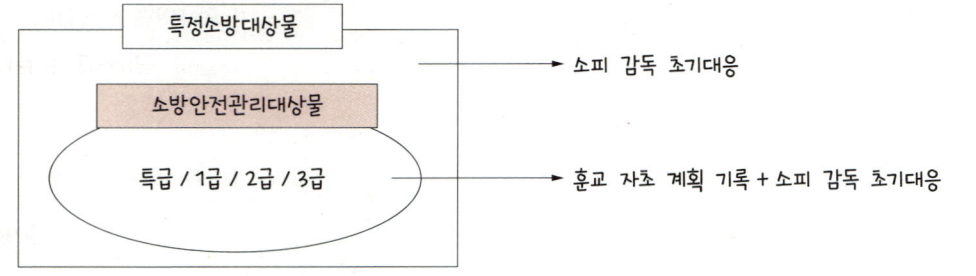

⚙️수행업무

1. 특정소방대상물(소방안전관리대상물
　제외): ㉢㉣㉤㉥㉦
2. 소방안전관리대상물: ALL
3. 업무대행: ㉡㉣
4. 기록유지: ㉢㉣㉧

    ㉠ 피난계획에 관한 사항과 대통령령으로 정하는 사항이 포함된 소방계획서의 작성 및 시행

    ㉡ 자위소방대 및 초기대응체계의 구성, 운영 및 교육

    ㉢ 피난시설, 방화구획 및 방화시설의 관리

    ㉣ 소방시설이나 그 밖의 소방 관련 시설의 관리

    ㉤ 소방훈련 및 교육

    ㉥ 화기 취급의 감독

    ㉦ 행정안전부령으로 정하는 바에 따른 소방안전관리에 관한 업무수행에 관한 기록·유지("㉢"·"㉣" 및 "㉥"의 업무를 말한다)

    ㉧ 화재발생 시 초기대응

    ㉨ 그 밖에 소방안전관리에 필요한 업무 💡 훈교 자초 계획 기록 + 소피 감독 초기대응

④ **소방계획서의 포함사항**(대통령령)

    ㉠ 소방안전관리대상물의 위치·구조·연면적·용도 및 수용인원 등 일반 현황

    ㉡ 소방안전관리대상물에 설치한 소방시설·방화시설, 전기시설·가스시설 및 위험물시설의 현황

    ㉢ 화재 예방을 위한 자체점검계획 및 대응대책

    ㉣ 소방시설·피난시설·방화시설의 점검·정비계획 💥 설치 및 시공계획

    ㉤ 피난층·피난시설의 위치, 피난경로의 설정, 화재안전취약자의 피난계획 등을 포함한 피난계획

    ㉥ 방화구획, 제연구획, 건축물의 내부 마감재료, 방염물품의 사용현황, 방화구조 및 설비의 유지·관리계획

    ㉦ 소방훈련, 교육 계획

    ㉧ 소방안전관리대상물의 근무자·거주자의 자위소방대 조직과 대원의 임무(화재안전 취약자의 피난보조 업무 포함)

    ㉨ 화기 취급 작업에 대한 사전 안전조치 및 감독 등 공사 중 소방안전관리

    ㉩ 관리의 권원이 분리된 특정소방대상물의 소방안전관리

    ㉪ 소화와 연소 방지

    ㉫ 위험물의 저장·취급(예방규정을 정하는 제조소등 제외)

    ㉬ 소방안전관리에 대한 업무수행에 관한 기록 및 유지

    ㉭ 화재발생 시 화재경보, 초기소화 및 피난유도 등 초기대응

⑤ **소방안전관리 업무수행 기록·유지**(행정안전부령)

    ㉠ 기록의 작성주기: 월 1회 이상

    ㉡ 보관기간: 2년간 보관

⑥ **자위소방대와 초기대응체계의 구성, 운영 및 교육**(행정안전부령)

    ㉠ 편성 및 운영권자: 소방안전관리대상물의 소방안전관리자

    ㉡ 기능: 응급구조 및 방호안전기능 추가 수행할 수 있도록 편성가능 💡 연초 유응방 피해

      • 화재 발생 시 비상연락, 초기소화 및 피난유도

      • 화재 발생 시 인명·재산피해 최소화를 위한 조치

    ㉢ 자위소방대(초기대응체계 포함)의 소집 및 편성 상태 점검: 연 1회 이상, 편성상태 점검 및 소방교육 실시(소방훈련과 병행)

ⓔ 구성: 대장(1명), 부대장(1명), 비상연락팀(화재사실의 전파·신고), 초기소화팀(초기화재 진압 활동), 피난유도팀(이동이 어려운 사람 대피업무), 응급구조팀(인명구조, 부상자 응급조치), 방호안전팀(화재확산방지·위험시설 비상정지) 💡 부대 연초 유응방

ⓜ 지침작성(소방청장), 지침준수 지도(소방본부장 또는 소방서장)

⑦ **소방안전관리업무의 대행**(대통령령)

ⓐ 업무대행 소방안전관리대상물
- 지상층의 11층 ↑ 1급 소방안전관리대상물(제외: 연면적 1만5천m² ↑ 특정소방대상물, 아파트)
- 2급 및 3급 소방안전관리대상물

ⓑ 대행 업무
- 피난시설, 방화구획 및 방화시설의 관리
- 소방시설이나 그 밖의 소방 관련 시설의 관리

ⓒ 업무대행 인력의 배치기준(행정안전부령)

소방안전관리대상물의 등급	설치된 소방시설의 종류	대행인력의 기술등급
1급 또는 2급	스프링클러설비(화재조기진압용 스프링클러설비 포함), 물분무등소화설비(호스릴방식 제외), 제연설비	중급점검자 이상 1명 ↑
	옥내소화전설비, 옥외소화전설비	초급점검자 이상 1명 ↑
3급	자동화재탐지설비, 간이스프링클러설비	초급점검자 이상 1명 ↑

[비고] 연면적 5천m² 미만 + 스프링클러설비 설치 + 1급 또는 2급 소방안전관리대상물: 초급점검자 배치가능(제외: 스프링클러설비 외에 제연설비 또는 물분무등소화설비가 설치된 경우)

⑧ **소방안전관리자 정보의 게시**(행정안전부령)

ⓐ 소방안전관리대상물의 명칭 및 등급 💣 용도, 수용인원

ⓑ 소방안전관리자의 성명 및 선임일자

ⓒ 소방안전관리자의 연락처

ⓓ 소방안전관리자의 근무 위치(화재수신기 또는 종합방재실을 말한다) 💣 소방펌프실

→ 게시하지 아니한 자: 200만원↓ 과태료

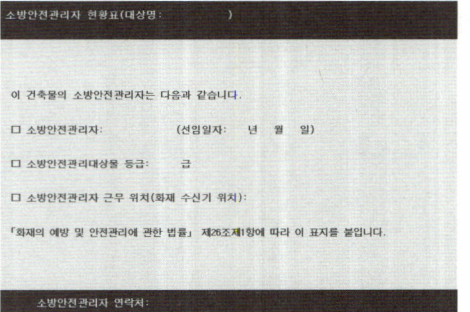

참고 표지의 작성사항 비교정리

구분	작성사항	성명	직명	연락처	선임일자
특수가연물의 표지 (예방법)	품명, 최대저장수량, 단위부피당 질량 또는 단위체적당 질량, 관리책임자 성명·직책, 연락처, 화기취급의 금지표시	○	○	○	×
소방안전관리자 정보의 게시 (예방법)	소방안전관리대상물의 명칭 및 등급, 소방안전관리자의 성명 및 선임일자, 연락처, 소방안전관리자의 근무위치(화재수신기 또는 종합방재실)	○	×	○	○
제조소의 게시판 (위험물법)	위험물의 유별·품명, 저장최대수량 또는 취급최대수량, 지정수량의 배수, 안전관리자의 성명 또는 직명	○	○	×	×

⑨ 소방안전관리자 선임신고절차(행정안전부령) [* 신고 ×: 200만원↓ 과태료]

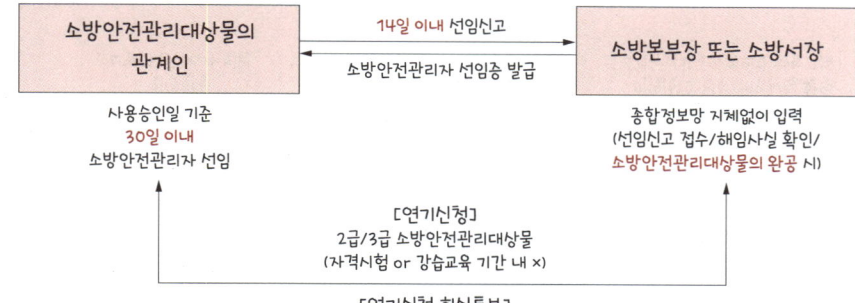

⑩ 소방안전관리보조자 선임신고절차(행정안전부령) [* 신고 ×: 200만원↓ 과태료]

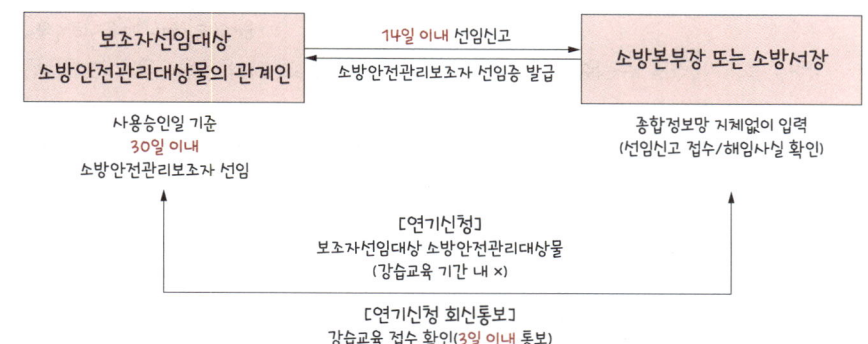

☼300만원 이하의 벌금

1. 법령위반 발견 시 조치요구×
   소방안전관리자
2. 불이익한 처우를 한 관계인

☼300만원 이하의 과태료

소방안전관리업무의 지도·감독을 하지 아니한 관계인

☼3년↓ 징역, 3천만원↓ 벌금

정당한 사유 없이 선임명령, 업무 이행 명령 위반한 자

⑪ 관계인 등의 의무 및 소방안전관리자 선임명령 등

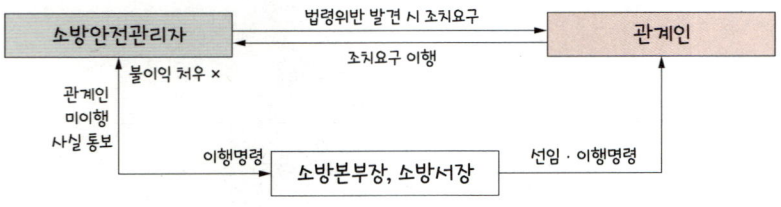

⑫ 건설현장 소방안전관리
　　㉠ 선임대상(연면적: 신축·증축·개축·재축·이전·용도변경·대수선하려는 부분) [대통령령]
　　　　• 연면적의 합계 1만5천m² ↑
　　　　• 연면적 5천m² ↑: 냉동창고, 냉장창고, 냉동·냉장창고 / 지하층의 층수가 2개 층 이상 / 지상층의 층수가 11층 이상
　　㉡ 업무 💡훈교 초 계획 + 소피 감독 💣자위소방대, 기록, 초기대응
　　　　• 건설현장의 소방계획서의 작성
　　　　• 공사진행 단계별 피난안전구역, 피난로 등의 확보와 관리
　　　　• 초기대응체계의 구성·운영 및 교육
　　　　• 그 밖에 건설현장의 소방안전관리와 관련하여 소방청장이 고시하는 업무

　　　　• 임시소방시설의 설치 및 관리에 대한 감독
　　　　• 건설현장의 작업자에 대한 소방안전 교육 및 훈련
　　　　• 화기취급의 감독, 화재위험작업의 허가 및 관리
　　㉢ 선임신고

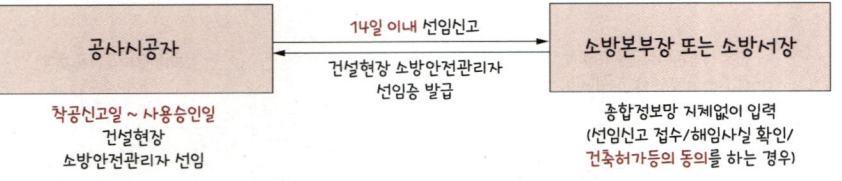

> 🌸 **건설현장 소방안전관리자 관련 벌칙**
> 1. 선임✕: 300만원↓ 벌금
> 2. 업무✕: 300만원↓ 과태료
> 3. 신고✕: 200만원↓ 과태료

② 소방안전관리자 자격 및 자격증의 발급

① 소방안전관리자의 자격증 발급권자: 소방청장
② 소방안전관리자 자격증의 재발급
　　㉠ 재발급 신청이 가능한 경우
　　　　• 자격증을 잃어버린 경우
　　　　• 자격증이 헐어 못쓰게 된 경우
　　㉡ 재발급 권한자 및 기한: 소방청장, 3일 이내
③ 소방안전관리자 자격증의 대여 및 알선금지

3 소방안전관리자 자격의 정지 및 취소

① 자격의 정지 및 취소권자: 소방청장

② 자격의 정지 및 취소 → 자격취소 시 2년간 자격증 발급 불가

자격취소	㉠ 거짓이나 그 밖의 부정한 방법으로 소방안전관리자 자격증을 발급받은 경우
	㉡ 소방안전관리자 자격증을 다른 사람에게 빌려준 경우
자격정지	㉢ 소방안전관리업무를 게을리한 경우
	㉣ 실무교육을 받지 아니한 경우
	㉤ 이 법 또는 이 법에 따른 명령을 위반한 경우

자격증 대여 시 벌칙

1년 징역 / 1천만원 벌금

참고 소방안전관리자의 선임절차 개요도

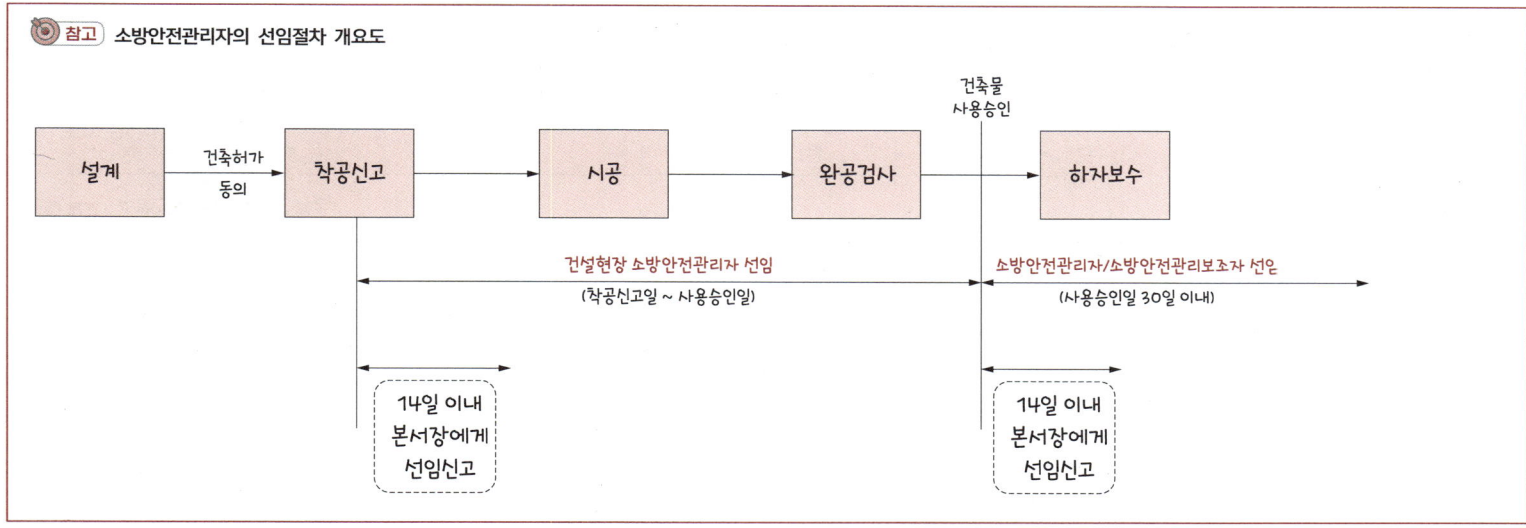

4 소방안전관리자 자격시험

① 자격시험 응시자격(대통령령)

구분	소방안전관리자 경력	소방안전관리보조자 경력	경찰공무원, 의용소방대원	자체소방대원	경호공무원, 별정직공무원	소방안전 관리학과	소방행정학 소방안전공학	기타
특급	1급 + 5년	특급 + 10년 (1급자격 + 특급, 1급 + 7년)	–	–	–	졸업 + 2년↑ 1급	석사↑ + 2년↑	소방공무원 + 10년 총괄재난관리자 + 1년
1급	2급 + 5년	2급자격 + 특급, 1급 + 5년 2급자격 + 2급 + 7년	–	–	–	졸업 + 2년↑ 2급, 3급	석사↑	
2급	3급 + 2년	특급, 1급, 2급, 3급 + 3년	3년	3년	2년	졸업		군부대, 의무소방대의 소방대원 + 1년 소방본부·서 + 화재진압 업무 + 1년
3급	–	특급, 1급, 2급, 3급 + 2년	2년	1년	1년			

② 자격시험에 필요한 사항(행정안전부령)

구분	권한자	시험주기	시험공고	합격자 발표
내용	소방청장	㉠ 특급: 연 2회↑(1차, 2차) ㉡ 1급, 2급, 3급: 월 1회↑	㉠ 공고자: 소방청장 ㉡ 시기: 30일 전 ㉢ 방법: 인터넷	㉠ 발표자: 소방청장 ㉡ 시기: 특급(60일 이내) 기타(30일 이내)

> 참고 **소방안전관리대상물의 특징**
>
> | 구분 | 특급 | 1급 | 2급 | 3급 |
> |---|---|---|---|---|
> | 소방안전관리자 겸직 | × | × | ○ | ○ |
> | 소방안전관리자 선임연기신청 | 불가능 | 불가능 | 가능 | 가능 |
> | 안전관리 기록주기 | 월 1회↑ | 월 1회↑ | 월 1회↑ | 월 1회↑ |
> | 자격시험주기 | 연 2회↑ | 월 1회↑ | 월 1회↑ | 월 1회↑ |
> | 시험결과 발표 | 60일 | 30일 | 30일 | 30일 |

③ 자격시험위원(행정안전부령)

㉠ 소방 관련 분야 석사↑

㉡ 소방안전 관련 학과 + 조교수↑ + 2년↑

㉢ 소방위↑ + 소방공무원

㉣ 소방기술사, 소방시설관리사 등

5 **소방안전관리자 종합정보망의 구축·운영**

① **구축·운영권자**: 소방청장
② **관리정보**: 소방안전관리자 선임신고, 해임사실 확인, 시험합격자 및 자격증 발급, 정지·취소처분, 교육실시현황

6 **소방안전관리자 등에 대한 교육**

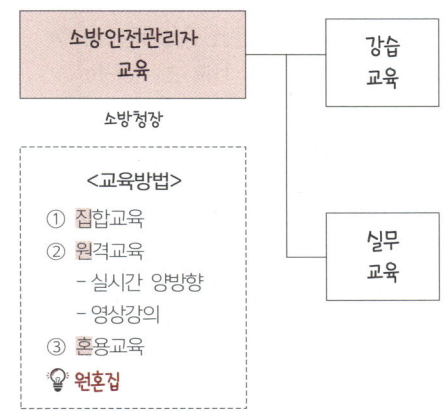

소방안전관리자
교육

소방청장

<교육방법>
① 집합교육
② 원격교육
 - 실시간 양방향
 - 영상강의
③ 혼용교육
💡 원혼집

강습교육

① 특급(160h), 1급(80h), 2급(40h), 3급(24h) 또는 공공기관(40h) 소방안전관리자가 되려는 사람
② 업무대행감독 소방안전관리자(16h)
③ 건설현장 소방안전관리자(24h)
→ 교육의 실시계획: 소방청장, 매년
→ 공고: 20일 전, 소방청장(인터넷 홈페이지 공고)

실무교육

① 소방안전관리자(8h) 및 소방안전관리보조자(4h)
② 업무대행감독 소방안전관리자
→ 교육의 실시계획: 소방청장, 매년
→ 통보: 30일 전, 소방청장
→ 주기: 2년마다(최초 교육 6개월 이내), 교육받은 후 1년 이내 선임 시 실무교육 인정

> <실무교육 수료자명부 통보>
> ① 소방청장 → 소방본부장 또는 소방서장: 매월 15일까지 실무교육 수료자명부 통보

7 **관리의 권원이 분리된 특정소방대상물의 소방안전관리**

① **선임자**: 관리의 권원별 관계인
② **선임대상** → 소유권, 관리권, 점유권에 따라 각각 선임 💡 복삼(3) 11마리 지하 판매 시장
 ㉠ 복합건축물(지하층을 제외한 층수가 11층 이상 또는 연면적 3만제곱미터 이상인 건축물)
 ㉡ 지하가
 ㉢ 판매시설 중 도매시장, 소매시장 및 전통시장(대통령령)
③ **관리의 권원별 소방안전관리자 선임**: ②에도 불구하고 다음의 표에 따라 선임가능

관리의 권원	소방안전관리자의 선임
1. 법령 또는 계약 등에 따라 공동으로 관리하는 경우	하나의 관리권원으로 보아 소방안전관리자 1명 선임
2. 화재수신기 또는 소방펌프(가압송수장치 포함)가 별도로 설치되어 있는 경우	설치된 화재 수신기 또는 소화펌프가 화재를 감지·소화 또는 경보할 수 있는 부분을 각각 하나의 권원으로 보아 각각 소방안전관리자 선임
3. 하나의 화재 수신기 및 소화펌프(가압송수장치 포함)가 설치된 경우	하나의 관리 권원으로 보아 소방안전관리자 1명 선임

✿**최초 교육 시기**

1. 3개월 이내
 소방안전관리 업무대행의 감독권자,
 소방안전관리보조자(경력+2년)
2. 6개월 이내
 소방안전관리자,
 소방안전관리보조자 등 대다수
3. 1년 이내
 화재조사전담부서 배치된
 화재조사관

✿**실무교육 받지 아니한 경우**

100만원↓ 과태료

✿**강습/실무교육 강사**

1. 안전원 직원
2. 소방기술사
3. 소방시설관리사
4. 소방안전 관련 학과에서 부교수 이상의 직(職)에 재직 중이거나 재직한 사람
5. 소방안전 관련 분야에서 석사 이상의 학위를 취득한 사람
6. 소방공무원으로 5년 이상 근무한 사람
7. 소방안전관리업무에 관한 전문적 지식과 경험이 있다고 소방청장이 인정하는 사람

④ 소방본부장 또는 소방서장에 의한 관리의 권원 및 소방안전관리자 조정 선임

  ㉠ 관리의 권원 조정 선임 권한자: 소방본부장 또는 소방서장

  ㉡ 조정 목적: 관리의 권원이 많아 효율적인 소방안전관리가 이루어지지 않는다고 판단되는 경우

⑤ 총괄소방안전관리자: 특정소방대상물의 전체에 걸쳐 소방안전관리 업무

  ㉠ 선임방법: 권원별 소방안전관리자 中 선임 or 별도 선임

  ㉡ 선임자격(대통령령): 소방안전관리대상물의 등급별 선임자격(권원분리 특정소방대상물: 해당 특정소방관리대상물 전체를 기준으로 등급결정)

⑥ 공동소방안전관리협의회

  ㉠ 구성(총괄소방안전관리자등)

    • 총괄소방안전관리자

    • 권원별 선임된 소방안전관리자 **🔥 관계인

  ㉡ 협의사항 및 공동수행업무 💡훈교 계획 + 소피 🔥자초, 기록, 초기대응, 감독

    • 특정소방대상물 전체의 소방계획 수립 및 시행에 관한 사항

    • 특정소방대상물 전체의 소방훈련 및 교육의 실시에 관한 사항

    • 공용 부분의 소방시설 및 피난·방화 시설의 유지·관리에 관한 사항

    • 그 밖에 공동 소방안전관리에 필요한 사항

8 피난계획의 수립 및 시행

① 수립·시행권자: 소방안전관리대상물의 관계인(피난경로 포함)

② 포함사항

  ㉠ 화재경보의 수단 및 방식

  ㉡ 층별, 구역별 피난대상 인원의 연령별·성별 현황

  ㉢ 피난약자의 현황

  ㉣ 각 거실에서 옥외(옥상 또는 피난안전구역 포함)로 이르는 피난경로

  ㉤ 피난약자 및 피난약자를 동반한 사람의 피난동선과 피난방법

  ㉥ 피난시설, 방화구획, 그 밖에 피난에 영향을 줄 수 있는 제반 사항

③ 피난유도 안내정보의 제공(행정안전부령) [→위반 시: 300만원↓ 과태료]

  ㉠ 피난안내교육 실시: 연 2회

  ㉡ 피난안내방송 실시: 분기별 1회 ↑

  ㉢ 피난안내도 게시: 층마다 보기 쉬운 위치

  ㉣ 피난안내영상 제공: 엘리베이터, 출입구 등 시청용이한 장소

총괄소방안전관리자 선임X 벌칙

300만원↓ 벌금

9 **소방안전관리대상물 근무자 및 거주자 등에 대한 소방훈련**

① 소방훈련 및 교육: 소방안전관리대상물의 관계인 → 근무자 및 거주자 등(~하여야 한다.) [* 훈련·교육 ×: 300만원↓ 과태료]

② 소방훈련 및 교육의 지도·감독: 소방본부장, 소방서장

③ 소방훈련: 소화·통보·피난 등 훈련 + 소방안전관리 필요 교육(피난훈련은 출입하는 사람을 안전 장소 대피 및 유도훈련 포함)

④ 소방훈련 및 교육(행정안전부령)

구분	내용
실시주기	연 1회 ↑ (소방본부장 또는 소방서장: 2회의 범위 추가 실시 요청가능)
결과보관	2년간 보관
특급/1급 소방안전관리대상물	㉠ 소방본부장, 소방서장 → 소방기관과 합동훈련 실시명령 가능(장비 및 교재 갖출 것) ㉡ 훈련 및 교육 결과의 제출: 30일 이내 (* 제출 ×: 200만원↓ 과태료)

⑤ 불시 소방훈련 및 교육

구분	내용
실시권자	소방본부장 또는 소방서장(~할 수 있다.)
교육 대상 특정소방대상물 (대통령령) 💡의교노	㉠ 의료시설 ㉡ 교육연구시설 ㉢ 노유자시설 ㉣ 불특정 다수의 인명피해우려 + 소방본·서장 필요인정 특정소방대상물
통지방법 (행정안전부령)	소방본부장 또는 소방서장 → 관계인(10일 전까지, 사전통지)
결과평가 (행정안전부령)	㉠ 평가계획의 사전수립권자: 소방본부장, 소방서장 ㉡ 평가내용: 내용 적절성, 유형 및 방법의 적합성, 참여인력, 시설 및 장비 등의 적정성, 여건 및 참여도 등 💡내 방 인자, 시장통이여 ~ 참 ㉢ 평가방법: 현장평가 원칙 + 필요 시 서면평가 등 병행가능 ㉣ 평가결과: 소방본부장 또는 소방서장 → 관계인(10일 이내, 결과서 통지)

10 **특정소방대상물 관계인에 대한 소방안전교육**

① 소방안전교육: 소방본부장, 소방서장 → 소방안전관리대상물 해당 × 특정소방대상물의 관계인(~할 수 있다.)

② 소방안전교육의 통보: 10일 전까지 통보

③ 교육대상(관할 소방서장이 소방안전교육이 필요하다고 인정하는 사람)

　　㉠ 소화기 또는 비상경보설비가 설치된 공장·창고 등 특정소방대상물

　　㉡ 그 밖에 관할 소방본부장 또는 소방서장이 화재에 대한 취약성이 높다고 인정하는 특정소방대상물

참고 소방훈련 및 교육

대상	실시자	비고
소방안전관리대상물	관계인 → 근무자등	~ 하여야 한다.
소방안전관리대상물 중 의료·교육연구·노유자시설	소방본·서장 → 근무자등	~ 할 수 있다.
특정소방대상물(소방안전관리대상물 ×)	소방본·서장 → 관계인	~ 할 수 있다.

공공기관의 소방안전관리

1. 화재예방
2. 자위소방대의 조직 및 편성
3. 소방시설등의 자체점검
4. 소방훈련 등

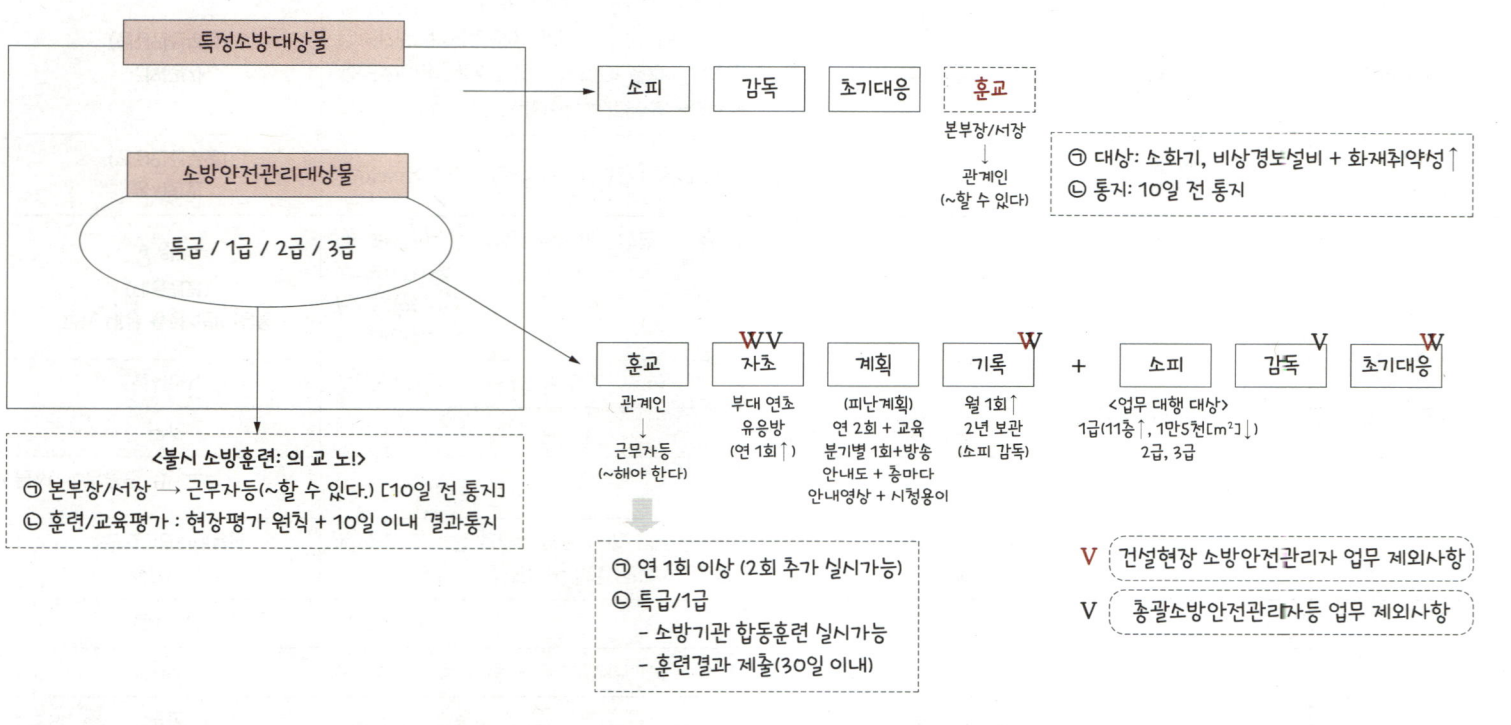

특정소방대상물

| 소피 | 감독 | 초기대응 | 훈교 |

훈교
본부장/서장
↓
관계인
(~할 수 있다)

㉠ 대상: 소화기, 비상경보설비 + 화재취약성↑
㉡ 통지: 10일 전 통지

소방안전관리대상물

특급 / 1급 / 2급 / 3급

| 훈교 | 자초 WV | 계획 | 기록 W | + | 소피 | 감독 V | 초기대응 W |

훈교
관계인
↓
근무자등
(~해야 한다)

자초
부대 연초
유응방
(연 1회↑)

(피난계획)
연 2회 + 교육
분기별 1회+방송
안내도 + 층마다
안내영상 + 시청용이

기록
월 1회↑
2년 보관
(소피 감독)

<업무 대행 대상>
1급(11층↑, 1만5천[㎡]↓)
2급, 3급

<불시 소방훈련: 의 교 노!>
㉠ 본부장/서장 → 근무자등(~할 수 있다.) [10일 전 통지]
㉡ 훈련/교육평가 : 현장평가 원칙 + 10일 이내 결과통지

㉠ 연 1회 이상 (2회 추가 실시가능)
㉡ 특급/1급
- 소방기관 합동훈련 실시가능
- 훈련결과 제출(30일 이내)

V 건설현장 소방안전관리자 업무 제외사항

V 총괄소방안전관리자등 업무 제외사항

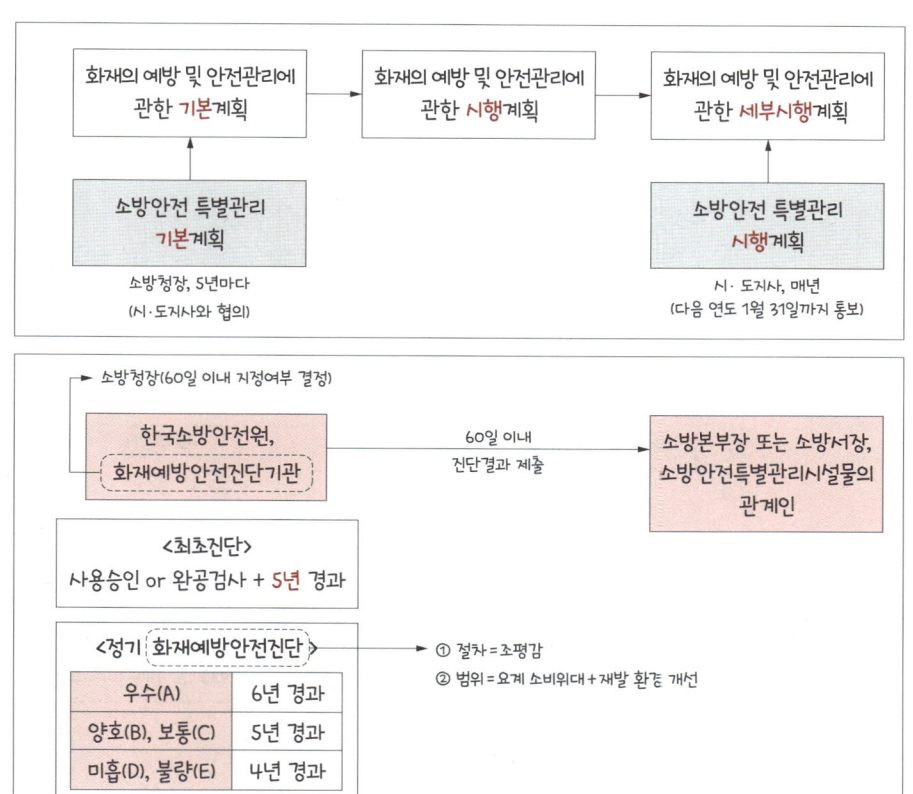

1 소방안전 특별관리시설물의 소방안전관리

① **소방안전 특별관리 권한자:** 소방청장

② **소방안전 특별관리시설물:** 화재 등 재난이 발생할 경우 사회·경제적으로 피해가 큰 다음의 시설 💡탈 것 + 천명 영화, 오~전통, 물류 10만 + 문화 산업 기초 + 지석천 발가공

   ⊙ 공항시설

   ⓒ 철도시설

   ⓒ 도시철도시설

   ⓔ 항만시설

   ⓜ 지정문화유산 및 천연기념물등인 시설

   ⓗ 산업기술단지

   ⓢ 산업단지

   ⓞ 초고층 건축물 및 지하연계 복합건축물

   ⓩ 영화상영관 중 수용인원 1천명 ↑ 영화상영관

   ⓩ 전력용 및 통신용 지하구

   ⓚ 석유비축시설

   ⓔ 천연가스 인수기지 및 공급망

   ⓜ 대통령령으로 정하는 전통시장: 점포가 500개 ↑ 전통시장

   ⓗ 그 밖에 대통령령으로 정하는 시설물

     • 발전사업자가 가동 중인 발전소

     • 물류창고 + 연면적 10만m² ↑

     • 가스공급시설

③ **소방안전 특별관리 기본계획 및 시행계획**

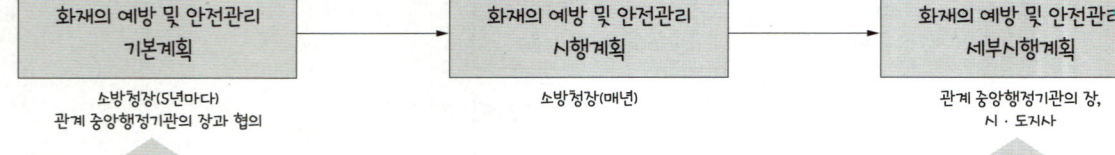

   ⊙ 화재예방을 위한 중기·장기 안전관리정책

   ⓒ 화재예방을 위한 교육·홍보 및 점검·진단

   ⓒ 화재대응을 위한 훈련

   ⓔ 화재대응과 사후 조치에 관한 역할 및 공조체계

   ⓜ 그 밖에 화재 등의 안전관리를 위하여 필요한 사항

   💡중장기 공사 훈교 홍일점 진단

2 화재예방안전진단

① 화재예방안전진단 실시자
- ㉠ 한국소방안전원
- ㉡ 소방청장이 지정하는 화재예방안전진단기관

② 진단대상(대통령령)
- ㉠ 철도시설, 도시철도시설 中 역 시설 + 연면적 5천m² ↑
- ㉡ 공항시설 中 여객터미널이 있는 공항시설 + 연면적 1천m² ↑
- ㉢ 항만시설 中 여객이용시설 및 지원시설 + 연면적 5천m² ↑
- ㉣ 전력용 및 통신용 지하구 中 공동구
- ㉤ 천연가스의 인수기지 및 공급망 中 가스시설
- ㉥ 발전소 + 연면적 5천m² ↑
- ㉦ 가스공급시설 + (저장용량의 합계 100톤 ↑ 또는 저장용량 30톤 ↑ 탱크)

③ 화재예방안전진단 실시 시: ㉠ 소방훈련과 교육 / ㉡ 자체점검 받은 것으로 봄

④ 화재예방안전진단의 실시방법, 절차 및 방법
- ㉠ 실시방법: 안전등급에 따라 화재예방안전진단 실시(*최초진단: 사용승인 또는 완공검사를 받은 날부터 5년이 경과한 날이 속하는 해) 💣다음해

등급	A등급	B, C등급	D, E등급
화재예방안전진단 실시주기 (안전등급을 통보받은 날부터)	6년이 경과한 날이 속하는 해	5년이 경과한 날이 속하는 해	4년이 경과한 날이 속하는 해

- ㉡ 화재예방안전진단의 절차 💡조평감
  - 위험요인 조사
  - 위험성 평가
  - 위험성 감소대책의 수립
- ㉢ 화재예방안전진단의 조사 및 평가방법
  - 자료수집 및 분석
  - 현장조사 및 점검
  - 화재위험성평가
  - 비상대응훈련평가
  - 그 밖에 지진 등 외부 환경 위험요인에 대한 예방·대비·대응태세 평가

⑤ 화재예방안전진단의 범위 💡요계 소비위대 + 재발 환경 개선
- ㉠ 화재위험요인의 조사에 관한 사항
- ㉡ 소방계획 및 피난계획 수립에 관한 사항
- ㉢ 소방시설등의 유지·관리에 관한 사항
- ㉣ 비상대응조직 및 교육훈련에 관한 사항
- ㉤ 화재 위험성 평가에 관한 사항
- ㉥ 대통령령: 재난발생 후 재발방지 대책의 수립 및 그 이행 / 외부 환경 위험요인 등 예방·대비·대응 / 진단결과 보수·보강 등 개선요구 사항

❀ 진단기관으로부터 화재예방안전진단을 받지 아니한 자

1년 징역, 1천만원↓ 벌금

❀ 안전등급의 기준

등급	문제점
A(우수)	발견 ×
B(양호)	일부 발견
C(보통)	다수 발견
D(미흡)	광범위 / 사용제한
E(불량)	중대한 / 사용중단

💡 일다광중

⑥ 화재예방안전진단의 결과

```
┌─────────────────┐   60일 이내 진단결과 서면 제출   ┌─────────────────────┐
│  한국소방안전원   │ ──────────────────────────→ │  소방본부장 또는 소방서장,  │
│ 화재예방진단기관   │  [* 결과 미제출시: 300만원↓ 과태료] │ 소방안전 특별관리시설물의 관계인 │
└─────────────────┘                              └─────────────────────┘
```

소방본부장, 소방서장 → 관계인
(보수·보강 등 조치명령 가능)
[* 조치명령 위반시: 3년/3천만원↓ 벌금]

<평가결과>
㉠ 소방안전 특별관리시설물 현황
㉡ 진단 실시기관 및 참여인력
㉢ 진단 범위 및 내용
㉣ 조사·분석 및 평가 결과
㉤ 안전등급 및 위험성 감소대책
㉥ 소방청장이 정하는 사항

⑦ 비밀누설금지(위반시: 300만원↓ 벌금)

3 진단기관의 지정 및 취소

① 지정의 신청: 진단기관으로 지정을 받으려는 자(비영리법인) → 소방청장 지정(60일 이내 지정여부 결정)
② 지정기준(대통령령): 시설, 전문인력[기사 + 3년↑, 산업기사 + 5년↑ / 소방·전기·화공·가스·위험물·건축·교육훈련(소방안전교육사) 분야] *기계분야
③ 지정취소

지정취소	㉠ 거짓이나 그 밖의 부정한 방법으로 지정을 받은 경우 ㉡ 업무정지기간에 화재예방안전진단 업무를 한 경우
업무정지 (6개월↓)	㉢ 화재예방안전진단 결과를 소방본부장 또는 소방서장, 관계인에게 제출하지 아니한 경우 ㉣ 진단기관의 지정기준에 미달하게 된 경우

건축 등 시설에 대한 관계 법령 위반 사실 포함 시

소방본부장 또는 소방서장은 제출받은 화재예방안전진단 결과 보고서에 건축·전기·가스 등의 시설에 대한 관계 법령 위반 사실이 포함되어 있는 경우에는 관계 기관에 해당 내용을 통보해야 한다.

거짓이나 그 밖의 부정한 방법으로 진단기관으로 지정을 받은 자

3년 징역, 3천만원↓ 벌금

진단기관
1. 시설: 사무실 + 창고
2. 전문인력
3. 장비

기관(소방청장)
1. 소방기술자 실무교육기관
2. 안전관리 대행기관
3. 화재감정기관
4. 화재예방안전진단기관
5. 제품검사 전문기관

1 화재의 예방과 안전문화 진흥을 위한 시책의 추진

① **소방관서장** → 화재의 예방 및 안전문화 진흥을 위한 활동의 추진 / 참여제도의 마련 및 시행

② **소방청장** → 체험시설의 설치 및 운영 *❥ 소방체험관(시·도지사 – 소방기본법

③ **국가와 지방자치단체** → 필요한 예산의 지원

2 우수 소방대상물 관계인에 대한 포상

① **우수 소방대상물의 선정권자**: 소방청장(소방대상물의 자율적인 안전관리 유도)

② **포상**: 우수 소방대상물 표지 발급 + 소방대상물의 관계인 포상

③ **우수 소방대상물의 선정 등을 위한 시행계획의 수립**: 소방청장(매년)

④ **평가위원회**: 2명 ↑

　㉠ 소방기술사(제외: 소방안전관리자로 선임된 사람), 소방시설관리사

　㉡ 소방 관련 석사학위 ↑ 취득

　㉢ 소방 관련 법인, 단체 + 소방 관련 업무 5년↑ 종사

　㉣ 소방공무원 교육기관, 대학, 연구소 + 소방과 관련한 교육 또는 연구 5년↑ 종사

3 조치명령등의 기간연장

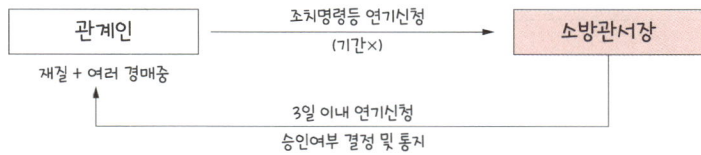

① **조치명령등**: 소방관서장 → 관계인

조치명령등	세부명령
조치명령	1. 소방대상물의 개수·이전·제거, 사용의 금지 또는 제한, 사용폐쇄, 공사의 정지 또는 중지, 그 밖의 필요한 조치명령
선임명령	2. 소방안전관리자 또는 소방안전관리보조자 선임명령
이행명령	3. 소방안전관리업무 이행명령

② **조치명령등의 연기신청**(대통령령으로 정하는 사유): 관계인 → 소방관서장(3일 이내 연기여부 결정 및 통지) 💡 재질 + 여러 경매중

  ㉠ 재난 발생

  ㉡ 관계인 질병, 장기출장 등

  ㉢ 경매·양도·양수 등의 사유 + 소유권이 변동

  ㉣ 시장·상가·복합건축물 등 여러명 관계인 구성 → 조치명령기간 내 의견조정 + 시정 불가능

  ㉤ 관계인 운영 사업 부도 or 도산 등 중대한 위기 발생 → 조치명령기간 내 이행 ✕

4 청문

① **권한자**: 소방청장 또는 시·도지사

② **청문대상**

  ㉠ 소방안전관리자의 자격 취소

  ㉡ (화재예방안전) 진단기관의 지정 취소

5 권한의 위임·위탁

권한의 위임	㉠ 일부 위임: 소방청장 또는 시·도지사 → 시·도지사, 소방본부장 또는 소방서장 ㉡ 소방안전관리자 자격의 정지 및 취소에 관한 업무: 소방청장 → 소방서장
업무의 위탁 (소방관서장→안전원)	㉠ 소방안전관리자 또는 소방안전관리보조자 선임신고의 접수 ㉡ 소방안전관리자 또는 소방안전관리보조자 해임 사실의 확인 ㉢ 건설현장 소방안전관리자 선임신고의 접수 ㉣ 소방안전관리자 자격시험 ㉤ 소방안전관리자 자격증의 발급 및 재발급 ㉥ 소방안전관리 등에 관한 종합정보망의 구축·운영 ㉦ 강습교육 및 실무교육
비고	위탁받은 업무 → 비밀누설의 금지 (→ 위반 시: 300만원↓ 벌금)

🌸 **한국소방안전원**

1. 사무실: 60m² ↑

2. 강의실: 100m² ↑

3. 실습실: 100m² ↑

제1장 | 총칙

1 목적

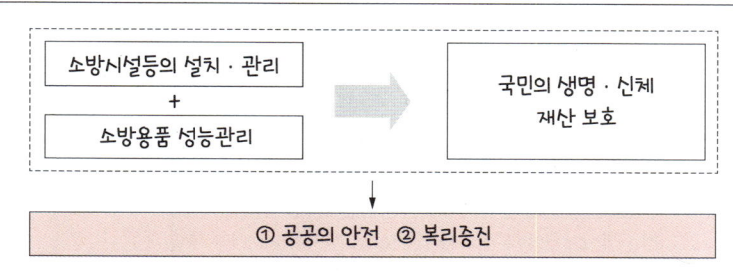

이 법은 특정소방대상물 등에 설치하여야 하는 **소방시설등의 설치·관리**와 **소방용품 성능 관리**에 필요한 사항을 규정함으로써 국민의 생명·신체 및 재산을 보호하고 ㉠ **공공의 안전**과 ㉡ **복리 증진**에 이바지함을 목적으로 한다.

> **궁극의 목적**
> 1. 공공의 안전
> 2. 복리증진

2 정의

용어	정의
소방시설	① 소화설비, ② 경보설비, ③ 피난구조설비, ④ 소화용수설비, 그 밖에 ⑤ 소화활동설비로서 **대통령령**으로 정하는 것
소방시설등	소방시설과 **비상구**, 그 밖에 소방 관련 시설로서 **대통령령**으로 정하는 것 → **대통령령으로 정하는 것**: 방화문 및 자동방화셔터
특정소방대상물	건축물 등의 규모·용도 및 수용인원 등을 고려하여 소방시설을 설치하여야 하는 소방대상물로서 **대통령령**으로 정하는 것
화재안전성능	화재를 예방하고 화재발생 시 피해를 최소화하기 위하여 소방대상물의 재료, 공간 및 설비 등에 요구되는 안전성능
성능위주설계	건축물 등의 재료, **공간**, **이용자**, 화재 특성 등을 종합적으로 고려하여 **공학적 방법**으로 화재 위험성을 평가하고 그 결과에 따라 화재안전성능이 확보될 수 있도록 특정소방대상물을 설계하는 것 💡**재공이화**
화재안전기준	㉠ **성능기준**: 화재안전 확보를 위하여 재료, 공간 및 설비 등에 요구되는 안전성능으로서 소방청장이 **고시**로 정하는 기준 ㉡ **기술기준**: 성능기준을 충족하는 상세한 규격, 특정한 수치 및 시험방법 등에 관한 기준으로서 행정안전부령으로 정하는 절차에 따라 소방청장의 **승인**을 받은 기준
소방용품	소방시설등을 구성하거나 소방용으로 사용되는 제품 또는 기기로서 **대통령령**으로 정하는 것

무창층 (대통령령)	지상층 中 다음의 요건을 모두 갖춘 개구부의 면적의 합계 ≤ 해당 층의 바닥면적의 1/30 ① 크기는 지름 50센티미터 이상의 원이 통과할 수 있을 것 ② 해당 층의 바닥면으로부터 개구부 밑부분까지의 높이가 1.2미터 이내일 것 💣🔖윗부분 ③ 도로 또는 차량이 진입할 수 있는 빈터를 향할 것 ④ 화재 시 건축물로부터 쉽게 피난할 수 있도록 창살이나 그 밖의 장애물이 설치되지 아니할 것 ⑤ 내부 또는 외부에서 쉽게 부수거나 열 수 있을 것
피난층 (대통령령)	곧바로 지상으로 갈 수 있는 출입구가 있는 층

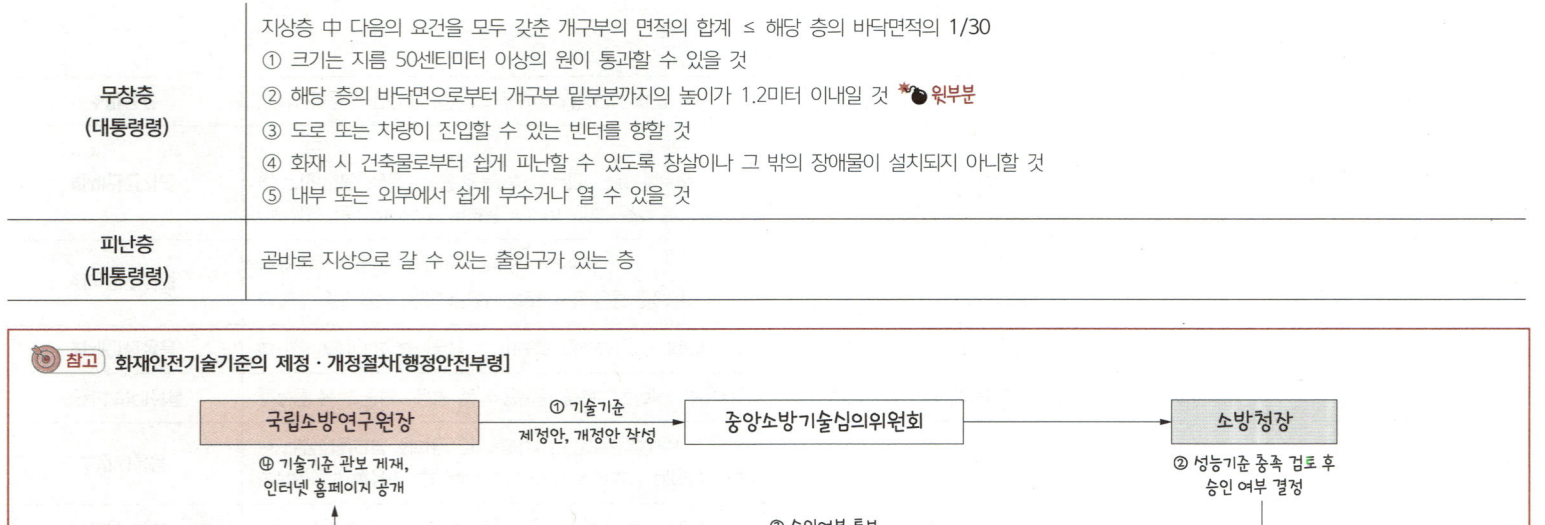

참고 화재안전기술기준의 제정·개정절차[행정안전부령]

```
         국립소방연구원장  ──① 기술기준──▶  중앙소방기술심의위원회  ─────────▶  소방청장
                           제정안, 개정안 작성
         ④ 기술기준 관보 게재,                                              ② 성능기준 충족 검토 후
            인터넷 홈페이지 공개                                               승인 여부 결정
              ▲
              └──────────────────── ③ 승인여부 통보 ────────────────────────┘
```

3 소방시설(시행령 [별표 1])

소방시설	종류
소화설비	물 또는 그 밖의 소화약제를 사용하여 소화하는 기계·기구 또는 설비로서 다음의 것 ① 소화기구: 소화기, 간이소화용구(에어로졸식, 투척용, 소공간용, 소화약제 외의 것 이용), 자동확산소화기 ② 자동소화장치: 주거용 주방, 상업용 주방, 캐비닛형, 가스, 분말, 고체에어로졸 자동소화장치 💡 고주가 기분 상캐 ③ 옥내소화전설비(호스릴 포함) ④ 스프링클러설비등: 스프링클러설비, 간이스프링클러설비(캐비닛형 포함), 화재조기진압용 스프링클러설비 ⑤ 물분무등소화설비: 물분무, 미분무, 포, CO_2, 할론, 할로겐화합물 및 불활성기체, 분말, 강화액, 고체에어로졸 소화설비 💡 물미포 이할할분강고 ⑥ 옥외소화전설비
경보설비	화재발생 사실을 통보하는 기계·기구 또는 설비로서 다음의 것 ① 단독경보형 감지기 ② 비상경보설비: ㉠ 비상벨설비, ㉡ 자동식사이렌설비 ③ 비상방송설비 ④ 자동화재탐지설비 ⑤ 자동화재속보설비 ⑥ 시각경보기 ⑦ 누전경보기 ⑧ 가스누설경보기 ⑨ 통합감시시설 ⑩ 화재알림설비

피난구조설비	화재가 발생할 경우 피난하기 위하여 사용하는 기구 또는 설비로서 다음의 것
	① 피난기구: ㉠ 피난사다리, ㉡ 구조대, ㉢ 완강기, ㉣ 간이완강기, ㉤ 그 밖에 화재안전기준으로 정하는 것 ② 인명구조기구: ㉠ 방열복, 방화복(안전모, 보호장갑, 안전화 포함), ㉡ 공기호흡기, ㉢ 인공소생기 ③ 유도등: ㉠ 피난유도선, ㉡ 피난구유도등, ㉢ 통로유도등, ㉣ 객석유도등, ㉤ 유도표지 ④ 비상조명등 및 휴대용비상조명등
소화용수설비	화재를 진압하는데 필요한 물을 공급하거나 저장하는 설비로서 다음의 것
	① 상수도소화용수설비 ② 소화수조·저수조, 그 밖의 소화용수설비
소화활동설비	화재를 진압하거나 인명구조활동을 위하여 사용하는 설비로서 다음의 것
	① 제연설비　　　　　　　　　④ 비상콘센트설비 ② 연결송수관설비　　　　　　⑤ 무선통신보조설비 ③ 연결살수설비　　　　　　　⑥ 연소방지설비

4 특정소방대상물 中 일부(시행령 [별표2])

구분	특정소방대상물의 분류		구분	특정소방대상물의 분류	
단란주점 (바닥 150)	미만	근린생활시설	탁구장, 볼링장 등 (바닥 500)	미만	근린생활시설
	이상	위락시설		이상	운동시설
종교집회장 (바닥 300)	미만	근린생활시설	청소년게임제공업 (바닥 500)	미만	근린생활시설
	이상	종교시설		이상	판매시설
공연장 (바닥 300)	미만	근린생활시설	운동장, 체육관 등 (관람석 바닥 1,000)	미만	운동시설
	이상	문화 및 집회시설		이상	문화 및 집회시설
고시원 (바닥 500)	미만	근린생활시설	슈퍼마켓, 소매점 (바닥 1,000)	미만	근린생활시설
	이상	숙박시설		이상	판매시설
금융업소 (바닥 500)	미만	근린생활시설	공동주택	아파트등	5층↑ 주택
				기숙사	1개동 공동취사시설 이용세대: 50%↑
	이상	업무시설		연립주택	바닥 660m²↑ & 4층↓ 주택
				다세대주택	바닥 660m²↓ & 4층↓ 주택

🌸 **복합건축물**

근린생활, 판매, 업무, 숙박, 위락시설 + 주택 용도

🌸 **전기저장시설**

20kWh 초과 리튬·나트륨·레독스플로우 계열의 2차 전지 전기저장장치 또는 무정전전원공급장치(UPS)의 시설

🌸 **위험물 저장 및 처리 시설 중 가스시설**

① 저장용량의 합계 100톤↑
② 저장용량 30톤↑

1. 학원
   ① 바닥 500 미만: 근린생활시설
   ② 바닥 500 이상: 교육연구시설
   ③ 운전학원, 정비학원: 항공기 및 자동차 관련시설
   ④ 무도학원: 위락시설
2. 도서관
   ① 도서관: 교육연구시설
   ② 공공도서관: 업무시설

3. 탑
   ① 관망탑: 관광휴게시설
   ② 항공관제탑: 운수시설
   ③ 항공기격납고: 항공기 및 자동차 관련시설
4. 병원, 의원
   ① 의원, 치과의원, 한의원 등: 근린생활시설
   ② 병원, 치과병원, 한방병원 등: 의료시설
   ③ 동물병원: 근린생활시설

<헷갈리는 내용>
1. 병설유치원: 노유자시설 中 아동 관련시설
2. 어린이회관: 관광휴게시설
3. 유스호스텔: 수련시설
4. 소방서, 119안전센터: 업무시설
5. 교도소: 교정 및 군사시설
6. 사진관, 미용원, 휴게음식점, 일반음식점, 조산원, 산후조리원: 근린생활시설
7. 박물관, 견본주택, 미술관, 수족관: 문화 및 집회시설

<필수>
1. 의료시설: 병원(종합, 치과, 한방, 요양병원), 격리병원(전염병원, 마약진료소 등), 정신의료기관, 장애인 의료재활시설
2. 운수시설: 여객자동차터미널, 철도 및 도시철도시설, 공항시설(항공관제탑 포함), 항만시설 및 종합여객시설
3. 지하상가: 지하의 인공구조물 + 상점, 사무실 + 연속 설치
4. 터널: 차량 통행 목적, 방음터널
5. 지하구: 전력 or 통신사업용, 폭 1.8m↑ + 높이 2m↑ + 길이 50m↑, 공동구

① 내화구조 특정소방대상물 + 개구부 및 연소 확대 우려가 없는 내화구조의 바닥 & 벽으로 구획되어 있는 경우 → 별개 특정소방대상물
② 다음의 연결통로로 연결된 경우 → 2 이상 특정소방대상물 연결 (하나의 특정소방대상물)
   ㉠ 내화구조로 된 연결통로: 벽○ (10m 이하) / 벽× (6m 이하)[바닥 ~ 천장 1/2 이상: 벽○, 1/2 미만: 벽×]
   ㉡ 내화구조가 아닌 연결통로
   ㉢ 컨베이어, 플랜트설비의 배관 연결
   ㉣ 자동방화셔터 or 60분 + 방화문이 설치되지 않은 피트 연결
   ㉤ 지하보도, 지하상가, 터널, 지하구 연결
③ 연결통로 또는 지하구의 양쪽 다음의 적합한 경우 → 별개 특정소방대상물 💡 자~ 경방 뜨개
   ㉠ 화재 시 경보 or 자동소화설비 연동 + 자동 닫히는 자동방화셔터 또는 60분 + 방화문
   ㉡ 화재 시 자동 방수 + 드렌처 or 개방형 스프링클러헤드 설치
④ 지하층과 지하상가가 연결되어 있는 경우 → 지하층의 부분을 지하상가로 봄
   다만, 다음의 경우 지하상가로 보지 않음 💡 자~ 경방 뜨
   ㉠ 화재 시 경보 or 자동소화설비 연동 + 자동 닫히는 자동방화셔터 또는 60분 + 방화문
   ㉡ 윗부분 + 드렌처설비 설치

구분	내용
① 공연장	근린생활시설에 해당하지 않는 것(바닥면적의 합계가 300m² 이상인 것)
② 집회장	예식장, 공회당, 회의장, 마권 장외 발매소, 마권 전화투표소, 그 밖에 이와 비슷한 것으로서 근린생활시설에 해당하지 않는 것
③ 관람장	경마장, 경륜장, 경정장, 자동차 경기장, 그 밖에 이와 비슷한 것과 체육관 및 운동장으로서 관람석의 바닥면적의 합계가 「천m² 이상인 것
④ 전시장	박물관, 미술관, 과학관, 문화관, 체험관, 기념관, 산업전시장, 박람회장, 견본주택, 그 밖에 이와 비슷한 것
⑤ 동·식물원	동물원, 식물원, 수족관, 그 밖에 이와 비슷한 것

✿ 문화 및 집회시설 세부종류 암기법

1. 집회장
   매 집에서 공부회 예
2. 관람장
   관람! 자동차 경기 마정륜
3. 전시장
   기업과 술문화 체험,
   사람, 견, 물

5 소방용품(시행령 [별표 3])

제품 또는 기기	내용
① 소화설비	㉠ 소화기구(소화약제 외의 것을 이용한 간이소화용구 제외) ㉡ 자동소화장치 ㉢ 소화설비를 구성하는 소화전, 관창, 소방호스, 스프링클러헤드, 기동용 수압개폐장치, 유수제어밸브, 가스관선택밸브 💡 자동소스 기호 관전가유~
② 경보설비	㉠ 누전경보기 및 가스누설경보기 ㉡ 경보설비를 구성하는 발신기, 수신기, 중계기, 감지기 및 음향장치(경종만 해당) 💡 누가 수발중 감경
③ 피난구조설비	㉠ 피난사다리, 구조대, 완강기(지지대 포함) 및 간이완강기(지지대 포함) ㉡ 공기호흡기(충전기 포함) ㉢ 피난구유도등, 통로유도등, 객석유도등 및 예비전원이 내장된 비상조명등 💡 사구완간공 피통객 예비
④ 소화용	㉠ 소화약제(상업용 주방·캐비닛형 자동소화장치만 해당)(포, CO_2, 할론, 할로겐화합물 및 불활성기체, 분말, 강화액, 고체에어로졸소화설비만 해당) ㉡ 방염제(방염액, 방염도료, 방염성물질) 💡 소방상캐 이할할분 고강포
⑤ 그 밖에 행정안전부령으로 정하는 소방 관련 제품 또는 기기 💥 소화용수설비, 소화활동설비	

6 국가 및 지방자치단체, 관계인의 책무 및 의무

① **국가 및 지방자치단체의 책무**: 정책의 수립 및 시행, 조사·연구·전문인력 양성 등 노력, 행정적·재정적 지원

② **관계인의 의무**
   ㉠ 이용자의 편의 및 안전성을 높이기 위한 노력
   ㉡ 필요한 재원확보 노력(매년)
   ㉢ 국가 및 지방자치단체의 적극 협조
   ㉣ 점유자 ↔ 소유자, 관리자와 협조

제2장 | 소방시설등의 설치·관리 및 방염

제1절 | 건축허가등의 동의

1 건축허가등의 동의

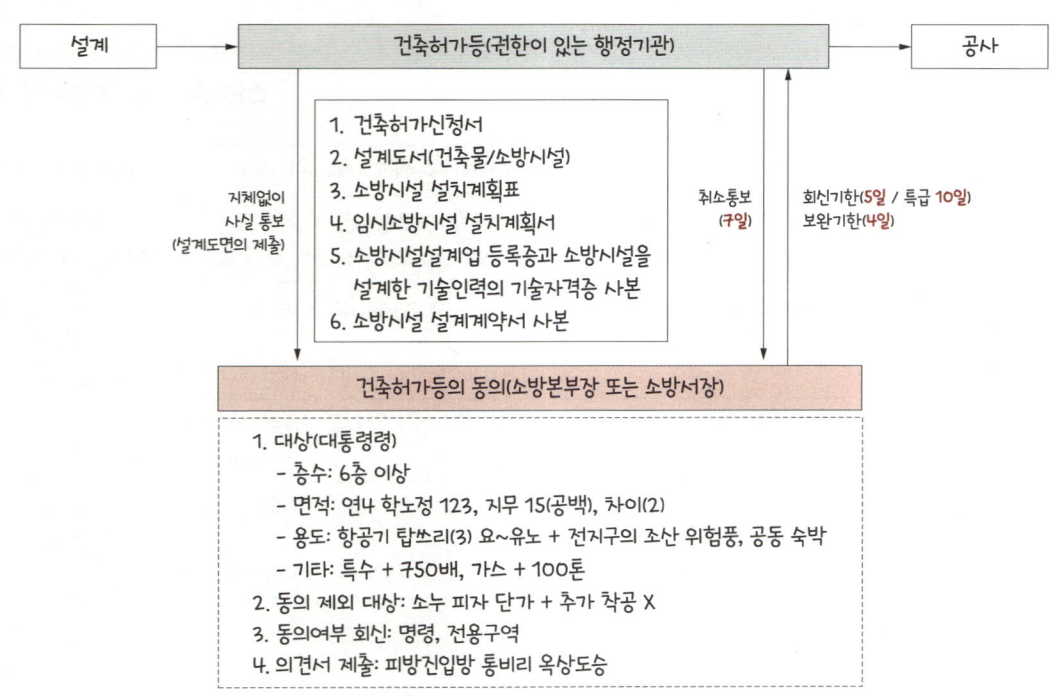

🔴 사용승인에 대한 동의

완공검사증명서 동의 같음

① **건축허가등의 동의**: 권한이 있는 행정기관 → 소방본부장 또는 소방서장(미리)
② **동의대상물의 범위**(대통령령)

구분	내용
㉠ 층수	6층 ↑
㉡ 면적	• 연면적 400m² ↑, 학교 100m² ↑, 노유자·수련시설 200m² ↑, 정신의료기관, 장애인 의료재활시설 300m² ↑ • 지하층 or 무창층 바닥면적 150m² ↑ (공연장: 100m² ↑) • 차고·주차장 바닥면적 200m² ↑ (승강기 등 기계장치: 20대 ↑) 💡 **연4 학노정장 123, 지무15공백, 차에(2)**

	© 용도	항공기격납고, 관망탑, 항공관제탑, 방송용 송수신탑, 위험물 저장 및 처리시설, 지하구, 발전시설 중 전기저장시설, 풍력발전소, 특정소방대상물 중 공동주택, 조산원, 산후조리원, 의원(입원실 또는 인공신장실이 있는 것), 숙박시설, 요양병원(의료재활시설 제외), 노유자시설(* 노인주거복지, 노인의료복지, 재가노인복지시설의 경우 단독, 공동주택에 설치되는 시설도 포함) 中 일부시설 💡 항공기 탑 쓰레(3) 요~ 유노 전자구의 조산 위험풍 공동숙박
	② 기타	• 공장, 창고시설 + 750배 ↑ 특수가연물 저장 · 취급 • 가스시설 + 지상 노출 탱크의 저장용량의 합계 100톤 ↑

③ **동의대상물 제외대상** 💡 소누 피자단가 추가 착공X

    ㉠ 화재안전기준 적합: **소**화기구, **자**동소화장치, **누**전경보기, **단**독경보형감지기, **가**스누설경보기, **피**난구조설비(비상조명등 제외)

    ㉡ 증축, 용도변경: **추가**로 소방시설이 설치되지 **아니하는** 경우

    ㉢ 소방시설공사의 **착공신고대상**에 해당하지 **않는** 경우

④ **건축허가등의 절차**

    ㉠ 신고수리 시 사실의 통보의무(지체없이)

    ㉡ 설계도면의 제출(제외: 국가안보상 중요 or 국가기밀)

⑤ **동의요구 회신기한**(행정안전부령)

    ㉠ 동의여부 회신기한: **5일** 이내(특급 소방안전관리대상물: **10일** 이내)

    ㉡ 서류의 보완기한: **4일** 이내(회신기간에 산입✕)

    ㉢ 취소통보: **7일** 이내

⑥ **동의여부 통보 시**

알려야 하는 사항	검토자료 또는 의견서 첨부가능사항

㉠ 이 법 또는 이 법에 따른 명령
㉡ 「소방기본법」에 따른 소방자동차 전용구역의 설치
 	
⃝ 전용 구역 소방차 119
	㉠ **피난시설**, **방화구획**
	㉡ 소방관 **진입창**
	㉢ **방화벽**, 마감재료 등(방화시설)
	㉣ 대통령령으로 정하는 사항
	   • 소방자동차의 접근이 가능한 **통로**의 설치
	   • **승강기** 설치
	   • 주택단지안의 **도로**
	   • **옥상광장**, **비상문자동개폐장치** 또는 헬리포트의 설치
	   • 소방본부장 또는 소방서장이 소화활동 및 피난을 위해 필요하다고 인정하는 사항
	💡 **피방 잔입방 통비리 옥상도승**

⑦ **첨부서류**(행정안전부령)

    ㉠ 건축허가 확인 서류(사본)

    ㉡ 설계도서: 건축물 설계도서, 소방시설 설계도서

    ㉢ 소방시설 설치계획표

    ㉣ 임시소방시설 설치계획서

⚙️ **소방관 진입창**

소방대 진입창
Firefighter entry window

⚙️ **첨부서류 中 착공신고 대상에 해당되는 경우 제출서류**

① 건축물 설계도서

② 소방시설 설계도서 중 소방시설별 층별 평면도

③ 소방시설 설계도서 중 소방시설의 내진 설계 계통도 및 -기준층 평면도(내진 시방서 및 계산서 등 세부 내용이 포함된 상세 설계도면 포함) [*내진 시방서 및 계산서 등 세부 내용이 포함된 상세 설계도면 착공신고 시까지 제출]

　　ⓜ 소방시설설계업 등록증, 소방시설을 설계한 기술인력의 기술자격증(사본) ✳💣 **소방시설공사업등록증**
　　ⓑ 소방시설설계 계약서(사본)

2 내진설계를 하여야 하는 소방시설

① 옥내소화전설비
② 스프링클러설비
③ 물분무등소화설비: 물분무·미분무·포·강화액·CO_2·할론·할로겐화합물 및 불활성기체·분말·고체에어로졸 소화설비 💡 옥스물등

3 성능위주설계

① 성능위주설계를 하여야 하는 특정소방대상물(신축하는 것만 해당)의 범위(대통령령) 💡 20 + 30 = 50 산만(3만)한 철도공항 씹(10)창고, 지하에 있삼(23) 터널 오수 지하 영화 10개

구분	성능위주설계를 하여야 하는 특정소방대상물의 범위
층수, 높이	㉠ 연면적 20만m² ↑ 특정소방대상물(아파트등 제외) ㉡ 30층 ↑(지하층 포함) or 높이 120m ↑ 특정소방대상물(아파트등 제외) ㉢ 50층 ↑(지하층 제외) or 높이 200m ↑ 아파트등
연면적	㉣ 연면적 3만m² ↑ 특정소방대상물 + 철도 및 도시철도 시설 or 공항시설 ✳💣 **항만시설** ㉤ 연면적 10만m² ↑ 창고시설 or 지하층의 층수 2개층 ↑ + 지하층 바닥면적의 합 3만m² ↑ 창고시설
영화상영관	㉥ 하나의 건축물에 영화상영관이 10개 ↑ 특정소방대상물
터널	㉦ 터널 中 수저터널 or 길이가 5,000m ↑
지하연계	◎ 지하연계 복합건축물에 해당하는 특정소방대상물

헷갈리는 연면적

1. 연면적 20만m² ↑
　: 성능위주설계 대상
2. 연면적 10만m² ↑
　: 특급 소방안전관리대상물

② 성능위주설계의 신고, 변경신고, 사전검토 등의 개요(행정안전부령)

구분	내용
개요	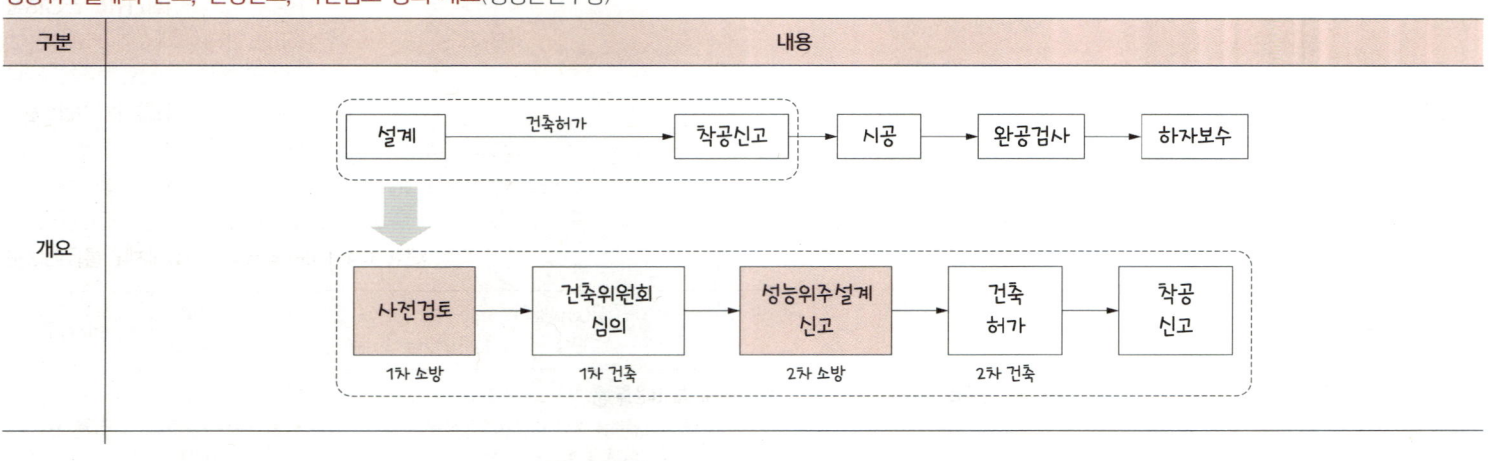

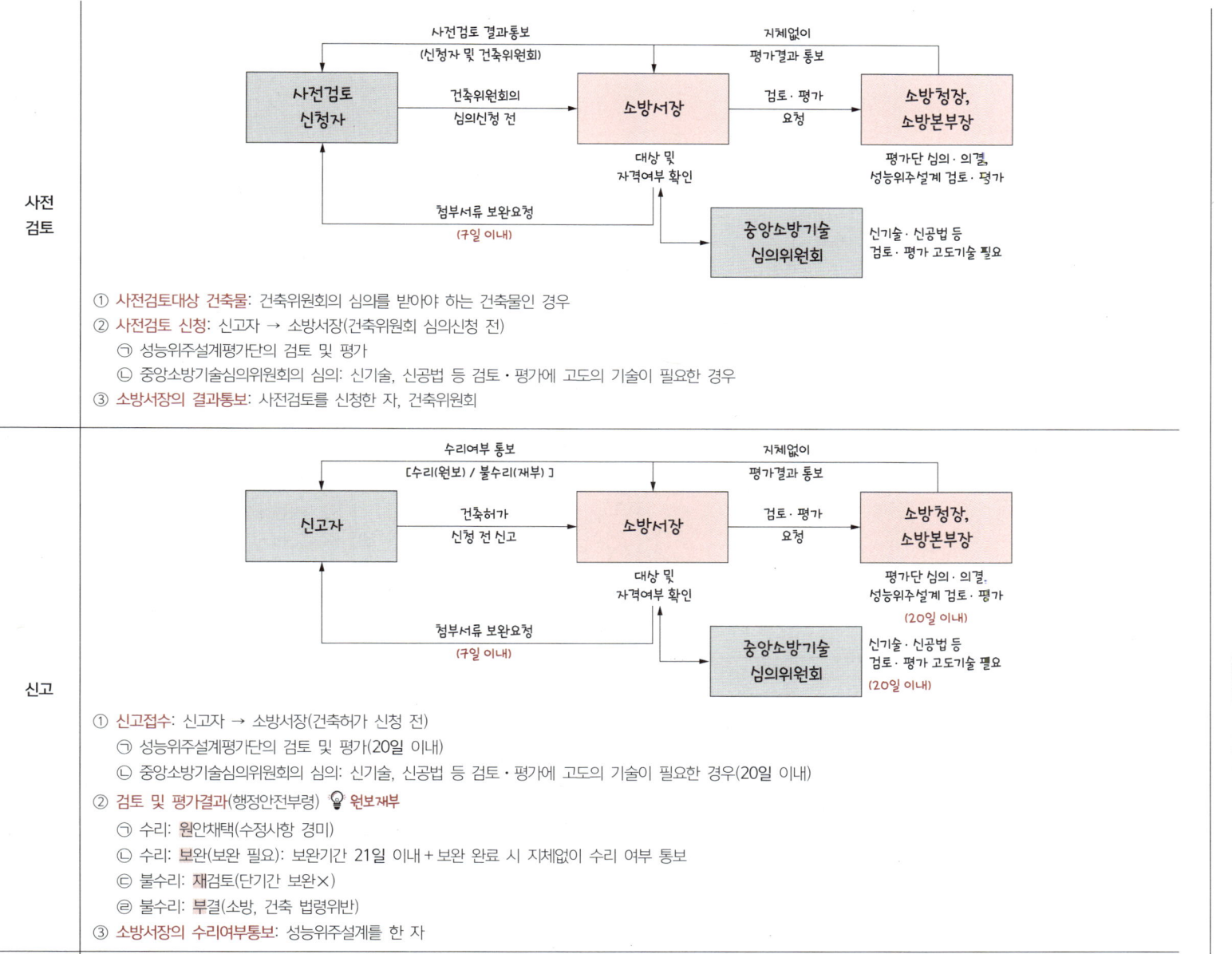

사전 검토

① **사전검토대상 건축물**: 건축위원회의 심의를 받아야 하는 건축물인 경우
② **사전검토 신청**: 신고자 → 소방서장(건축위원회 심의신청 전)
　㉠ 성능위주설계평가단의 검토 및 평가
　㉡ 중앙소방기술심의위원회의 심의: 신기술, 신공법 등 검토·평가에 고도의 기술이 필요한 경우
③ **소방서장의 결과통보**: 사전검토를 신청한 자, 건축위원회

신고

① **신고접수**: 신고자 → 소방서장(건축허가 신청 전)
　㉠ 성능위주설계평가단의 검토 및 평가(20일 이내)
　㉡ 중앙소방기술심의위원회의 심의: 신기술, 신공법 등 검토·평가에 고도의 기술이 필요한 경우(20일 이내)
② **검토 및 평가결과**(행정안전부령) 💡 **원보재부**
　㉠ 수리: **원안채택**(수정사항 경미)
　㉡ 수리: **보완**(보완 필요): 보완기간 21일 이내 + 보완 완료 시 지체없이 수리 여부 통보
　㉢ 불수리: **재검토**(단기간 보완×)
　㉣ 불수리: **부결**(소방, 건축 법령위반)
③ **소방서장의 수리여부통보**: 성능위주설계를 한 자

💥 **성능위주설계 신고 시 제출서류 중 일부(사전검토와 중복되는 서류 제21)**

1. 성능위주설계 적용으로 인한 화재안전성능 **비교표**
2. 소방시설등 **설계도면**
3. 소방시설에 대한 전기부하 및 소화펌프 등 용량계산서
4. 성능위주설계 **요소**에 대한 성능평가

💡 **설계요소 부하비교**

변경
신고

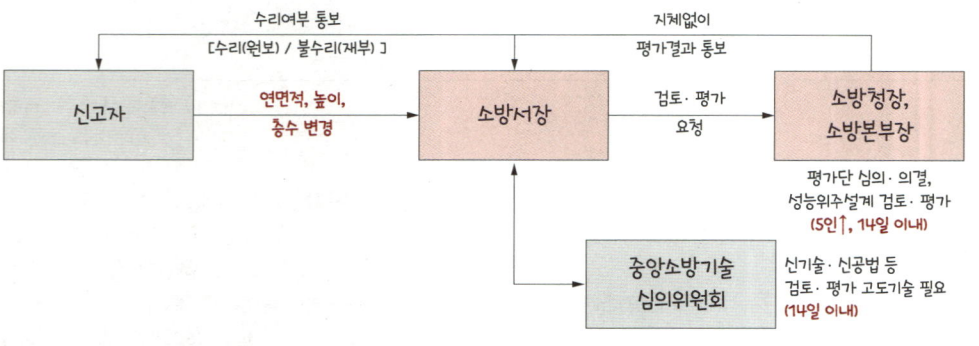

① **변경신고를 하여야 하는 경우**(행정안전부령): 해당 특정소방대상물의 연면적·높이·층수의 변경이 있는 경우
② **변경신고 회의**: 검토·평가한 평가단원 中 5인 ↑ 구성·운영, 14일 이내 검토·평가, 지체없이 결과통보

 **참고** **성능위주설계 기준(행정안전부령)**

① 성능위주설계의 기준 💡 **뉴스특보!!** 방화범이 진입해서 최적의 소화수로 소방시설을 침수시키는 특별 실험을 하였습니다!

ㄱ 소방자동차 진입동선, 소방관 진입경로
ㄴ 화재·피난모의실험 → 화재위험성·피난안전성 검증
ㄷ 건축물 규모·특성 고려 → 최적 소방시설 설치
ㄹ 소화수 공급시스템 최적화 → 화재피해 최소화
ㅁ 특별피난계단 포함 피난경로 안전성 확보
ㅂ 용도별 방화구획 적정성
ㅅ 침수 등 재난상황 포함 → 지하층 안전확보 방안
② 성능위주설계의 세부기준: 소방청장

③ 성능위주설계평가단

구분		내용	
설치위치		소방청 또는 소방본부	
설치목적		성능위주설계에 대한 전문적·기술적 검토 및 평가	
구성 및 운영 (행정안전부령)	단원	50명 이내의 단원(평가단장 포함, 성별고려)	
	평가단장	소방청장 또는 소방본부장이 임명 또는 위촉	
	평가단원	㉠ 소방공무원	• 소방기술사 • 소방시설관리사 • 다음 중 중앙소방학교에서 실시하는 성능위주설계 관련 교육과정을 이수한 사람 ⓐ 소방설비기사 이상의 자격 + 건축허가동의 업무 1년 ↑ ⓑ 건축 또는 소방 관련 석사학위 이상 취득 + 건축허가동의 업무 1년 ↑
		㉡ 건축 및 소방방재분야 전문가	ⓐ 중앙소방기술심의위원회의 위원 또는 지방소방기술심의위원회 위원 ⓑ 학교 또는 연구기관 부교수 이상 + 화재안전 or 관련 법령·정책 전문성 ⓒ 소방시설관리사·소방기술사 ⓓ 관련 업종에 종사하는 자 + 건축사, 건축구조기술사 자격취득 ⓔ 특급감리원 자격 소지자 + 소방공사 현장 감리업무 10년 ↑
	임기	2년, 2회 연임가능	
	평가단 회의	㉠ 평가단장과 6명 이상 8명 이하의 평가단원으로 구성·운영 ㉡ 개의(과반수 출석) / 의결(출석 평가단원 과반수의 찬성)	

🌸 **성능위주설계평가단 비밀누설**
벌칙

300만원 ↓ 벌금

4 주택에 설치하는 소방시설

① 주택용 소방시설(대통령령): 소화기, 단독경보형감지기
② 설치대상: 단독주택, 공동주택(제외: 아파트 및 기숙사) [건축법] 💡 공단기와 소단기
③ 주택용 소방시설의 설치기준 및 자율적인 안전관리 등에 관한 사항: 시·도의 조례

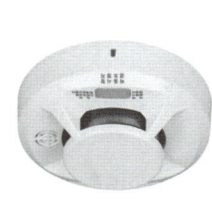

[단독경보형감지기 및 소화기]

5 자동차에 설치 또는 비치하는 소화기

① 차량용 소화기 설치 또는 비치 대상

　㉠ 설치·비치자: 제작자, 조립자, 수입자, 판매자, 소유자

　㉡ 대상: 5인승↑ 승용자동차, 승합자동차, 화물자동차, 특수자동차 💡 차오(5)차오(5)를 특수화물로 승합차에 보낸다.

② 차량용 소화기 설치 또는 비치 여부 확인

　㉠ 확인자: 국토교통부장관, 자동차검사 시 차량용소화기 설치 또는 비치 여부 확인

　㉡ 결과 통보절차: 국토교통부장관 → 소방청장, 매년 12월 31일까지

③ 차량용 소화기의 설치 또는 비치 기준: 행정안전부령

구분		소화기	비고
승용자동차		1단위↑ 소화기 1개↑	사용하기 쉬운 곳
승합자동차	경형승합	1단위↑ 소화기 1개↑	사용하기 쉬운 곳
	15인↓	2단위↑ 소화기 1개↑ OR 1단위↑ 소화기 2개↑	11인↑인 경우: 운전석 or 운전석과 옆으로 나란한 좌석 주위 1개↑
	16인~35인	2단위↑ 소화기 2개↑	23인↑&너비2.3m↑인 경우: 운전자 좌석 쿠근 공간(가로 600mm, 세로 200mm↑) 확보 후 1개↑ 소화기 설치
	36인↑	3단위↑ 소화기 1개↑ & 2단위↑ 소화기 1개↑	2층 대형승합인 경우: 위층 차실 3단위↑ 스화기 1개↑ 추가 설치
화물자동차(피견인자동차 제외) & 특수자동차	중형↓	1단위↑ 소화기 1개↑	사용하기 쉬운 곳
	대형↑	2단위↑ 소화기 1개↑ OR 1단위↑ 소화기 2개↑	사용하기 쉬운 곳
지정수량↑ 위험물 또는 고압가스 운송 특수자동차 (피견인자동차 연결 시: 견인자동차 포함)		무상의 강화액 8L↑, CO_2 3.2kg↑, CF_2ClBr 2L↑, CF_3Br 2L↑, $C_2F_4Br_2$ 1L↑, 소화분말 3.3kg↑: 2개↑	

제2절 | 특정소방대상물에 설치하는 소방시설의 관리

① 특정소방대상물에 설치하는 소방시설의 관리

① 관계인의 의무
- ㉠ 대통령령으로 정하는 소방시설을 화재안전기준에 따라 설치·관리 (* 위반 시: 300만원↓ 과태료)
- ㉡ 장애인등 사용 소방시설(경보설비, 피난구조설비)의 설치·관리
② 조치명령: 소방본부장, 소방서장 → 관계인 (* 위반 시: 3년, 3천만원↓ 벌금)
③ 소방시설의 폐쇄·차단
- ㉠ 소방시설의 폐쇄(잠금 포함)·차단 행위금지(→ 소방시설의 점검·정비 필요한 경우 가능)
- ㉡ 소방청장: 점검·정비를 위하여 폐쇄·차단을 하는 경우 안전확보를 위해 필요한 행동요령에 관한 지침마련
④ 소방시설정보관리시스템: 소방시설의 작동정보 등을 실시간으로 수집·분석할 수 있는 시스템 (~구축·운영할 수 있다.)

구분	내용	
구축·운영권자	소방청장, 소방본부장, 소방서장 → 작동정보를 관계인에게 통보	
설치대상 (대통령령) 💡 노숙수업 지하문, 터널 위험 창판의 공종	→ 소방안전관리대상물 中 다음의 특정소방대상물	
	㉠ 문화 및 집회시설 ㉡ 종교시설 ㉢ 판매시설 ㉣ 의료시설 ㉤ 노유자시설 ㉥ 숙박이 가능한 수련시설 ㉦ 숙박시설	◎ 업무시설 ㉧ 공장, 창고시설 ㉨ 위험물 저장 및 처리 시설 ㉩ 지하상가 및 지하구 ㉪ 터널 ㉫ 기타 소방청장, 소방본부장 또는 소방서장이 필요하다고 인정하는 대상
운영방법 및 통보절차 (행정안전부령)	소방청장, 소방본부장, 소방서장 → 관계인	
	㉠ 개선사항 정보제공 ㉡ 비정상적 작동정보 사실공유	㉢ 전담인력 둘 수 있음 ㉣ 기타규정: 소방청장

소방시설 폐쇄(잠금 포함), 차단

1. 위험발생
   5년 징역 / 5천만원 벌금
2. 상해
   7년 징역 / 7천만원 벌금
3. 사망
   10년 징역 / 1억원 벌금

2 소방시설기준 적용의 특례

① 소방시설기준 적용의 특례

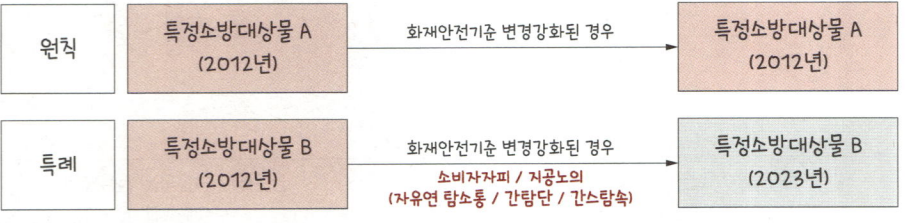

⊙ 권한자: 소방본부장, 소방서장

ⓛ 원칙: 강화 시 기존의 특정소방대상물의 소방시설 → 변경 전 기준 적용

ⓒ 특례: 강화 시 기존의 특정소방대상물의 소방시설 → 변경으로 강화된 기준 적용

구분		내용
소방시설		소화기구, 비상경보설비, 자동화재탐지설비, 자동화재속보설비, 피난구조설비 💡 **소비자자피**
특정소방대상물 💡 **지공노의**	공동구	소화기, 자동소화장치, 자동화재탐지설비, 통합감시시설, 유도등 및 연소방지설비 💡 **자유연 탐소통**
	전력 및 통신사업용 지하구	소화기, 자동소화장치, 자동화재탐지설비, 통합감시시설, 유도등 및 연소방지설비 💡 **자유연 탐소통**
	노유자시설	간이스프링클러설비, 자동화재탐지설비, 단독경보형감지기 💡 **간탐단**
	의료시설	스프링클러설비, 간이스프링클러설비, 자동화재탐지설비, 자동화재속보설비 💡 **간스탐속**

② 유사한 소방시설의 설치면제

⊙ 권한자: 소방본부장, 소방서장

ⓛ 유사한 소방시설의 설치면제(시행령 [별표 5])

설치 면제 소방시설	설치면제 기준
1. 자동소화장치	물분무등소화설비 기준 적합(제외: 주거용 및 상업용 주방자동소화장치)
2. 옥내소화전설비	호스릴방식의 미분무소화설비 or 옥외소화전설비 기준 적합(소방본부장, 서장 설치곤란 인정)
3. 스프링클러설비	• 자동소화장치 또는 물분무등소화설비 기준 적합 • 전기저장시설: 소화설비를 소방청장이 정하여 고시하는 방법에 따라 설치한 경우
4. 간이스프링클러설비	스프링클러설비, 물분무소화설비, 미분무소화설비 기준 적합 💡 **연간 스물미**
5. 물분무등소화설비	차고·주차장에 스프링클러설비 기준 적합

6. 옥외소화전설비	문화유산인 목조건축물에 상수도소화용수설비 기준 적합
7. 비상경보설비	2개 이상의 단독경보형감지기와 연동 설치
8. 비상경보설비 또는 단독경보형감지기	자동화재탐지설비 or 화재알림설비 기준 적합
9. 자동화재탐지설비	화재알림설비, 스프링클러설비 or 물분무등소화설비 기준 적합
10. 화재알림설비	자동화재탐지설비 기준 적합 💣 자동화재속보설비
11. 비상방송설비	자동화재탐지설비 또는 비상경보설비와 같은 수준 이상의 음향을 발하는 장치를 부설한 방송설비 기준 적합
12. 자동화재속보설비	화재알림설비 기준 적합
13. 누전경보기	아크경보기 or 지락차단장치 설치 💡 누아지
14. 피난구조설비	피난상 지장이 없다고 인정
15. 비상조명등	피난구유도등 or 통로유도등 기준 적합 💡 조피통(똥) 💣 피난구유도표지, 통로유도표지
16. 상수도소화용수설비	• 수평거리 140m 이내 공공의 소방을 위한 소화전 기준 적합 • 소화수조 또는 저수조 설치(소방본부장, 서장 설치곤란 인정)
17. 제연설비	• 공기조화설비 + 화재 시 제연설비 기능으로 자동전환되는 구조 • 배출구(면적의 합계가 제연구역 바닥면적의 1/100 이상, 수평거리 30m 이내) + 공기유입구 설치 • 노대 연결 특별피난계단, 노대 설치 비상용 승강기의 승강장, 배연설비 설치 피난용 승강기의 승강장
18. 연결송수관설비	옥내소화전설비, 스프링클러설비, 간이스프링클러설비, 연결살수설비 기준 적합 (제외: 지표면~최상층 방수구 높이: 70m 이상)
19. 연결살수설비	• 송수구 부설 + 스프링클러, 간이스프링클러, 물분무, 미분무소화설비 기준 적합 • 물분무장치 등: 소방대 사용가능 연결송수구 설치 or 6시간 이상 공급할 수·있는 수원 확보
20. 무선통신보조설비	이동통신 구내 중계기 선로설비 or 무선이동중계기 기준 적합
21. 연소방지설비	스프링클러설비, 물분무소화설비, 미분무소화설비 기준 적합 💡 연간 스물미

③ 증축 또는 용도변경 당시 소방시설기준 적용: 증축 또는 용도변경 당시의 소방시설의 설치에 관한 대통령령 또는 화재안전기준 적용

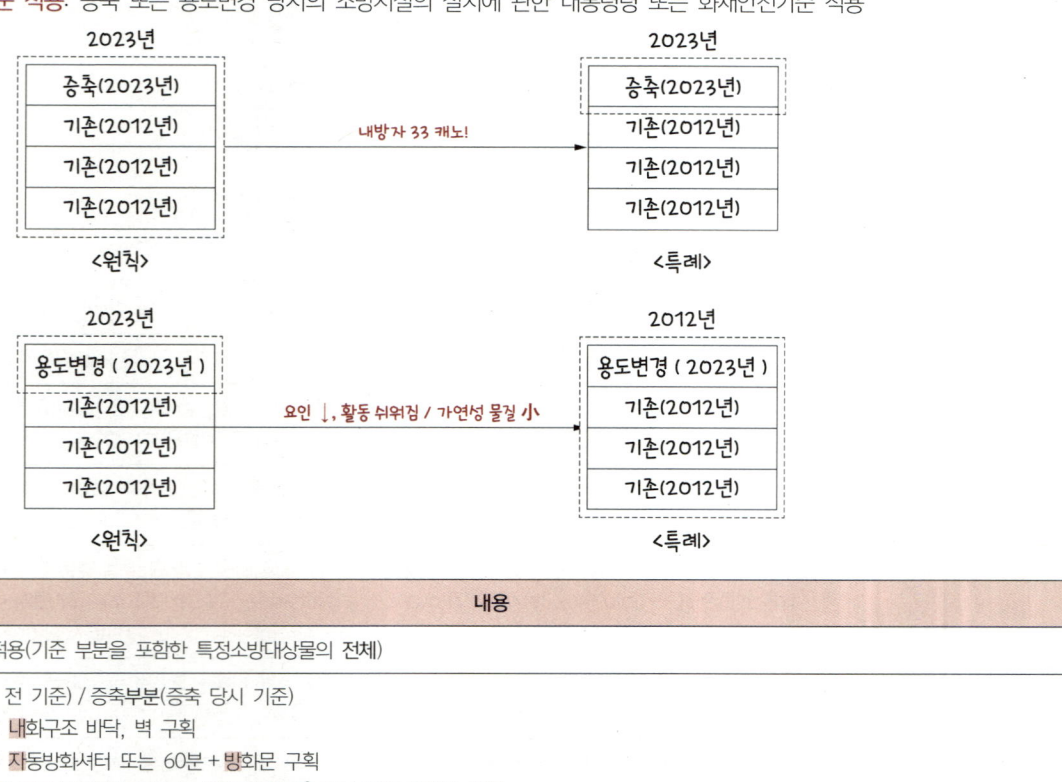

구분		내용
증축	원칙	증축 당시 기준 적용(기준 부분을 포함한 특정소방대상물의 전체)
	특례	→ 기존부분(증축 전 기준) / 증축부분(증축 당시 기준) ㉠ 기존 ↔ 증축: 내화구조 바닥, 벽 구획 ㉡ 기존 ↔ 증축: 자동방화셔터 또는 60분 + 방화문 구획 ㉢ 화재 위험 낮은 특정소방대상물 내부 + 연면적 33m² 이하 직원 휴게실 증축 ㉣ 화재 위험 낮은 특정소방대상물 + 캐노피(3면 이상 벽이 없는 구조) 설치 💡 내 방자 33캐노
용도변경	원칙	용도변경 당시 기준 적용(용도변경되는 부분만)
	특례	→ 특정소방대상물 전체(용도변경 전 기준) ㉠ 특정소방대상물의 구조·설비가 화재연소 확대 요인이 적어지도록 변경되는 경우 ㉡ 피난 또는 화재진압활동이 쉬워지도록 변경되는 경우 ㉢ 용도변경으로 인하여 천장·바닥·벽 등에 고정되어 있는 가연성 물질의 양이 줄어드는 경우

④ 소방시설의 설치 면제(시행령 [별표 6])(→ 공법이 특수한 설계 인정된 소방시설 설치하는 경우: 중앙소방기술심의위원회의 심의를 거쳐 적용)

구분	특정소방대상물	소방시설
1. 화재 위험도가 낮은 특정소방대상물 💡 석불외살	석재, 불연성금속, 불연성 건축재료 등의 가공공장·기계조립공장 또는 불연성 물품을 저장하는 창고	옥외소화전, 연결살수설비
2. 화재안전기준을 적용하기 어려운 특정소방대상물 💡 음쓰 살상 / 탐정 살상	펄프공장의 작업장, 음료수 공장의 세정 또는 충전을 하는 작업장	스프링클러설비, 상수도소화용수설비, 연결살수설비
	정수장, 수영장, 목욕장, 농예·축산·어류양식용 시설	자동화재탐지설비, 상수도소화용수설비, 연결살수설비
3. 화재안전기준을 달리 적용하여야 하는 특수한 용도 또는 구조를 가진 특정소방대상물	원자력발전소, 중·저준위 방사성폐기물의 저장시설	연결송수관설비, 연결살수설비 💡 원중 송살
4. 자체소방대가 설치된 특정소방대상물	자체소방대가 설치된 제조소등에 부속된 사무실	옥내소화전설비, 소화용수설비, 연결송수관설비, 연결살수설비 💡 내용송살

3 특정소방대상물별로 설치하여야 하는 소방시설의 정비

① 특정소방대상물별 설치하여야 하는 소방시설의 선정 시 고려사항: ㉠ 규모 / ㉡ 용도 / ㉢ 수용인원 / ㉣ 이용자 특성 💡 용규있슈~ 💣 가연물의 종류, 위치
② 소방시설 규정의 정비
   ㉠ 규정 정비: 소방청장, 3년에 1회 이상 정비
   ㉡ 규정 정비 연구 수행(행정안전부령): 연구하여 규정 정비를 위한 개선방안 마련, 소방청장

> 🌀 참고 **수용인원의 산정방법(시행령 [별표 7])**
>
> | 특정소방대상물 | | 산정방법 | | 비고 |
> |---|---|---|---|---|
> | 1. 숙박시설이 있는 특정소방대상물 | 침대 ○ | 종사자 수 + 침대 수(2인용 침대: 2개로 산정) | | • 바닥면적 포함 ✕
복도(준불연재료 이상 구획),
계단, 화장실
• 계산 결과
소수점 이하의 수 반올림 |
> | | 침대 ✕ | 종사자 수 + (숙박시설 바닥면적의 합계 ÷ 3m²) | | |
> | 2. "1." 외의 특정소방대상물 | 강의실·교무실·상담실·실습실·휴게실 용도 | 바닥면적의 합계 ÷ 1.9m² 💡 강한 상실로 휴교 1.9일 | | |
> | | 강당, 문화 및 집회시설, 운동시설, 종교시설 | 관람석 ✕ | 바닥면적의 합계 ÷ 4.6m² 💡 문종운 4.6강 | |
> | | | 관람석 ○ | 고정식 의자: 의자수
긴 의자: 의자 정면너비 ÷ 0.45m | |
> | | 그 밖의 특정소방대상물 | 바닥면적의 합계 ÷ 3m² | | |

4 특정소방대상물별로 설치하여야 하는 소방시설(시행령 [별표 4])

① 소화설비

소화기구	㉠ 연면적 33m² ↑ (노유자시설의 경우: 투척용 소화용구 등 소화기 수량의 1/2 이상 설치가능) ㉡ 가스시설, 발전시설 중 전기저장시설, 국가유산 ㉢ 터널, 지하구 💡 33 전국가 터지

자동소화장치	→ 다음에 해당하는 특정소방대상물 中 후드 및 덕트가 설치되어 있는 주방	
	㉠ 주거용 주방	아파트등 / 오피스텔
	㉡ 상업용 주방	판매시설 中 대규모점포에 입점해 있는 일반음식점 / 집단급식소
	㉢ 캐비닛형, 가스, 분말, 고체에어로졸	화재안전기준에서 정하는 장소

옥내소화전설비	㉠ 연면적 3천m² ↑ / 지하층·무창층·4층 이상의 층 + 바닥면적 600m² ↑ ㉡ 근린생활시설, 판매시설 등 용도: 연면적 1천5백m² ↑ / 지하층·무창층·4층 이상의 층 + 바닥면적 300m² ↑ ㉢ 옥상 차고·주차장: 200m² ↑ ㉣ 터널: 1천m↑ / 행정안전부령으로 정하는 터널 ㉤ 공장, 창고시설: 750배 이상의 특수가연물 저장·취급 💡 3천 지무사육(6) / 용도 + 1천5백 지무사삼(3) / 옥이(2)

스프링클러설비	㉠ 층수: 6층 ↑ ㉡ 기숙사, 복합건축물 + 연면적 5천m² ↑ ㉢ 문화 및 집회시설, 종교시설, 운동시설

설치대상			설치조건
문화 및 집회시설, 종교시설, 운동시설	수용인원		100명 이상
	영화상영관	지하층, 무창층	바닥면적 500m² 이상
		그 밖의 층	바닥면적 1천m² 이상
	무대부	지하층, 무창층, 4층 이상	바닥면적 300m² 이상
		그 밖의 층	바닥면적 500m² 이상

㉣ 판매시설, 운수시설, 창고시설(물류터미널): 바닥면적 합계 5천m² ↑ or 수용인원 500명 ↑
㉤ 창고시설(물류터미널 제외): 바닥면적 합계 5천m² ↑
㉥ 근생 中 조산원, 산후조리원, 의료 中 ~병원, 노유자시설, 숙박시설, 숙박이 가능한 수련시설: 바닥면적 합계 600m² ↑
㉦ 지하층, 무창층, 4층 이상: 바닥면적 1천m² ↑
㉧ 공장, 창고시설: 1천배 이상의 특수가연물 저장·취급
㉨ 지하상가: 연면적 1천m² ↑
㉩ 발전시설 中 전기저장시설 등 💡 문종운 수영무대 15135 / 기숙사, 복합, 판매, 운수, 창고 등 5천, 500 / 노숙의 조산 + 수련(600m² ↑)

구분	내용		
근린생활시설	㉠ 근린생활시설 + 사용 바닥면적 합계 1천m² ↑ ㉡ 의원, 치과의원, 한의원(입원실 또는 인공신장실이 있는 시설) ㉢ 조산원 및 산후조리원 + 연면적 600m² 미만		
의료시설	종합병원, 병원, 치과병원, 한방병원, 요양병원 (의료재활시설 제외)	바닥면적의 합계	600m² 미만
	정신의료기관 or 의료재활시설	바닥면적의 합계	300m² ~ 600m² 미만
			300m² 미만 & 창살 설치
노유자시설	노유자생활시설		
	기타의 노유자시설	바닥면적의 합계	300m² ~ 600m² 미만
			300m² 미만 & 창살 설치
기타	㉠ 공동주택 中 연립주택 및 다세대주택(주택전용 간이스프링클러설비 설치) ㉡ 건물을 임차하여 보호시설로 사용하는 부분 ㉢ 교육연구시설 내 합숙소 + 연면적 100m² ↑ ㉣ 숙박시설 + 사용 바닥면적 합계 300 ~ 600m² 미만 ㉤ 복합건축물 + 연면적 1천m² ↑		

간이스프링클러

💡 노숙의 조산 + 600m² ↓ / 복근이 천천히!(1천) / 다연씨 보호 백합

물분무등소화설비

㉠ 항공기격납고
㉡ 차고, 주차용 건축물, 철골 조립식 주차시설: 연면적 800m² ↑
㉢ 차고, 주차장: 면적 200m² ↑(기계장치: 20대 ↑)
㉣ 전기실, 발전실, 변전실, 축전지실, 통신기기실, 전산실: 바닥면적 300m² ↑
㉤ 중·저준위방사성폐기물의 저장시설 → CO₂, 할론, 할로겐화합물 및 불활성기체 소화설비 설치 💣분말소화설비
㉥ 행정안전부령으로 정하는 터널 → 물분무소화설비 설치
㉦ 지정문화유산 또는 천연기념물등 中 소방청장 ↔ 국가유산청장 협의

💡 물항 주연발(8) 주바리(2) 차이(2) 전기(3)

옥외소화전설비

㉠ 지상 1층 및 2층: 바닥면적의 합계 9천m² ↑
㉡ 공장, 창고시설: 750배 이상의 특수가연물 저장·취급
㉢ 문화유산 中 보물, 국보 지정 목조건축물

💡 129 특수목

🌸 **창살**

철재·플라스틱 또는 목재 등으로 사람의 탈출 등을 막기 위하여 설치한 것을 말하며, 화재 시 자동으로 열리는 구조로 되어 있는 창살은 제외한다.

🌸 **연소 우려가 있는 구조**

1. 대지경계선 안 2 이상 건축물
2. 수평거리
   - 1층(6m 이하)
   - 2층 이상(10m 이하)
3. 개구부
   - 다른 건축물을 향하여 설치한 경우

② 경보설비

비상경보설비	㉠ 연면적 400m² ↑ ㉡ 지하층, 무창층: 바닥면적 150m²(공연장 100m²) ↑ ㉢ 터널: 500m ↑ ㉣ 옥내작업장: 50명 ↑ 근로자 작업
비상방송설비	㉠ 연면적 3천5백m² ↑ ㉡ 층수 11층 ↑ ㉢ 지하층: 층수 3층 ↑
누전경보기	계약전류용량 100A 초과 특정소방대상물(내화구조 ✕, 불연재료 or 준불연재료 ✕)
시각경보기	㉠ 문화 및 집회, 종교, 판매, 운수, 의료, 노유자시설 ㉡ 운동, 숙박, 창고 中 물류터미널, 장례시설 ㉢ 교육연구시설 中 도서관, 방송통신시설 中 방송국 ㉣ 근린생활, 업무, 위락, 발전, 지하상가
가스누설경보기	㉠ 문화 및 집회, 종교, 판매, 운수, 의료, 노유자시설 ㉡ 운동, 숙박, 창고 中 물류터미널, 장례시설 ㉢ 수련시설
단독경보형감지기	㉠ 교육연구시설 내에 있는 합숙소 또는 기숙사 + 연면적 2천m² 미만 ㉡ 수련시설 내에 있는 합숙소 또는 기숙사 + 연면적 2천m² 미만 ㉢ 숙박시설이 있는 수련시설(수용인원 100명 미만) ㉣ 연면적 400m² 미만의 유치원 ㉤ 공동주택 中 연립주택 및 다세대주택 (연동형으로 설치할 것) 💡 다연 교수 2천 기합 / 백수 새(4)유

자동화재탐지설비	설치대상		설치조건
	㉠ 공동주택 中 아파트등, 기숙사 및 숙박시설 ㉡ 층수가 6층 이상인 건축물은 모든 층 ㉢ 노유자 생활시설 ㉣ 판매시설 중 전통시장 ㉤ 지하구 ㉥ ㉢에 해당하지 않는 근린생활시설 中 조산원 및 산후조리원 ㉦ ㉣에 해당하지 않는 발전시설 中 전기저장시설		므두 해당
	의료시설 中 정신의료기관 또는 요양병원	요양병원(의료재활시설 제외)	므두 해당
		정신의료기관 또는 의료재활시설	바닥면적 합계 300m² ↑
			바닥면적 합계 300m² ↓ & 창살 설치

🌺 **터널(길이별)**

1. 모두: 소화기구
2. 500m ↑
   - 비상경보설비
   - 비상조명등
   - 비상콘센트설비
   - 무선통신보조설비
3. 1,000m ↑
   - 옥내소화전설비
   - 자동화재탐지설비
   - 연결송수관설비

🌺 **지하상가**

→ 연면적 1천m² ↑

1. 스프링클러설비
2. 자동화재탐지설비
3. 제연설비
4. 무선통신보조설비

자동화재탐지설비	⊚ 숙박시설이 있는 수련시설	수용인원 100명 ↑
	㉩ ㉢에 해당하지 않는 노유자시설	연면적 400㎡ ↑
	㉨ 근린생활(목욕장 제외), 의료(정신의료기관, 요양병원 제외), 위락, 장례, 복합건축물	연면적 600㎡ ↑
	㉠ 근린생활 中 목욕장, 문화 및 집회, 종교, 판매, 운수, 운동, 업무, 공장, 창고, 위험물 저장 및 처리, 항공기 및 자동차 관련, 교정 및 군사 中 국방·군사, 방송통신, 발전, 관광휴게, 지하상가	역면적 1천㎡ ↑
	㉢ 교육연구(교육시설 내에 있는 기숙사 및 합숙소 포함), 수련(수련시설 내에 있는 기숙사 및 합숙소 포함, 숙박이 있는 수련 제외), 동물 및 식물 관련, 자원순환 관련, 교정 및 군사(국방·군사 제외), 묘지 관련	역면적 2천㎡ ↑
	㉤ 터널	길이가 1천m ↑
	㉥ 특수가연물을 저장·취급하는 공장 및 창고시설	수량의 500배 ↑
화재알림설비	판매시설 中 전통시장	
자동화재속보설비	㉠ 노유자생활시설, 판매시설 중 전통시장, 문화유산 中 보물 또는 국보로 지정된 목조건축물 ㉡ 노유자시설 + 바닥면적 500㎡ ↑ ㉢ 숙박시설이 있는 수련시설 + 바닥면적 500㎡ ↑ ㉣ 근린생활시설: 의원, 치과의원, 한의원으로서 입원실이 있는 시설, 조산원 및 산후조리원 ㉤ 의료시설 　• 종합, 병원, 치과, 한방 및 요양병원(의료재활시설 제외) 　• 정신병원 및 의료재활시설 + 사용 바닥면적의 합계 500㎡ ↑	
통합감시시설	지하구	

특수가연물(수량)

1. 500배 ↑: 자동화재탐지설비
2. 750배 ↑: 옥내, 옥외소화전
3. 1천배 ↑: 스프링클러설비

수용인원 100명 이상

1. 공기호흡기
2. 스프링클러설비
3. 자동화재탐지설비
4. 제연설비
5. 휴대용비상조명등

③ 피난구조설비

피난기구	㉠ 특정소방대상물의 모든 층에 설치 ㉡ 제외: 피난층, 지상 1층·2층, (제외: 노유자시설 중 피난층이 아닌 지상 1층·2층), 11층 ↑, 가스시설, 터널, 지하구
인명구조기구	㉠ 방열복, 방화복, 인공소생기, 공기호흡기: 지하층 포함 층수 7층 ↑ + 관광호텔 ㉡ 방열복, 방화복, 공기호흡기: 지하층 포함 층수 5층 ↑ + 병원 ㉢ 공기호흡기: 수용인원 100명 ↑ 영화상영관, 판매 中 대규모점포, 운수 中 지하역사, 지하상가, 이산화탄소소화설비(호스릴 제외) 설치 특정소방대상물 　💡 백수 영화 이대 지하
유도등	㉠ 피난구유도등, 통로유도등, 유도표지: 특정소방대상물 설치(제외: 터널, 축사) ㉡ 객석유도등: 유흥주점영업시설, 문화 및 집회시설, 종교시설, 운동시설 ㉢ 피난유도선: 화재안전기준 정하는 장소

비상조명등	㉠ 지하층 포함 5층 ↑ + 연면적 3천m² ↑ ㉡ 지하층, 무창층 + 바닥면적 450m² ↑ ㉢ 터널 + 길이 500m ↑
휴대용비상조명등	㉠ 숙박시설 ㉡ 수용인원 100명 ↑ 영화상영관, 판매 中 대규모점포, 철도 및 도시철도 中 지하역사, 지하상가 💡 백수 영화 숙대 지하

④ 소화용수설비

상수도 소화용수설비	㉠ 연면적 5천m² ↑ ㉡ 가스시설 中 지상 노출 탱크 저장용량의 합계 100톤 ↑ ㉢ 자원순환 관련 시설 中 폐기물재활용시설, 폐기물처분시설
소화수조 또는 저수조	대지경계선으로부터 180m 이내에 지름 75mm 이상인 상수도용 배수관이 설치되지 않은 지역의 경우

⑤ 소화활동설비

	설치대상		설치조건
제연설비	㉠ 문화 및 집회시설 ㉡ 종교시설 ㉢ 운동시설	무대부	바닥면적이 200m² ↑
		문화 및 집회시설 中 영화상영관	수용인원 100명 ↑
	㉣ 근린생활, 판매, 운수, 노유자, 숙박, 의료, 위락 ㉤ 창고시설(물류터미널만 해당)		지하층, 무창층 바닥면적의 합계 1천m² ↑
	㉥ 운수 中 시외버스정류장 ㉦ 철도 및 도시철도, 공항, 항만시설의 대기실 또는 휴게시설		지하층, 무창층 바닥면적 1천m² ↑
	㉧ 지하상가		연면적 1천m² ↑
	㉨ 터널		예상 교통량, 경사도 등 터널의 특성 고려
	㉩ 행정안전부령으로 정하는 터널 ㉪ 특정소방대상물(갓복도형 아파트등 제외)에 부설된 특별피난계단, 비상용 승강기의 승강장 또는 피난용 승강기의 승강장		

연결송수관설비	㉠ 5층 ↑ & 연면적 6천m² ↑ ㉡ 층수 7층 ↑(지하층 포함) ㉢ 지하층 3층 ↑ & 지하층 바닥면적의 합계 1천m² ↑ ㉣ 터널로서 길이가 1,000m 이상인 것 💡 567, 지삼천 터천

🌸 **전기저장시설 설치 소방시설**

1. 소화기구
2. 스프링클러설비
3. 자동화재탐지설비

🌸 **공동주택 中 연립, 다세대주택**

1. 간이스프링클러설비(주택전용)
2. 단독경보형감지기(연동형)

🌸 **판매시설 中 전통시장**

1. 자동화재탐지설비
2. 자동화재속보설비
3. 화재알림설비

🌸 **노유자생활시설**

1. 간이스프링클러설비
2. 자동화재탐지설비
3. 자동화재속보설비

🌸 **소방활동이 어려운 지하(지삼천)**

1. 연결송수관설비
2. 비상콘센트설비
3. 무선통신보조설비

연결살수설비	㉠ 판매, 운수, 창고 중 물류터미널 + 바닥면적의 합계 1천m² ↑ ㉡ 지하층 바닥면적의 합계 150m² ↑(학교, 아파트등의 지하층: 700m² ↑) ㉢ 가스시설 中 지상 노출 텅크 용량 30톤 ↑
비상콘센트설비	㉠ 11층 ↑ 특정소방대상물의 경우: 11층 이상의 층 ㉡ 지하층 3층 ↑ & 지하층 바닥면적의 합계 1천m² ↑: 지하층의 모든 층 ㉢ 터널 + 길이 500m ↑

🌸층수

1. 6층 ↑ : 자동화재탐지설비,
　　　　　스프링클러설비
2. 7층 ↑ : 연결송수관설비
3. 11층 ↑ : 비상방송설비,
　　　　　비상콘센트(11층 ↑ 부분)
4. 30층 ↑ : 무선통신보조설비
　　　　　(16층 ↑ 부분)

무선통신보조설비	설치대상	설치조건
	㉠ 지하상가	연면적 1천m² ↑
	㉡ 터널	길이가 500m ↑
	㉢ 지하구 中 공동구	–
	㉣ 지하층	• 지하층의 바닥면적의 합계가 3천m² ↑ or • 지하층의 3층 ↑ & 지하층의 바닥면적의 합계 1천m² ↑
	㉤ 층수가 30층 이상인 것	16층 ↑ 부분

연소방지설비	지하구(전력 또는 통신사업용인 것만 해당)

5 건설현장의 임시소방시설 설치 및 관리

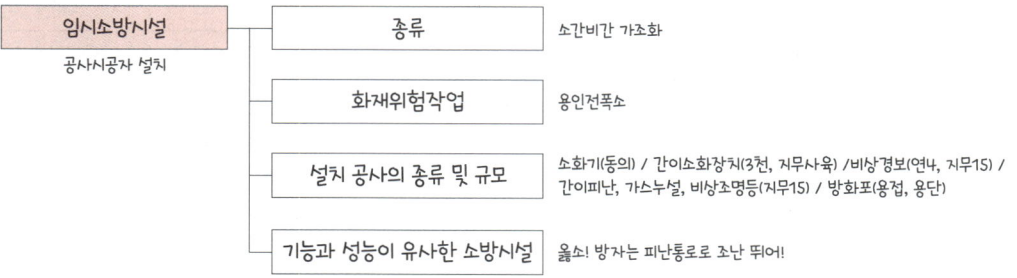

① **임시소방시설의 설치 및 관리**: 공사시공자, 화재위험작업을 하기 전(* 위반 시: 300만원↓ 과태료)
　→ 조치명령: 소방본부장, 소방서장(* 위반 시: 3년 징역, 3천만원↓ 벌금)

② 화재위험작업 💡 용인 전폭소

　㉠ 인화성·가연성·폭발성 물질 취급 or 가연성 가스 발생 작업

　㉡ 용접·용단 등 불꽃 발생 or 화기 취급 작업

　㉢ 전열기구, 가열전선 등 열 발생시키는 기구 취급 작업

　㉣ 알루미늄, 마그네슘 등 폭발성 부유분진 발생 작업

　㉤ 그 밖에 ㉠부터 ㉣까지에 준하는 작업으로 소방청장이 정하여 고시하는 작업

③ 임시소방시설을 설치하여야 하는 공사의 종류와 규모 등 필요한 사항(대통령령) [시행령 [별표8]]

종류	공사의 종류 및 규모	임시소방시설과 기능 및 성능이 유사한 소방시설
소화기	소방본·서장의 동의를 받아야 하는 특정소방대상물	-
간이소화장치	물을 방사하여 화재를 진화할 수 있는 장치로서 **소방청장**이 정하는 성능을 갖추고 있을 것	
간이소화장치	㉠ 연면적 3천m² ↑ ㉡ 지하층, 무창층, 4층 이상의 층 + 바닥면적 600m² ↑	㉠ 옥내소화전 💡 옳소~(옥소) ㉡ 소방청장 고시 소화기(연결송수관설비의 방수구 인근에 설치한 경우로 한정)
비상경보장치	화재가 발생한 경우 주변에 있는 작업자에게 화재사실을 알릴 수 있는 장치로서 **소방청장**이 정하는 성능을 갖추고 있을 것	
비상경보장치	㉠ 연면적 400m² ↑ ㉡ 지하층, 무창층 + 바닥면적 150m² ↑	㉠ 비상방송설비 ㉡ 자동화재탐지설비 💡 방자는!
가스누설경보기	가연성 가스가 누설되거나 발생된 경우 이를 탐지하여 경보하는 장치로서 형식승인 및 제품검사를 받은 것	
가스누설경보기	지하층, 무창층 + 바닥면적 150m² ↑	-
간이피난유도선	화재가 발생한 경우 피난구 방향을 안내할 수 있는 장치로서 **소방청장**이 정하는 성능을 갖추고 있을 것	
간이피난유도선	지하층, 무창층 + 바닥면적 150m² ↑	㉠ 피난유도선, 피난구유도등, 통로유도등 ㉡ 비상조명등 💡 피난통로로 조나 뛰에!
비상조명등	화재가 발생한 경우 안전하고 원활한 피난활동을 할 수 있도록 자동 점등되는 조명장치로서 **소방청장**이 정하는 성능을 갖추고 있을 것	
비상조명등	지하층, 무창층 + 바닥면적 150m² ↑	-
방화포	용접·용단 등의 작업 시 발생하는 불티로부터 가연물이 점화되는 것을 방지해주는 천 또는 불연성 물품으로서 **소방청장**이 정하는 성능을 갖추고 있을 것	
방화포	용접·용단 작업현장	-

💡 소간비간 가조화

6 피난시설, 방화구획 및 방화시설의 관리

① **관계인 금지행위**: 피난시설, 방화구획, 방화시설 + **폐**쇄 or 훼손 / **주**위 물건 쌓기 or 장애물 설치 / **용**도 장애 or 소방활동 지장 / **변**경 [* 위반 시: 300만원 ↓ 과태료]

💡 폐주용변

② **조치명령**: 소방본부장, 소방서장 → 관계인 [* 위반 시: 3년, 3천만원 ↓ 벌금]

7 소방용품의 내용연수

① **내용연수를 설정하여야 하는 소방용품**: 분말형태의 소화약제를 사용하는 소화기
② **내용연수**: 10년(성능을 확인받은 경우: 사용기한 연장가능)

8 소방기술심의위원회

종류	중앙소방기술심의위원회	지방소방기술심의위원회
설치위치	소방청	시·도

심의사항	① 화재안전기준에 관한 사항
	② 소방시설 구조 및 원리 등: 공법이 특수한 설계 및 시공
	③ 소방시설의 설계 및 공사감리의 방법
	④ **소방시설공사의 하자를 판단하는 기준**
	⑤ 신기술·신공법 등 검토·평가에 고도의 기술이 필요한 경우로서 중앙위원회에 심의를 요청한 사항
	⑥ 대통령령으로 정하는 사항
	  ㉠ 연면적 10만㎡ ↑ 특정소방대상물에 설치된 소방시설의 설계·시공·감리의 하자 유무 관한 사항
	  ㉡ 새로운 소방시설, 소방용품 등 도입 여부 관한 사항
	  ㉢ **소방청장**이 소방기술심의위원회의 심의에 부치는 사항
		① 소방시설에 하자가 있는지의 판단
		② 대통령령으로 정하는 사항
		  ㉠ 연면적 10만㎡ ↓ 특정소방대상물에 설치된 소방시설의 설계·시공·감리의 하자 유무에 관한 사항
		  ㉡ 소방본부장 또는 소방서장이 화재안전기준 또는 제조소등의 시설기준의 적용에 관하여 기술검토를 요청하는 사항
		  ㉢ 시·도지사가 소방기술심의위원회의 심의에 부치는 사항

구성 및 운영 (대통령령)	① 60명 이내(위원장 포함, 성별고려) ② 회의구성: 위원장과 6 ~ 12명 위원 ③ 임기: 2년, 한 차례 연임	① 5명 ~ 9명(위원장 포함) ② 임기: 2년, 한 차례 연임
위원장(의장)	**소방청장**이 해당 위원 中 위촉(위원회의 회의 소집)	**시·도지사**가 해당 위원 中 위촉(위원회의 회의 소집)
위원	과장급 직위 이상의 소방공무원 + 다음의 전문가 ① 소방기술사 ② 석사 이상의 소방 관련 학위 소지 ③ 소방시설관리사 ④ 소방 관련 법인·단체 + 5년 ↑ 종사한 사람 ⑤ 소방공무원 교육기관, 대학교 또는 연구소: 소방과 관련된 교육이나 연구 + 5년 ↑ 종사한 사람	시·도 소속 소방공무원 + 다음의 전문가

9 화재안전기준의 관리 · 운영

① **관리 및 운영권자**: 소방청장

② **수행업무**

ㄱ 기준의 제정 · 개정 및 운영

ㄴ 기준의 연구 · 개발 및 보급

ㄷ 기준의 검증 및 평가

ㄹ 기준의 정보체계 구축

ㅁ 기준에 대한 교육 및 홍보

ㅂ 국외 화재안전기준의 제도 · 정책 동향 조사 · 분석

ㅅ 기준발전을 위한 국제협력

ㅇ 대통령령

- 자문
- 해설서 제작 및 보급
- 국외 신기술 · 신제품의 조사 · 분석
- 소방청장이 필요하다고 인정하는 사항

제3절 | 방염

1 특정소방대상물의 방염

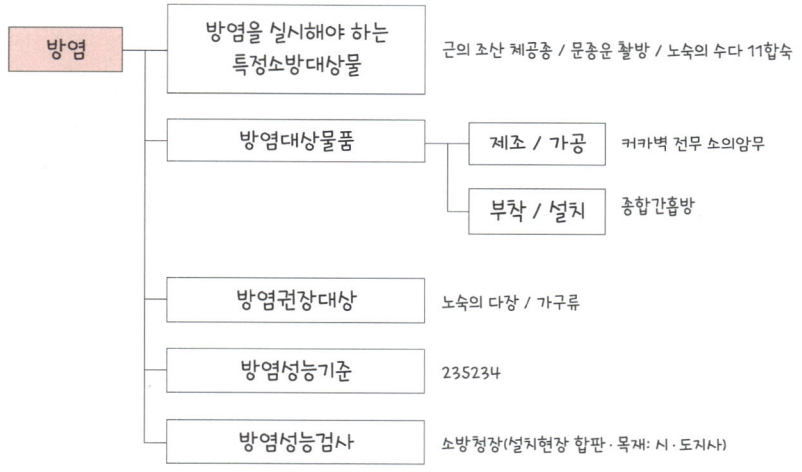

방염 ─ 방염을 실시해야 하는 특정소방대상물 ─ 근의 조산 체공총 / 문총운 찰방 / 노숙의 수다 11합숙

방염대상물품 ─ 제조 / 가공 ─ 커카벽 전무 소의암무

부착 / 설치 ─ 총합간흡방

방염권장대상 ─ 노숙의 다장 / 가구류

방염성능기준 ─ 235234

방염성능검사 ─ 소방청장(설치현장 합판 · 목재: 시 · 도지사)

대통령령으로 정하는 특정소방대상물[②]에 실내장식 등의 목적으로 설치 또는 부착하는 물품으로서
대통령령으로 정하는 물품[③](방염대상물품)은 방염성능기준[④] 이상의 것으로 설치하여야 한다.

---

① **조치명령**: 소방본부장, 소방서장 → 특정소방대상물의 관계인(제거, 검사명령) [* 위반 시: 3년, 3천만원↓ 벌금]

② **방염성능기준 이상의 실내장식물 등을 설치해야 하는 특정소방대상물** 💡근의 한치 조산 체공총, 문총운 찰방 / 노숙의 수다 / 11합숙

㉠ 근린생활시설 中 의원, 치과의원, 한의원, 조산원, 산후조리원, 체력단련장, 공연장, 종교집회장

㉡ 건축물의 옥내에 있는 문화 및 집회시설, 종교시설, 운동시설(수영장 제외)

㉢ 의료시설

㉣ 교육연구시설 中 합숙소

㉤ 노유자시설

㉥ 숙박이 가능한 수련시설

㉦ 숙박시설

㉧ 방송통신시설 中 방송국 및 촬영소

㉨ 다중이용업소

㉩ ㉠부터 ㉨까지의 시설에 해당하지 않는 것으로서 층수가 11층 이상인 것(아파트등 제외)

③ 방염대상물품

구분	방염대상물품
㉠ 제조 또는 가공 공정에서 방염 처리한 다음의 물품	• 창문에 설치하는 커튼류(블라인드 포함) • 카펫 • 벽지류(두께 2mm 미만 종이벽지 제외) • 전시용 합판·목재 또는 섬유판 무대용 합판·목재 또는 섬유판 　(합판·목재의 경우 불가피하게 설치 현장에서 방염처리한 것 포함) • 암막 또는 무대막(영화상영관, 가상체험 체육시설업 설치 스크린 포함) • 섬유류 또는 합성수지류 등을 원료로 하여 제작된 소파·의자 　(→ 단란주점영업, 유흥주점영업, 노래연습장업의 영업장만 해당) 💡 커카벽 전무, 소의암무
㉡ 건축물의 내부의 천장이나 벽에 부착하거나 설치하는 다음의 것 　(제외: 가구류, 너비 10cm↓ 반자돌림대, 내부 마감재료)	• 종이류(두께 2mm 이상의 것)·합성수지류 또는 섬유류를 주원료로 한 물품 • 합판 또는 목재 • 공간을 구획하기 위하여 설치하는 간이칸막이 • 흡음재(흡음용 커튼 포함) • 방음재(방음용 커튼 포함) 💡 종합간흡방
㉢ 방염처리된 물품의 사용권장	• 사용권장 권한자: 소방본부장, 소방서장 • 사용권장 특정소방대상물 및 사용권장 물품 💡 노숙의 다장 + 침구류, 소파·의자 / 부착, 설치 + 가구류(붙박이장) 　ⓐ 다중이용업소, 의료시설, 노유자시설, 숙박시설, 장례식장 + 침구류·소파 및 의자 　ⓑ 건축물 내부의 천장 또는 벽에 부착 or 설치 + 가구류

④ 방염성능기준(대통령령)
　㉠ 버너의 불꽃을 제거한 때부터 불꽃을 올리며 연소하는 상태가 그칠 때까지 시간: 20초 이내
　㉡ 버너의 불꽃을 제거한 때부터 불꽃을 올리지 아니하고 연소하는 상태가 그칠 때까지 시간: 30초 이내
　㉢ 탄화한 면적: 50cm² 이내, 탄화한 길이: 20cm 이내
　㉣ 불꽃에 의하여 완전히 녹을 때까지 불꽃의 접촉 횟수: 3회 이상
　㉤ 소방청장이 정하여 고시한 방법으로 발연량을 측정하는 경우 최대 연기밀도: 400 이하
⑤ 방염성능검사
　㉠ 권한자: 소방청장(설치현장의 합판·목재: 시·도지사)
　㉡ 거짓 시료 제출 ✕

🌸300만원 이하의 벌금
1. 거짓 시료 제출한 재(방염)
2. 합격표시 위조, 변조한 재(방염)

🌸시·도지사 실시 방염성능검사
1. 전시용 합판·목재 또는 무대용 합판·목재 중 설치현장에서 방염처리
2. 방염대상물품 중 설치현장에서 방염처리 합판·목재류

1 소방시설등의 자체점검

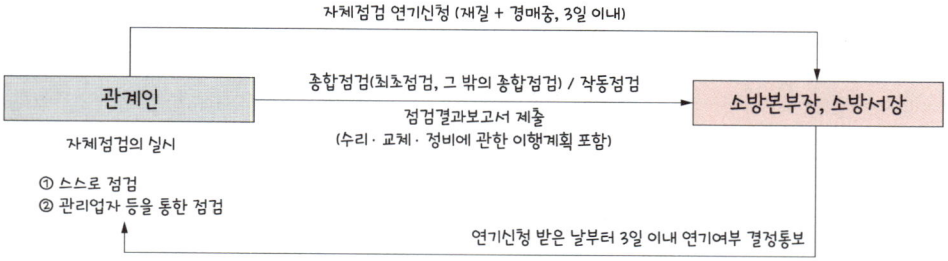

① **종합점검 中 최초점검**: 해당 특정소방대상물의 소방시설등이 신설된 경우의 점검

　㉠ 점검대상 및 점검자의 자격(주된 인력)

점검대상	점검자의 자격(주된 인력)
해당 특정소방대상물의 소방시설등이 신설된 특정소방대상물	• 관리업에 등록된 기술인력 중 소방시설관리사 • 소방안전관리자로 선임된 소방시설관리사 및 소방기술사

　㉡ 점검횟수 및 시기

　　→ 건축물을 사용할 수 있게 된 날부터 60일 이내 실시

② **작동점검**: 소방시설등을 인위적으로 조작하여 정상적으로 작동하는지를 점검하는 것(소방시설등 작동점검표에 따라 점검)

　㉠ 점검대상 및 점검자의 자격(주된 인력)

점검대상	점검자의 자격(주된 인력)
ⓐ 간이스프링클러설비(주택전용 간이스프링클러설비 제외) 또는 자동화재탐지설비가 설치된 특정소방대상물	• 관계인 • 특급점검자 • 관리업에 등록된 기술인력 중 소방시설관리사 • 소방안전관리자로 선임된 소방시설관리사 및 소방기술사
ⓑ "ⓐ, ⓒ"에 해당하지 아니하는 특정소방대상물	• 관리업에 등록된 소방시설관리사 • 소방안전관리자로 선임된 소방시설관리사 및 소방기술사

　ⓒ 작동점검 제외대상

　　• 특정소방대상물 中 소방안전관리대상물에 해당하지 않는 특정소방대상물(소방안전관리자를 선임하지 않는 대상을 말함)

　　• 제조소등

　　• 특급 소방안전관리대상물

소방시설등 점검X 벌칙

1년, 1천만원↓ 벌금

최초점검

신축·증축·개축·재축·이전·용도변경 또는 대수선 등으로 소방시설이 새로 설치된 경우에는 해당 특정소방대상물의 소방시설 전체에 대하여 실시한다.

특정소방대상물 증축·용도 변경 또는 대수선 등으로 사용승인일이 달라지는 경우

→ 사용승인일이 빠른 날 기준으로 자체점검 실시

ⓛ 점검횟수 및 시기: 연 1회 이상 실시

    ⓐ 종합점검 대상: 종합점검(최초점검은 제외한다)을 받은 달부터 6개월이 되는 달 실시

    ⓑ "ⓐ" 해당 × 대상: 특정소방대상물의 사용승인일이 속하는 달의 말일까지

    ⓒ 비고: 건축물 사용승인 후 그 다음 해부터 실시

③ **종합점검**: 소방시설등의 작동점검 포함, 소방시설등의 설비별 주요 구성 부품의 구조기준이 화재안전기준과 「건축법」 등 관련 법령에서 정하는 기준에 적합한지 여부를 점검하는 것(소방시설등 종합점검표에 따라 점검)

    ㉠ 점검대상 및 점검자의 자격(주된 인력) 💡 스물에 5천으로 다이(2), 옥자 1천 제공(소제)

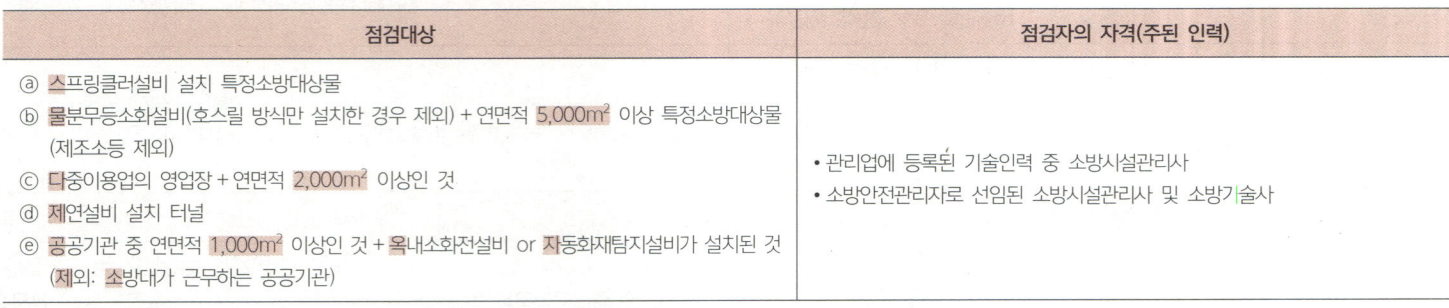

점검대상	점검자의 자격(주된 인력)
ⓐ 스프링클러설비 설치 특정소방대상물 ⓑ 물분무등소화설비(호스릴 방식만 설치한 경우 제외) + 연면적 5,000m² 이상 특정소방대상물 (제조소등 제외) ⓒ 다중이용업의 영업장 + 연면적 2,000m² 이상인 것 ⓓ 제연설비 설치 터널 ⓔ 공공기관 중 연면적 1,000m² 이상인 것 + 옥내소화전설비 or 자동화재탐지설비가 설치된 것 (제외: 소방대가 근무하는 공공기관)	• 관리업에 등록된 기술인력 중 소방시설관리사 • 소방안전관리자로 선임된 소방시설관리사 및 소방기술사

    ㉡ 점검횟수 및 시기

        ⓐ 연 1회 이상(특급: 반기에 1회 이상) 실시

        ⓑ 사용승인일이 속하는 달 실시(건축물 사용승인 후 그 다음 해부터 실시)

        ⓒ 종합점검 면제(소방본부장, 서장): 소방청장이 소방안전관리가 우수하다고 인정한 경우, 3년의 범위(제외: 면제기간 中 화재가 발생한 경우)

④ **공공기관의 외관점검**: 월 1회 이상 실시(작동 / 종합점검 실시한 달은 제외), 결과 2년간 자체 보관

⑤ **공동주택(아파트) 세대별 점검방법**

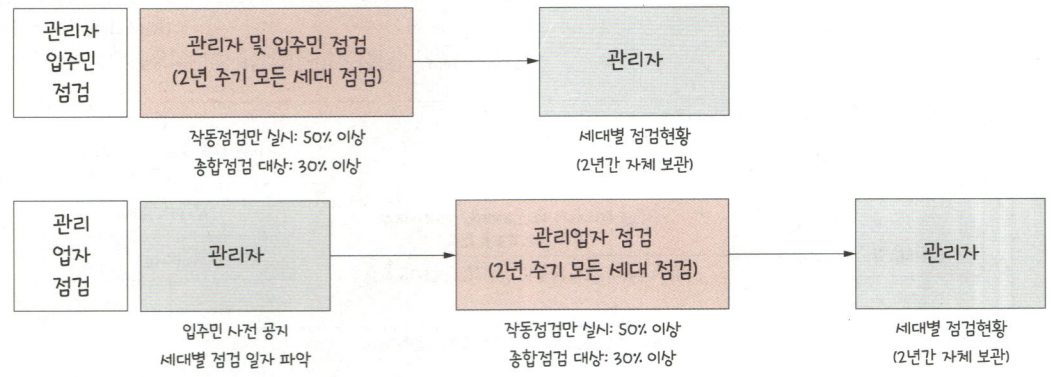

㉠ **원칙**: 관리자(관리소장, 입주자대표회의, 소방안전관리자 포함) 및 입주자(세대 거주자), 모든 세대 2년 주기로 점검

다중이용업의 영업장

1. 단란주점영업
2. 유흥주점영업
3. 영화상영관
4. 비디오물감상실업
5. 복합영상물제공업 (비디오물소극장업 제외)
6. 노래연습장업
7. 산후조리업
8. 고시원업
9. 안마시술소

관리업자 점검 시 관리자의 역할

• 사전 점검 일정 공지
• 세대별 점검 일자 파악 후 관리업자에게 공지

ⓒ 점검방법

  ⓐ 수신반 원격점검 O: 점검 시마다 모든 세대 점검(자동화재탐지설비의 선로단선 확인 시: 현장점검 실시)

  ⓑ 수신반 원격점검 X: 매년 작동점검만 실시대상(1회 점검 시마다 전체 세대수의 50% 이상), 종합점검 대상(1회 점검 시마다 전체 세대수의 30% 이상)

ⓒ 점검자

  ⓐ 관리자

  ⓑ 입주민(스스로 점검 or 관리업자로 하여금 대신 점검)

  ⓒ 관리업자 → 관리자에게 세대별 점검현황 제출

        → 입주민 사정으로 점검하지 못한 경우(입주민 스스로 점검 안내 or 관리업자로 하여금 추가 점검)

ⓔ 세대별 점검현황 서류: 2년간 보관

⑥ **점검장비**(행정안전부령)

  ⑦ 모든 소방시설: **방수압력측정계**, **절연저항계**(절연저항측정기), **전류전압측정계** 💡**방절전**

  ⓒ 소화기구: 저울

  ⓒ 옥내, 옥외소화전설비: 소화전밸브압력계

  ⓔ 스프링클러설비, 포소화설비: 헤드결합렌치

  ⓜ CO_2, 분말, 할론, 할로겐화합물 및 불활성기체소화설비: 검량계, 기동관누설시험기, 그 밖에 소화약제의 저장량을 측정할 수 있는 점검기구

  ⓗ 자동화재탐지설비, 시각경보기: 열감지기시험기, 연감지기시험기, 공기주입시험기, 감지기시험기연결막대, 음량계

  ⓢ 누전경보기: 누전계(누전전류 측정용)

  ⓞ 무선통신보조설비: 무선기(통화시험용)

  ⓩ 제연설비: 풍속풍압계, 폐쇄력측정기, 차압계(압력차 측정기)

  ⓚ 통로유도등, 비상조명등: 조도계(최소눈금 0.1럭스↓)

⑦ **점검인력 배치기준**(행정안전부령)

  ⑦ 점검인력 1단위

    ⓐ 관리업자 점검: 특급 점검자 1명 + 보조 점검인력 2명

    ⓑ 소방안전관리자로 선임된 소방시설관리사・소방기술사 점검: 소방시설관리사 or 소방기술사 중 1명 + 보조 점검인력 2명(*보조점검인력: 관계인, 소방안전관리보조자, 관리업자 소속 소방기술인력)

    ⓒ 관계인 점검: 관계인 1명 + 보조 점검인력 2명(*보조점검인력: 관계인, 소방안전관리자, 소방안전관리보조자, 관리업자 소속 소방기술인력)

  ⓒ 관리업자가 점검하는 경우

    ⓐ 50층 ↑ 성능위주설계 대상: 주된(관리사 5년↑) / 보조(고급 + 중급 점검자)

    ⓑ 특급 소방안전관리대상물(ⓐ는 제외): 주된(관리사 3년↑) / 보조(고급 + 초급 점검자)

    ⓒ 1급 or 2급 소방안전관리대상물: 주된(관리사 1년↑) / 보조(중급 + 초급 점검자)

    ⓓ 3급 소방안전관리대상물: 주된(특급 점검자 1명↑) / 보조(초급 점검자 2명↑)

ⓒ 점검인력(→ 자체점검이 끝난 날로부터 5일 이내 통보)

구분		점검인력 1단위	보조인력 추가(같은 건물 최대 4인 추가 가능)
특정소방대상물	종합점검	8,000m²	2,000m²
	작동점검	10,000m²	2,500m²
아파트	종합점검, 작동점검	250세대	60세대

⑧ **표준자체점검비**: 소방청장, 소방시설등 자체점검에 대한 품질확보를 위하여 필요하다고 인정하는 경우

⑨ **소방시설등의 자체점검 면제 또는 연기**

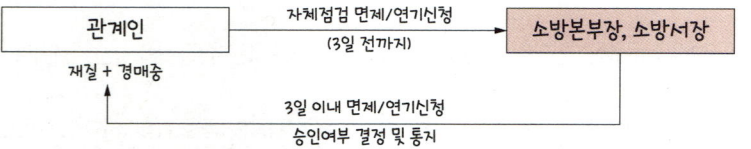

㉠ 관계인 → 소방본부장 또는 소방서장: 자체점검의 실시 만료일 **3일 전**까지 제출(행정안전부령)

㉡ 소방본부장 또는 소방서장 → 관계인: 신청받은 날부터 **3일 이내** 면제 또는 연기여부 결정 통보(행정안전부령)

㉢ 사유(대통령령) 💡 **재질 + 경매중**

    ⓐ **재**난이 발생한 경우(면제신청 가능)

    ⓑ **경매** 등의 사유로 소유권이 변동 중이거나 변동된 경우

    ⓒ 관계인이 **질**병, 사고, 장기출장 등의 경우

    ⓓ 그 밖에 관계인이 운영하는 사업에 부도 또는 도산 등 **중**대한 위기가 발생하여 자체점검을 실시하기가 곤란한 경우

2 소방시설등의 자체점검 결과의 조치

① **중대위반사항** 💣**소화용수설비 주변 불법 주정차**

  ㉠ 화재 **수**신기의 고장으로 화재경보음이 자동으로 울리지 않거나 화재 수신기와 연동된 소방시설의 작동이 불가능한 경우

  ㉡ **소**화펌프(가압송수장치), **동**력·**감**시 제어반 또는 소방시설용 **전**원(비상전원을 포함한다)의 고장으로 소방시설이 작동되지 않는 경우

  ㉢ 소화배관 등이 폐쇄·차단되어 소화**수** 또는 소화**약**제가 자동 방출되지 않는 경우

  ㉣ **방**화문 또는 자동방화셔터가 훼손되거나 철거되어 본래의 기능을 못하는 경우 💡 **수소동감전 약수방**

② **중대위반사항 처리절차**

  ㉠ 관계인: 지체 없이 수리 등 필요한 조치

  ㉡ 관리업자등: 즉시 관계인에게 통보 💣**소방본·서장**

♣300만원 이하의 벌금

필요한 조치를 하지 아니한 관계인, 중대 위반사항을 알리지 아니한 관리업자등

③ 소방시설등의 자체점검 결과의 조치

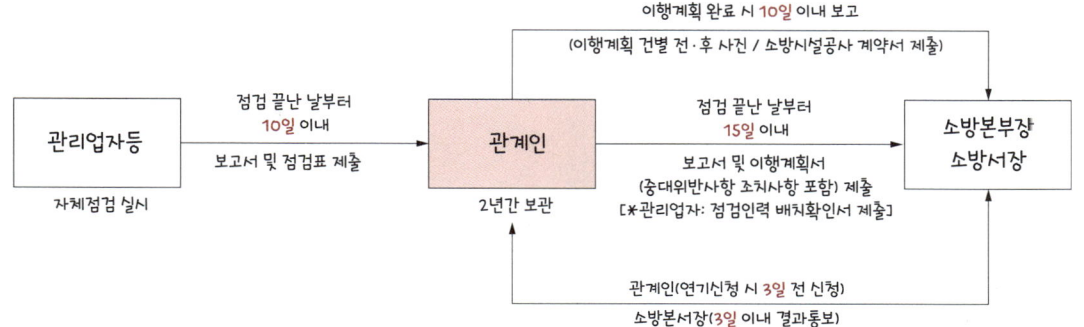

㉠ 이행계획 완료기한(소방본부장 or 소방서장 → 관계인, 이행계획의 완료기간 정하여 통보)

소방시설등을 구성하고 있는 기계·기구를 수리하거나 정비하는 경우	보고일로부터 10일 이내
소방시설등을 전부 또는 일부를 철거하고 새로 교체하는 경우	보고일로부터 20일 이내

㉡ 보고서 보고기간의 산입: 공휴일 및 토요일 산입×
㉢ 자체점검결과 이행계획의 연기신청

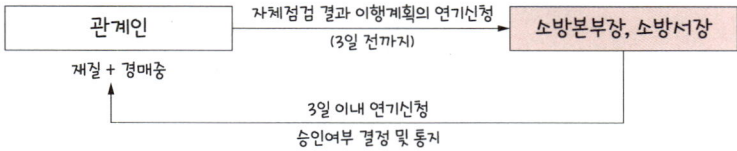

ⓐ 관계인 → 소방본부장 또는 소방서장: 이행기간의 만료 3일 전까지 제출(행정안전부령)
ⓑ 소방본부장 또는 소방서장 → 관계인: 신청받은 날부터 3일 이내 연기신청 결과 통보(행정안전부령)
ⓒ 사유(대통령령) 💡 재질 + 경매중
   • 재난이 발생한 경우
   • 경매 등의 사유로 소유권이 변동 중이거나 변동된 경우
   • 관계인이 질병, 사고, 장기출장 등의 경우
   • 그 밖에 관계인이 운영하는 사업에 부도 또는 도산 등 중대한 위기가 발생하여 이행계획을 완료하기 곤란한 경우

3 점검기록표 게시

① 점검기록표 게시(관계인): 보고한 날로부터 10일 이내, 30일 이상 게시(→ 게시✕: 300만원↓ 과태료)

② 자체점검결과의 공개: 소방본부장, 소방서장 → 국민(전산시스템, 인터넷 홈페이지)

  ㉠ 공개 내용 💡 기자 결정 불특정

    ⓐ 자체점검 기간 및 점검자

    ⓑ 특정소방대상물의 정보 및 자체점검 결과

    ⓒ 소방본부장 또는 소방서장이 특정소방대상물을 이용하는 불특정다수인의 안전을 위하여 공개가 필요하다고 인정하는 사항

  ㉡ 공개절차(대통령령)

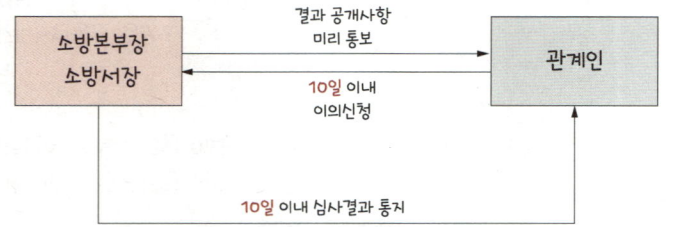

    ⓐ 소방본부장, 소방서장: 관계인 미리 통보

    ⓑ 관계인: 통보를 받은 날로부터 10일 이내 이의신청

    ⓒ 소방본부장, 소방서장: 이의신청을 받은 날로부터 10일 이내 심사·결정 및 그 결과 지체없이 통보

    ⓓ 소방본부장, 소방서장: 30일 이상 결과 공개

제4장 | 소방시설관리사 및 소방시설관리업

제1절 | 소방시설관리사

1 소방시설관리사

① **시험의 실시**: 소방청장
② **관리사의 의무**
    ㉠ 자격증 대여 및 알선 금지(→ 위반시: 1년 징역, 1천만원↓ 벌금)
    ㉡ 동시에 2 이상 업체 취업금지(→ 위반시: 1년 징역, 1천만원↓ 벌금)
    ㉢ 성실하게 자체점검 업무수행
③ **관리사증의 발급**: 소방청장
④ **관리사증의 발급을 위탁받은 법인 또는 단체**(행정안전부령): 합격자 공고일로부터 1개월 이내 발급
⑤ **관리사증의 재발급**(행정안전부령)
    ㉠ 재발급이 가능한 경우: 소방시설관리사증을 잃어버렸거나 못 쓰게 된 경우
    ㉡ 기한: 3일 이내 재발급

구분	소방안전교육사(기본법)	소방안전관리자(예방법)	소방시설관리사(시설법)	화재조사관(조사법)
시험의 권한자	소방청장	소방청장	소방청장	소방청장
시험의 공고	90일 전	30일 전	90일 전	30일 전
시험의 주기	2년마다 1회	특급(연 2회↑) / 1, 2, 3급(월 1회↑)	매년 1회	–
자격증의 발급	1개월 이내	3일 이내	1개월 이내	–
자격증의 재발급	–	3일 이내	3일 이내	–
시험위원의 자격	조교수+2년↑, 소방위↑ 등	조교수+2년↑, 소방위↑ 등	조교수+2년↑, 소방위↑ 등	–

재발급(3일)

1. 소방시설업
2. 소방시설관리업
3. 소방안전관리자
4. 소방시설관리사

2 소방시설관리사 시험

① **시험의 시행**: 매년 1회 시행, 90일 전 홈페이지 공고

② **시험과목 및 면제과목** <경과규정>

구분	시험과목	면제대상
제1차 시험 (선택형)	㉠ 소방안전관리론 및 화재역학	
	㉡ 소방수리학, 약제화학 및 소방전기	소방기술사 + 15년 이상 소방실무경력
	㉢ 소방 관련 법령	
	㉣ 위험물의 성질·상태 및 시설기준	
	㉤ 소방시설의 구조 원리	
제2차 시험 (논문형)	㉠ 소방시설의 점검실무행정	소방공무원 + 5년 이상 근무 경력
	㉡ 소방시설의 설계 및 시공	소방기술사·위험물기능장·건축사·건축기계설비기술사·건축전기설비기술사 또는 공조냉동기계기술사

③ **응시자격** <경과규정>

구분	내용
자격 소지자	㉠ 소방기술사·위험물기능장·건축사·건축기계설비기술사·건축전기설비기술사 또는 공조냉동기계기술사 ㉡ 이공계 분야의 박사학위를 취득한 사람 ㉢ 소방안전공학(소방방재공학, 안전공학을 포함) 분야를 전공한 후 석사학위 이상을 취득한 사람
2년 이상 소방실무 경력	㉠ 소방설비기사 자격 취득 + 2년↑ 소방실무경력 ㉡ 이공계 분야의 석사학위 취득 + 2년↑ 소방실무경력 ㉢ 소방안전공학(소방방재공학, 안전공학 포함) 분야 전공 + 2년↑ 소방실무경력
3년 이상 소방실무 경력	㉠ 소방설비산업기사 자격 취득 + 3년↑ 소방실무경력 ㉡ 이공계 분야의 학사학위 취득 + 3년↑ 소방실무경력 ㉢ 소방안전 관련 학과의 학사학위 취득 + 3년↑ 소방실무경력 ㉣ 위험물산업기사 또는 위험물기능사 자격 취득 + 3년↑ 소방실무경력 ㉤ 산업안전기사 자격을 취득 + 3년↑ 소방실무경력
5년 이상 소방실무 경력	소방공무원 + 5년↑ 근무한 경력
기타	특급(2년), 1급(3년), 2급(5년), 3급(7년) ↑ 소방안전관리자로 근무한 실무경력
	10년↑ 소방실무경력

④ **부정행위자에 대한 제재**: 2년간 시험 응시자격 정지

⑤ **결격사유**

  ㉠ 피성년후견인

  ㉡ 금고 이상의 실형을 선고받고 그 집행이 끝나거나(집행이 끝난 것으로 보는 경우 포함) 집행이 면제된 날부터 2년이 지나지 아니한 사람

  ㉢ 금고 이상의 형의 집행유예를 선고받고 그 유예기간 중에 있는 사람

  ㉣ 자격이 취소("㉠"에 해당하여 자격이 취소된 경우 제외)된 날부터 2년이 지나지 아니한 사람

⑥ **자격의 취소·정지**

  ㉠ 권한자: 소방청장

  ㉡ 자격의 취소 및 정지

자격 취소	• 거짓이나 그 밖의 부정한 방법으로 시험에 합격한 경우 • 소방시설관리사증을 다른 사람에게 빌려준 경우 • 소방시설관리사가 동시에 둘 이상의 업체에 취업한 경우 • 관리사의 결격사유에 해당하게 된 경우
자격 정지	• 대행인력의 배치기준·자격·방법 등 준수사항을 지키지 아니한 경우 • 소방시설등의 자체점검을 하지 아니하거나 거짓으로 한 경우 • 기술자격자 및 관리업의 기술인력으로 등록된 관리사가 성실하게 자체점검 업무를 수행하지 아니한 경우

제4장 | 소방시설관리사 및 소방시설관리업

제2절 | 소방시설관리업

1 소방시설관리업의 등록

① 등록: 점검 및 관리를 업으로 하려는 자 or 소방안전관리 업무대행을 하려는 자 → 시·도지사 (*등록× 영업: 3년, 3천만원↓ 벌금)
② 업종별 기술인력 등 관리업의 등록기준 및 영업범위 등에 필요한 사항(대통령령)

업종별 \ 기술인력 등		기술인력	영업범위
전문 소방시설관리업	주된	관리사 5년↑ 경력(1명↑), 관리사 3년↑ 경력(1명↑)	모든 특정소방대상물
	보조	고급 점검자(2명↑), 중급 점검자(2명↑), 초급 점검자(2명↑)	
일반 소방시설관리업	주된	관리사 1년↑ 경력(1명↑)	1급, 2급, 3급 소방안전관리대상물
	보조	중급 점검자(1명↑), 초급 점검자(1명↑)	

2 소방시설관리업의 등록신청 절차

① 관리업의 등록증 및 등록수첩 발급(행정안전부령)

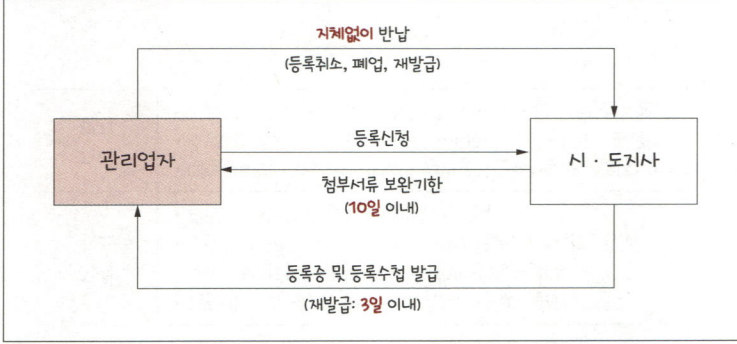

ⓐ 보완
   : 첨부서류 미비, 신청서 및 첨부서류의 기재내용 명확 ×
ⓑ 재발급
   : 잃어버린 경우 or 헐어 못쓰게 된 경우, 3일 이내 재발급
ⓒ 등록증 및 등록수첩의 반납(지체없이)
   • 등록이 취소된 경우
   • 소방시설관리업을 폐업한 경우
   • 재발급을 받은 경우
     (분실 후 재발급을 받은 경우: 다시 찾은 때)

② 등록의 결격사유
   ⓐ 피성년후견인
   ⓑ 금고 이상의 실형을 선고받고 그 집행이 끝나거나(집행이 끝난 것으로 보는 경우 포함) 집행이 면제된 날부터 2년이 지나지 아니한 사람
   ⓒ 금고 이상의 형의 집행유예를 선고받고 그 유예기간 중에 있는 사람
   ⓓ 관리업의 등록이 취소("ⓐ"에 해당하여 등록이 취소된 경우 제외)된 날부터 2년이 지나지 아니한 자
   ⓔ 임원 중에 "ⓐ"부터 "ⓓ"까지의 어느 하나에 해당하는 사람이 있는 법인

③ **등록사항의 변경신고** (* 신고✕ 영업: 300만원↓ 과태료)

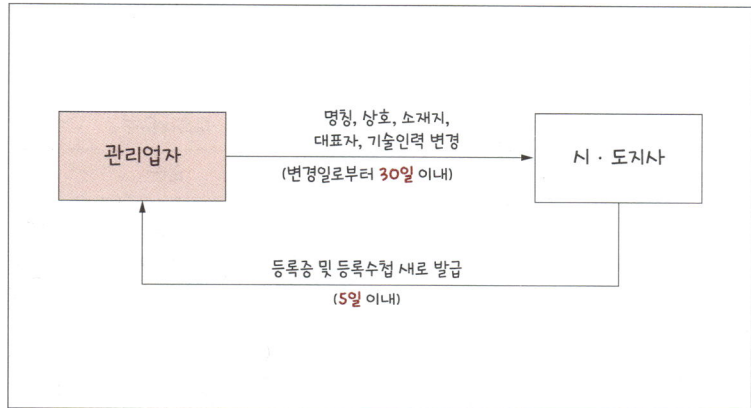

행정안전부령 정하는 중요사항 (변경신고사항)	제출서류
명칭·상호·영업소소재지 변경	소방시설관리업 등록증 및 등록수첩
대표자 변경	
기술인력 변경	소방시설관리업 등록수첩, 변경된 기술인력의 기술자격증(경력수첩 포함), 소방기술인력대장

㉠ **행정안전부령이 정하는 중요사항**(변경신고 사항)

④ **관리업자의 지위승계** (* 신고✕ 영업: 300만원↓ 과태료)

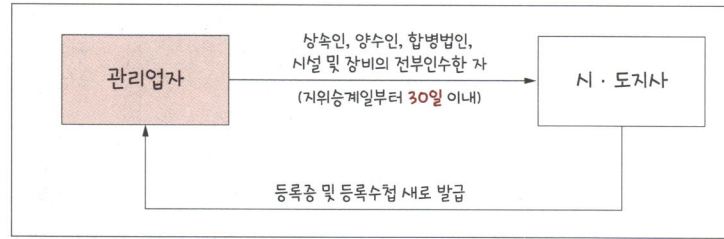

㉠ 관리업자 사망 → 상속인(결격사유 3개월 동안 미적용)
㉡ 관리업자 영업양도 → 양수인
㉢ 관리업자 합병 → 존속법인 or 합병법인
㉣ 경매, 환가, 압류재산의 매각 → 시설 및 장비 전부 인수한 자

🔧지위승계(상속인-결격사유)

상속인이 등록결격사유에 해당하는 경우 상속받은 날부터 3개월 동안 등록의 결격사유 적용✕

⑤ **관리업의 운영**

㉠ 관리업자의 의무: 법령에 맞게 소방시설등의 점검 및 관리 실시 / 등록증 및 등록수첩 대여불가(* 위반 시: 1년, 1천만원↓ 벌금)
㉡ 관리업자가 특정소방대상물의 관계인에게 지체없이 사실을 알려야 하는 경우(* 위반 시: 300만원↓ 과태료) 💡**휴지 폐지 취정**
  • 관리업자의 **지**위를 승계한 경우
  • 관리업의 등록**취**소 또는 영업**정**지 처분을 받은 경우
  • **휴**업 또는 **폐**업을 한 경우

3 점검능력 평가 및 공시

① 평가 및 공시권자: 소방청장(~하여야 한다.)
② 데이터베이스 구축·운영: 소방청장
③ 서류제출(행정안전부령)

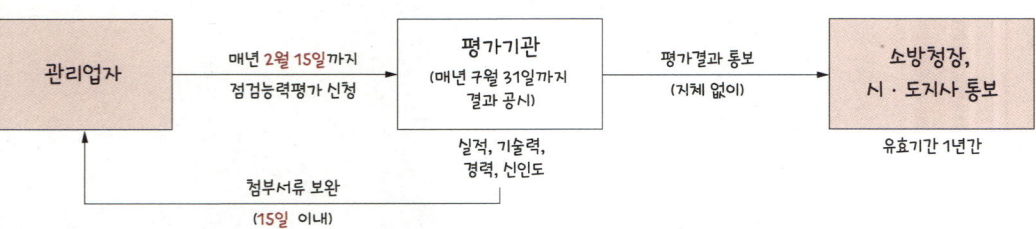

④ 점검능력평가액 = 실적(점검 + 대행)평가액 + 기술력평가액 + 경력평가액 ± 신인도평가액 💡 실기 경신
⑤ 점검능력 평가 결과 공시: 매년 7월 31일까지, 상시 점검능력 평가 결과의 경우 소방청장 및 시·도지사에게 통보한 날부터 3일 이내 공시(평가기관의 인터넷 홈페이지)
⑥ 점검능력평가의 유효기간: 공시일부터 1년간

4 등록의 취소와 영업정지

① 등록의 취소 및 영업정지 권한자: 시·도지사
② 등록의 취소 및 영업정지(* 영업정지처분을 받고 영업정지기간 중 업무수행 시: 1년, 1천만원↓ 벌금)

등록 취소	㉠ 거짓이나 그 밖의 부정한 방법으로 등록을 한 경우 ㉡ 관리업의 등록결격사유의 어느 하나에 해당하게 된 경우 　　(제외: 법인의 임원을 2개월 이내 결격사유가 없는 임원으로 바꿔 선임한 경우) ㉢ 관리업의 등록증 또는 등록수첩을 빌려준 경우
영업 정지	㉣ 소방시설등의 자체점검을 하지 아니하거나 거짓으로 한 경우 ㉤ 소방시설관리업의 등록기준에 미달하게 된 경우 ㉥ 점검능력 평가를 받지 아니하고 자체점검을 한 경우

5 과징금처분

① 과징금 부과권자 및 금액: 시·도지사, 소방시설관리업 영업정지처분 갈음 3천만원 이하의 과징금
② 필요한 사항: 행정안전부령

구분	내용	과징금
소방시설법	소방시설관리업의 영업정지처분에 갈음하는 과징금	3천만원 이하
소방시설공사업법	소방시설업의 영업정지처분에 갈음하는 과징금	2억원 이하
위험물안전관리법	제조소등의 사용정지처분에 갈음하는 과징금	2억원 이하

상시 점검능력평가 신청가능한 경우

1. 신규 관리업 등록한 자 (등록 1년 이내 업체)
2. 관리업자의 지위승계한 자
3. 점검능력평가 공시 후 다시 점검능력 평가 신청하는 자

등록취소(상속인-결격사유)

상속인이 등록결격사유에 해당하는 경우 상속받은 날부터 6개월 동안 등록의 취소 적용×

등록취소(법인 - 결격사유)

1. 소방시설관리업(법인의 임원)
   : 2개월 ↓ 교체 시 취소적용×
2. 소방시설업(법인의 대표자, 임원)
   : 3개월 ↓ 교체 시 취소적용×

1 소방용품의 형식승인

① 소방용품의 형식승인권자: 소방청장(~하여야 한다.)

② 형식승인대상 소방용품(대통령령으로 정하는 소방용품) → 제외: 연구개발 목적 제조, 수입 소방용품

제품 또는 기기	내용
소화설비	㉠ 소화기구(소화약제 외의 것을 이용한 간이소화용구 제외) ㉡ 자동소화장치(상업용 주방자동소화장치 제외) ㉢ 소화설비를 구성하는 소화전, 관창, 소방호스, 스프링클러헤드, 기동용 수압개폐장치, 유수제어밸브, 가스관선택밸브
경보설비	㉠ 누전경보기 및 가스누설경보기 ㉡ 경보설비를 구성하는 발신기, 수신기, 중계기, 감지기 및 음향장치(경종만 해당)
피난구조설비	㉠ 피난사다리, 구조대, 완강기(지지대 포함) 및 간이완강기(지지대 포함) ㉡ 공기호흡기(충전기 포함) ㉢ 피난구유도등, 통로유도등, 객석유도등 및 예비 전원이 내장된 비상조명등
소화용	㉠ 소화약제(상업용 주방·캐비닛형 자동소화장치만 해당) 　　 (포, CO_2, 할론, 할로겐화합물 및 불활성기체, 분말, 강화액, 고체에어로졸소화설비만 해당) ㉡ 방염제(방염액, 방염도료, 방염성물질)

③ 형식승인 절차

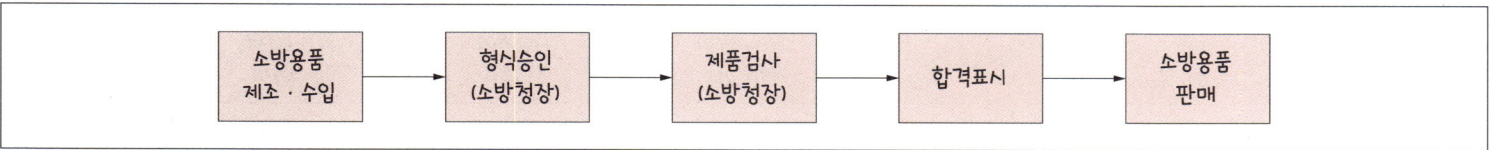

㉠ 누구든지 판매, 판매목적 진열, 소방시설공사 사용불가
- 형식승인을 받지 아니한 것
- 형상등을 임의로 변경한 것
- 제품검사를 받지 아니하거나 합격표시를 하지 아니한 것

㉡ 위반한 소방용품의 수거·폐기 또는 교체권자: 소방청장, 소방본부장, 소방서장

㉢ 새로운 기술이 적용된 제품: 다른 방법 및 절차로 형식승인 가능

㉣ 외국의 공인기관으로부터 인정받은 신기술 제품: 시험 중 일부 생략 가능

㉤ 군수품, 주한외국공관 or 주한외국군 부대 사용 소방용품, 외국의 차관 or 국가 간 협약 등에 따른 공사: 시험 중 일부만 적용하여 형식승인 가능

㉥ 하나의 소방용품에 2가지↑ 형식승인 사항 or 형식승인+성능인증 결합: 시험 함께 실시하고 하나의 형식승인 가능

시험시설 X

1. 판매목적 X
2. 자신 건축물에 직접 설치, 사용하려는 경우

형식승인의 방법 및 절차 등에 필요한 사항

→ 행정안전부령

④ **형식승인의 변경**: 소방청장의 변경승인 필요

⑤ **형식승인의 취소**: 소방청장(→ 취소된 날부터 2년 이내 동일 소방용품 형식승인 불가)

승인취소	㉠ 거짓이나 그 밖의 부정한 방법으로 형식승인을 받은 경우
	㉡ 거짓이나 그 밖의 부정한 방법으로 제품검사를 받은 경우
	㉢ 변경승인을 받지 아니하거나 거짓이나 그 밖의 부정한 방법으로 변경승인을 받은 경우
검사중지	㉣ 형식승인을 위한 시험시설의 시설기준에 미달되는 경우
	㉤ 제품검사 시 기술기준에 미달되는 경우

2 소방용품의 성능인증

① **소방용품의 성능인증권자**: 소방청장(~할 수 있다.)

② **성능인증 절차**

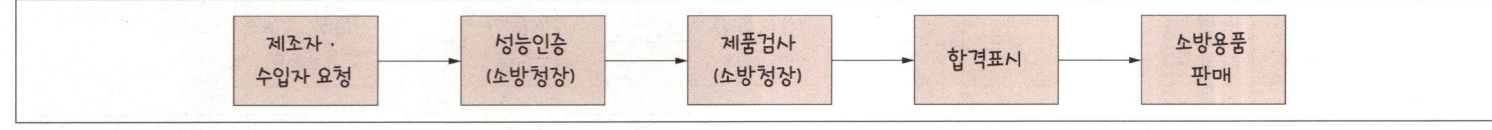

㉠ 누구든지 판매, 판매목적 진열, 소방시설공사 사용불가: 제품검사를 받지 아니하거나 합격표시를 하지 아니한 것

㉡ 하나의 소방용품에 2가지↑ 성능인증 사항 결합: 시험 모두 실시하고 하나의 성능인증 가능

③ **성능인증의 변경**: 소방청장의 변경인증 필요

④ **성능인증의 취소**: 소방청장(→ 취소된 날부터 2년 이내 동일 소방용품 성능인증 불가)

인증취소	㉠ 거짓이나 그 밖의 부정한 방법으로 성능인증을 받은 경우
	㉡ 거짓이나 그 밖의 부정한 방법으로 제품검사를 받은 경우
	㉢ 변경인증을 받지 아니하고 해당 소방용품에 대하여 형상등의 일부를 변경하거나 거짓이나 그 밖의 부정한 방법으로 변경인증을 받은 경우
검사중지	㉣ 제품검사 시 기술기준에 미달되는 경우
	㉤ 제품검사에 합격하지 아니한 소방용품에는 성능인증을 받았다는 표시를 하거나 제품검사에 합격하였다는 표시를 하여서는 아니 되며, 제품검사를 받지 아니하거나 합격표시를 하지 아니한 소방용품을 판매 또는 판매 목적으로 진열하거나 소방시설공사에 사용에 관한 규정을 위반한 경우

성능인증의 방법 및 절차 등에 필요한 사항

→ 행정안전부령

참고 벌칙

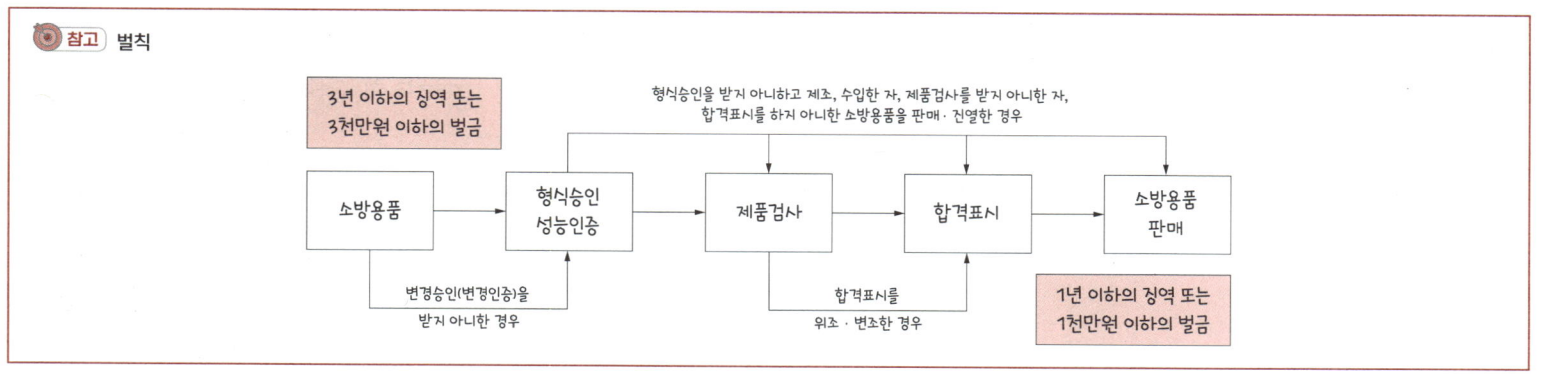

3 우수품질제품에 대한 인증 및 소방용품의 제품검사 후 수집검사

① 우수품질제품에 대한 인증
  ㉠ 권한자 및 대상: 소방청장, 형식승인의 대상이 되는 소방용품 중 우수하다고 인정하는 소방용품(~할 수 있다.)
  ㉡ 유효기간: 5년의 범위
  ㉢ 우선 구매·사용 노력: 중앙행정기관, 지방자치단체, 공공기관, 지방공사 및 지방공단, 출자·출연기관 💡중자공 출사단

② 소방용품의 제품검사 후 수집검사
  ㉠ 권한자 및 대상: 소방청장, 유통 중인 소방용품(~할 수 있다.)
  ㉡ 수집검사의 목적: 소방용품의 품질관리를 위함
  ㉢ 중대한 결함 인정 소방용품 → 회수, 교환, 폐기, 판매중지, 형식승인 or 성능인증 취소
      → 명령을 받은 경우: 구매자에게 사실 통보 및 회수, 교환 등 조치

🔥3년 징역, 3천만원↓ 벌금

구매자에게 소방용품의 회수·교환·폐기 또는 판매중지 명령을 받은 사실을 알리지 아니하거나 필요한 조치를 하지 아니한 자

제6장 | 보칙

1 제품검사 전문기관의 지정

① 제품검사 전문기관의 지정권자: 소방청장(~할 수 있다.)

② 지정요건: 모두 갖춘 기관

    ㉠ 기관: 연구기관, 공공기관, 소방용품의 시험·검사 및 연구를 주된 업무로 하는 비영리 법인

    ㉡ 인정을 받은 시험·검사기관일 것

    ㉢ 행정안전부령으로 정하는 검사인력 및 검사설비를 갖추고 있을 것

    ㉣ 기관의 대표자가 다음의 어느 하나에 해당하지 아니할 것

        • 피성년후견인

        • 금고 이상의 실형을 선고받고 그 집행이 끝나거나(집행이 끝난 것으로 보는 경우 포함) 집행이 면제된 날부터 2년이 지나지 아니한 사람

        • 금고 이상의 형의 집행유예를 선고받고 그 유예기간 중에 있는 사람

    ㉤ 전문기관의 지정이 취소된 경우 그 지정이 취소된 날부터 2년이 경과하였을 것

③ 전문기관의 지정취소: 소방청장

지정취소	㉠ 거짓이나 그 밖의 부정한 방법으로 지정을 받은 경우(→ 위반시: 3년, 3천만원↓ 벌금)
업무정지	㉡ 정당한 사유 없이 1년 이상 계속하여 제품검사 또는 실무교육 등 지정받은 업무를 수행하지 아니한 경우 ㉢ 전문기관 지정의 요건을 갖추지 못하거나 소방용품의 품질 향상, 제품검사의 기술개발 등에 드는 비용을 부담하게 하는 등 필요한 조건을 위반한 경우 ㉣ 감독 결과 이 법이나 다른 법령을 위반하여 전문기관으로서의 업무를 수행하는 것이 부적당하다고 인정되는 경우

④ 전산시스템의 구축 및 운영권자: 소방청장, 소방본부장, 소방서장(~하여야 한다.)

    ㉠ 건축허가등의 동의에 따라 제출받은 설계도면의 관리 및 활용

    ㉡ 소방시설등의 점검에 따라 보고받은 자체점검 결과의 관리 및 활용

    ㉢ 그 밖에 소방청장, 소방본부장 또는 소방서장이 필요하다고 인정하는 자료의 관리 및 활용

2 청문

① 청문의 실시권자: 소방청장 또는 시·도지사

② 청문을 실시하여야 하는 대상

    ㉠ 관리사 자격의 취소 및 정지

    ㉡ 관리업의 등록취소 및 영업정지

    ㉢ 소방용품의 형식승인 취소 및 제품검사 중지 ✱❋ 형식승인 정지, 변경승인

    ㉣ 성능인증의 취소 ✱❋ 성능인증 정지, 변경인증

    ㉤ 우수품질인증의 취소

    ㉥ (제품검사)전문기관의 지정취소 및 업무정지

~기관(소방청장)

1. 소방기술자 양성 및 인정 교육훈련기관
2. 소방기술자 실무교육기관
3. 안전관리 대행기관
4. 화재감정기관
5. 화재예방 안전진단기관
6. 제품검사 전문기관

3 권한 또는 업무의 위임 · 위탁

권한의 위임			㉠ 일부 위임: 소방청장 또는 시·도지사 → 소속 기관의 장, 시·도지사, 소방본부장 또는 소방서장 ㉡ 화재안전기준 중 기술기준에 대한 화재안전기준의 관리·운영 권한의 위임: 소방청장 → 국립소방연구원장
업무의 위탁	소방청장 →	기술원	㉠ 방염성능검사 업무(합판·목재를 설치하는 현장에서 방염처리한 경우의 방염성능검사 지외) ㉡ 소방용품의 형식승인 ㉢ 형식승인의 변경승인 ㉣ 형식승인의 취소 ㉤ 소방용품의 성능인증 ㉥ 성능인증의 변경인증 ㉦ 성능인증의 취소 ㉧ 우수품질인증 및 그 취소
		기술원, 전문기관	제품검사 업무를 기술원 또는 전문기관
		소방기술과 관련된 법인, 단체	㉠ 표준자체점검비의 산정 및 공표 ㉡ 소방시설관리사증의 발급·재발급 ㉢ 점검능력 평가 및 공시 ㉣ 데이터베이스 구축·운영
		화재안전관련 전문연구기관	건축 환경 및 화재위험특성 변화 추세 연구에 관한 업무
비고			위탁받은 업무 → 비밀누설의 금지[→ 위반시: 300만원↓ 벌금]

4 감독

① 감독권자: 소방청장, 시·도지사, 소방본부장, 소방서장
② 감독: 보고, 자료제출의 명령, 출입, 검사, 관계인 질문
③ 관계 공무원의 증표제시
④ 관계인의 업무방해 금지 및 비밀누설금지(→ 위반시: 1년, 1천만원↓ 벌금)

✿권한의 위임

1. 화재예방법(청장 → 서장)
   : 소방안전관리사 자격 정지 및 취소
2. 소방시설법(청장 → 국립소방연구원장)
   : 화재안전기준 中 기술기준

✿감독 비밀누설위반 벌칙

1년, 1천만원 벌금

5 조치명령등의 기간연장

① **조치명령등**: 소방청장, 소방본부장, 소방서장 → 관계인

조치명령등	세부명령
조치명령 또는 이행명령	⊙ 소방시설에 대한 조치명령 ⓒ 피난시설, 방화구획 또는 방화시설에 대한 조치명령 ⓒ 방염대상물품의 제거 또는 방염성능검사 조치명령 ⓔ 소방시설에 대한 이행계획 조치명령 ⓜ 형식승인을 받지 아니한 소방용품의 수거·폐기 또는 교체 등의 조치명령 ⓗ 중대한 결함이 있는 소방용품의 회수·교환·폐기 조치명령

② **조치명령등의 연기신청**: 관계인 → 소방청장, 소방본부장, 소방서장 💡 재질 + 여러 경매중

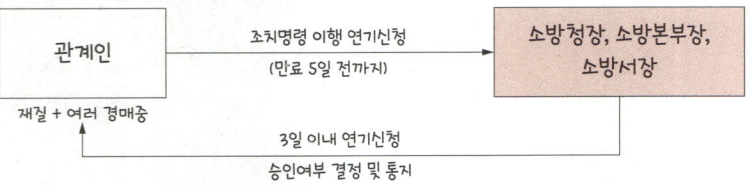

⊙ **재**난이 발생한 경우

ⓒ 관계인 **질**병, 사고, 장기출장 등

ⓒ **경매** 등의 사유 + 소유권이 변동

ⓔ 시장·상가·복합건축물 등 관계인 **여러** 명으로 구성 → 조치명령기간 내 의견조정 어려움

ⓜ 그 밖에 관계인이 운영하는 사업에 부도 또는 도산 등 **중**대한 위기가 발생하여 조치명령등을 그 기간 내에 이행할 수 없는 경우

6 위반행위의 신고 및 신고포상금의 지급

① **위반행위의 신고**: 누구든지 → 소방본부장, 소방서장(10일 이내 위반행위 신고내용 처리결과 통지)

⊙ 화재안전기준에 맞지 않게 소방시설을 설치 또는 관리한 자

ⓒ 소방시설을 폐쇄·차단 등의 행위를 한 자

ⓒ 피난시설, 방화구획 및 방화시설을 폐쇄·훼손 등에 해당하는 행위를 한 자

② **신고포상금의 지급**: 소방본부장, 소방서장(시·도의 조례)

쏘나쌤의 소방관계법규
소방합격노트

합격 POINT 정리

POINT 1 목적

01 소방기본법

제1조(목적) 이 법은 화재를 예방·경계하거나 진압하고 화재, 재난·재해, 그 밖의 위급한 상황에서의 구조·구급 활동 등을 통하여 국민의 생명·신체 및 재산을 보호함으로써 공공의 안녕 및 질서 유지와 복리증진에 이바지함을 목적으로 한다.

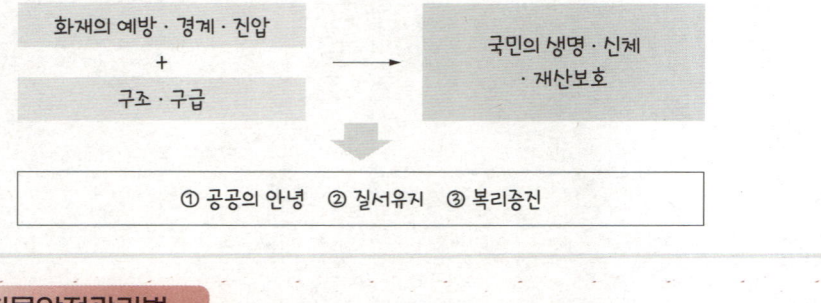

화재의 예방·경계·진압 + 구조·구급 → 국민의 생명·신체·재산보호

① 공공의 안녕 ② 질서유지 ③ 복리증진

02 소방시설공사업법

제1조(목적) 이 법은 소방시설공사 및 소방기술의 관리에 필요한 사항을 규정함으로써 소방시설업을 건전하게 발전시키고 소방기술을 진흥시켜 화재로부터 공공의 안전을 확보하고 국민경제에 이바지함을 목적으로 한다.

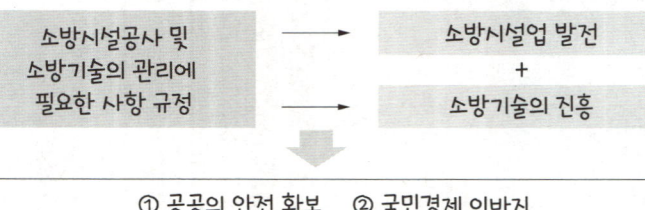

소방시설공사 및 소방기술의 관리에 필요한 사항 규정 → 소방시설업 발전 + 소방기술의 진흥

① 공공의 안전 확보 ② 국민경제 이바지

03 위험물안전관리법

제1조(목적) 이 법은 위험물의 저장·취급 및 운반과 이에 따른 안전관리에 관한 사항을 규정함으로써 위험물로 인한 위해를 방지하여 공공의 안전을 확보함을 목적으로 한다.

위험물 저장·취급·운반 + 안전관리 → 위험물로 인한 위해방지

① 공공의 안전 확보

04 소방의 화재조사에 관한 법률

제1조(목적) 이 법은 화재예방 및 소방정책에 활용하기 위하여 화재원인, 화재성장 및 확산, 피해현황 등에 관한 과학적·전문적인 조사에 필요한 사항을 규정함을 목적으로 한다.

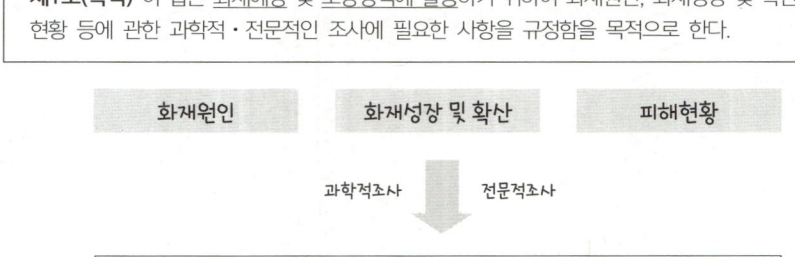

화재원인　　화재성장 및 확산　　피해현황

과학적조사　　전문적조사

① 화재예방 ② 소방정책 활용

05 화재의 예방 및 안전관리에 관한 법률

제1조(목적) 이 법은 화재의 예방과 안전관리에 필요한 사항을 규정함으로써 화재로부터 국민의 생명·신체 및 재산을 보호하고 <u>공공의 안전</u>과 <u>복리 증진</u>에 이바지함을 목적으로 한다.

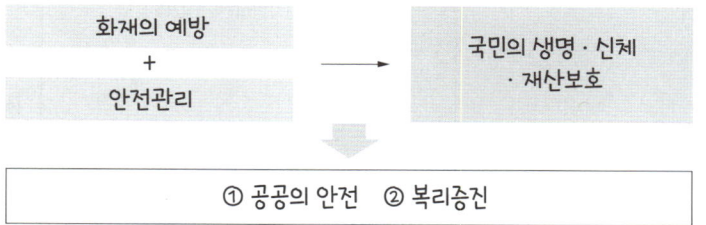

06 소방시설 설치 및 관리에 관한 법률

제1조(목적) 이 법은 특정소방대상물 등에 설치하여야 하는 소방시설등의 설치·관리와 소방용품 성능관리에 필요한 사항을 구정함으로써 국민의 생명·신체 및 재산을 보호하고 <u>공공의 안전</u>과 <u>복리 증진</u>에 이바지함을 목적으로 한다.

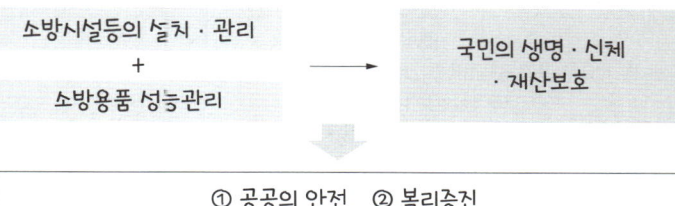

구분	궁극목적
01. 소방기본법	① 공공의 안녕 ② 질서유지 ③ 복리증진
02. 소방시설공사업법	① 공공의 안전 ② 국민경제 이바지
03. 위험물안전관리법	① 공공의 안전
04. 소방의 화재조사에 관한 법률	① 화재예방 ② 소방정책 활용
05. 화재의 예방 및 안전관리에 관한 법률	① 공공의 안전 ② 복리증진
06. 소방시설 설치 및 관리에 관한 법률	① 공공의 안전 ② 복리증진

POINT 2 위원회/조사단

관련법령	위원회		구성	구성권자	비고
소방기본법	소방기술민원센터		18명 이내	소방청장, 소방본부장	• 센터장 포함
	소방박물관 운영위원회		7인 이내	–	–
	교육평가심의위원회		9명 이하	한국소방안전원장	–
	한국소방안전원		원장 1명 포함 9명 이내 이사 + 1명 감사	–	–
	손실보상심의위원회		5명 이상 7명 이하 위원 + 1명 간사	소방청장, 시·도지사	• 위원장 1명 포함 • 성별고려 • 임기 2년 • 100만원↓ 사건: 소방공무원 3명 구성
소방시설 공사업법	하도급계약심사위원회		10명 이내	발주자	• 위원장 1명 포함 / 부위원장 1명 포함 • 위원 경력 3년↑, 성별고려 • 임기 3년, 한차례 연임
위험물 안전관리법	사고조사위원회		7명 이내	소방청장, 소방본부장, 소방서장	• 위원장 1명 포함, 성별고려 • 임기 2년, 한차례 연임
화재의 예방 및 안전관리에 관한 법률	화재안전 조사단	중앙화재안전조사단	50명 이내	소방관서장	• 단장 1명 포함, 성별고려 • 중앙(소방청), 지방(소방본부 및 소방서)
		지방화재안전조사단	50명 이내	소방관서장	
	화재안전조사위원회		7명 이내	소방관서장	• 위원장 1명 포함(소방관서장) • 성별고려 • 임기 2년, 한차례 연임 • 중앙소방기술심의위원회의 위원과 화재안전조사위원회의 위원은 동일!
	화재안전영향평가심의회		12명 이내	소방청장	• 위원장 1명 포함 • 임기 2년, 한차례 연임
	(우수소방대상물) 평가위원회		2명 이상	소방청장	–

소방시설 설치 및 관리에 관한 법률	성능위주설계평가단	50명 이내 (회의구성 : 평가단장과 6명 이상 8명 이하)	소방청장, 소방본부장	• 평가단장 포함 • 임기 2년, 2차례 연임가능 • 변경신고(평가한 단원 中 5명↑)
	중앙소방기술심의위원회	60명 이내 (회의구성 : 위원장과 6명 이상 12명 이하)	소방청장	• 위원장 1명 포함 • 임기 2년, 한차례 연임
	지방소방기술심의위원회	5명 이상 9명 이하	시·도지사	• 중앙소방기술심의위원회의 위원과 화재안전조사위원회의 위원은 동일!

POINT 3 계획 시리즈

구분			수립 · 시행권자	수립주기	수립기한 및 비고
소방기본법	소방업무	종합계획	소방청장	5년마다	• 전년도 10월 31일까지 수립 • 관계 중앙행정기관의 장과 협의 • 관계 중앙행정기관의 장, 시 · 도지사에게 통보 • 포함사항: 서비스 연체 장인 기교 + 어려운 재난 ① 소방서비스의 질 향상을 위한 정책의 기본방향 ② 소방업무에 필요한 체계의 구축, 소방기술의 연구 · 개발 및 보급 ③ 소방업무에 필요한 장비의 구비 ④ 소방전문인력 양성 ⑤ 소방업무에 필요한 기반조성 ⑥ 소방업무의 교육 및 홍보(소방자동차의 우선 통행 등에 관한 홍보를 포함한다) ⑦ 그 밖에 소방업무의 효율적 수행을 위하여 필요한 사항으로서 대통령령으로 정하는 사항 　㉠ 재난 · 재해 환경 변화에 따른 소방업무에 필요한 대응 체계 마련 　㉡ 장애인, 노인, 임산부, 영유아 및 어린이 등 이동이 어려운 사람을 대상으로 한 소방활동에 필요한 조치
		세부계획	시 · 도지사	매년	• 전년도 12월 31일까지 소방청장에게 제출
		세부계획 추진실적 등의 평가	소방청장	–	• 다음 연도의 평가계획 11월 30일까지 시 · 도지사에게 통지 • 전년도 세부계획 추진실적 1월 31일까지 소방청장에게 제출 • 평가결과 3월 31일까지 시 · 도지사에게 통보 • 세부계획 추진실적 등의 평가에 필요한 사항(소방청장)
화재의 예방 및 안전관리에 관한 법률	화재의 예방 및 안전관리	기본계획	소방청장	5년마다	• 전년도 8월 31일까지 관계 중앙행정기관의 장과 협의 • 전년도 9월 30일까지 수립 • 전년도 10월 31일까지 관계 중앙행정기관의 장과 시 · 도지사에게 통보 • 포함사항: 국제 목표 법전 대기 + 화재발생 계시 환경 기준 개선 ① 화재예방정책의 기본목표 및 추진방향 ② 화재의 예방과 안전관리를 위한 법령 · 제도의 마련 등 기반 조성 ③ 화재의 예방과 안전관리를 위한 대국민 교육 · 홍보 ④ 화재의 예방과 안전관리 관련 기술의 개발 · 보급 ⑤ 화재의 예방과 안전관리 관련 전문인력의 육성 · 지원 및 관리 ⑥ 화재의 예방과 안전관리 관련 산업의 국제경쟁력 향상

				⑦ 그 밖에 대통령령으로 정하는 화재의 예방과 안전관리에 필요한 사항
				  ⊙ 화재발생 현황
				  ⓒ 소방대상물의 환경 및 화재위험특성 변화 추세 등 화재예방정책의 여건 변화에 관한 사항
				  ⓒ 소방시설의 설치·관리 및 화재안전기준의 개선에 관한 사항
				  ② 계절별·시기별·소방대상물별 화재예방대책의 추진 및 평가 등에 관한 사항
				  ⑩ 그 밖에 화재의 예방 및 안전관리와 관련하여 소방청장이 필요하다고 인정하는 사항

	시행계획	소방청장	매년	• 전년도 10월 31일까지 수립 • 전년도 10월 31일까지 관계 중앙행정기관의 장과 시·도지사에게 통보
	세부시행계획	관계 중앙행정기관의 장 시·도지사	–	• 전년도 12월 31일까지 소방청장에게 통보

소방안전 특별관리	기본계획	소방청장	5년마다	• 시·도지사와 협의
				• 화재의 예방 및 안전관리에 관한 기본계획에 포함하여 수립 및 시행 가능
				• 포함사항: 중장기 공사 훈고 홍(일)점 진단
				  ① 화재예방을 위한 중기·장기 안전관리정책
				  ② 화재예방을 위한 교육·홍보 및 점검·진단
				  ③ 화재대응을 위한 훈련
				  ④ 화재대응과 사후 조치에 관한 역할 및 공조체계
				  ⑤ 그 밖에 화재 등의 안전관리를 위하여 필요한 사항

	시행계획	시·도지사	매년	• 화재의 예방 및 안전관리에 관한 세부시행계획에 포함하여 수립 및 시행 가능 (시행결과 : 다음 연도 1월 31일까지 소방청장에게 통보)
우수소방대상물	시행계획	소방청장	매년	–

POINT 4   결격사유

구분		결격사유
소방기본법	소방안전교육사	① 피성년후견인 ② 금고 이상의 실형을 선고받고 그 집행이 끝나거나(집행이 끝난 것으로 보는 경우를 포함한다) 집행이 면제된 날부터 2년이 지나지 아니한 사람 ③ 금고 이상의 형의 집행유예를 선고받고 그 유예기간 중에 있는 사람 ④ 법원의 판결 또는 다른 법률에 따라 자격이 정지되거나 상실된 사람
소방시설공사업법	소방시설업	① 피성년후견인 ② 이 법, 「소방기본법」, 「화재의 예방 및 안전관리에 관한 법률」, 「소방시설 설치 및 관리에 관한 법률」 또는 「위험물안전관리법」에 따른 금고 이상의 실형을 선고받고 그 집행이 끝나거나(집행이 끝난 것으로 보는 경우를 포함한다) 면제된 날부터 2년이 지나지 아니한 사람 ③ 이 법, 「소방기본법」, 「화재의 예방 및 안전관리에 관한 법률」, 「소방시설 설치 및 관리에 관한 법률」 또는 「위험물안전관리법」에 따른 금고 이상의 형의 집행유예를 선고받고 그 유예기간 중에 있는 사람 ④ 등록하려는 소방시설업 등록이 취소(①에 해당하여 등록이 취소된 경우는 제외)된 날부터 2년이 지나지 아니한 자 ⑤ 법인의 대표자가 ①부터 ④까지의 규정에 해당하는 경우 그 법인 ⑥ 법인의 임원이 ②부터 ④까지의 규정에 해당하는 경우 그 법인
위험물안전관리법	탱크시험자	① 피성년후견인 ② 이 법, 「소방기본법」, 「화재의 예방 및 안전관리에 관한 법률」, 「소방시설 설치 및 관리에 관한 법률」 또는 「소방시설공사업법」에 따른 금고 이상의 실형의 선고를 받고 그 집행이 종료(집행이 종료된 것으로 보는 경우를 포함한다)되거나 집행이 면제된 날부터 2년이 지나지 아니한 자 ③ 이 법, 「소방기본법」, 「화재의 예방 및 안전관리에 관한 법률」, 「소방시설공사업법」 또는 「위험물안전관리법」을 위반하여 금고 이상의 형의 집행유예를 선고받고 그 유예기간 중에 있는 사람 ④ 탱크시험자의 등록이 취소(①에 해당하여 자격이 취소된 경우는 제외)된 날부터 2년이 지나지 아니한 자 ⑤ 법인으로서 그 대표자가 ① 내지 ④의 1에 해당하는 경우
소방시설 설치 및 관리에 관한 법률	소방시설관리사	① 피성년후견인 ② 이 법, 「소방기본법」, 「화재의 예방 및 안전관리에 관한 법률」, 「소방시설공사업법」 또는 「위험물안전관리법」을 위반하여 금고 이상의 실형을 선고받고 그 집행이 끝나거나(집행이 끝난 것으로 보는 경우를 포함한다) 집행이 면제된 날부터 2년이 지나지 아니한 사람 ③ 이 법, 「소방기본법」, 「화재의 예방 및 안전관리에 관한 법률」, 「소방시설공사업법」 또는 「위험물안전관리법」을 위반하여 금고 이상의 형의 집행유예를 선고받고 그 유예기간 중에 있는 사람 ④ 자격이 취소("①"에 해당하여 자격이 취소된 경우는 제외한다)된 날부터 2년이 지나지 아니한 사람

소방시설관리업	① 피성년후견인
	② 이 법, 「소방기본법」, 「화재의 예방 및 안전관리에 관한 법률」, 「소방시설공사업법」 또는 「위험물안전관리법」을 위반하여 금고 이상의 실형을 선고받고 그 집행이 끝나거나(집행이 끝난 것으로 보는 경우를 포함한다) 집행이 면제된 날부터 2년이 지나지 아니한 사람
	③ 이 법, 「소방기본법」, 「화재의 예방 및 안전관리에 관한 법률」, 「소방시설공사업법」 또는 「위험물안전관리법」을 위반하여 금고 이상의 형의 집행유예를 선고받고 그 유예기간 중에 있는 사람
	④ 관리업의 등록이 취소("①"에 해당하여 등록이 취소된 경우는 제외한다)된 날부터 2년이 지나지 아니한 자
	⑤ 임원 중에 "①"부터 "④"까지의 어느 하나에 해당하는 사람이 있는 법인

참고 결격사유 요약

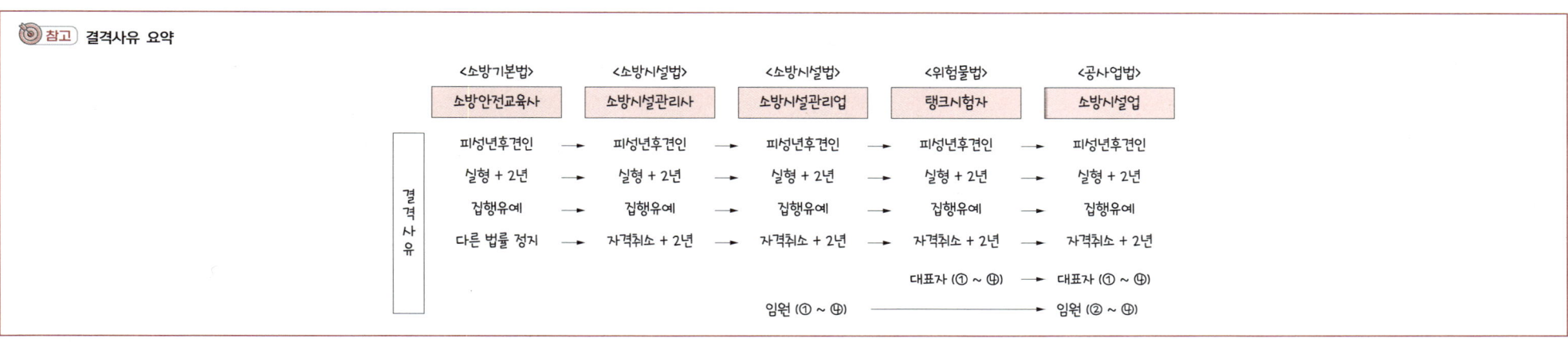

POINT 5　　청문

구분	권한자	내용
소방시설공사업법	-	① 소방시설업 등록취소처분이나 영업정지처분 ② 소방기술 인정 자격취소처분 ☜ 자격정지처분
위험물안전관리법	시·도지사, 소방본부장, 소방서장	① 제조소등 설치허가의 취소 ② 탱크시험자의 등록취소
소방의 화재조사에 관한 법률	소방청장	① 감정기관의 지정 취소
화재의 예방 및 안전 관리에 관한 법률	소방청장, 시·도지사	① 소방안전관리자의 자격 취소 ☜ 자격 정지 ② (화재예방안전) 진단기관의 지정 취소 ☜ 영업 정지
소방시설 설치 및 관리에 관한 법률	소방청장, 시·도지사	① 관리사 자격의 취소 및 정지 ② 관리업의 등록취소 및 영업정지 ③ 소방용품의 형식승인 취소 및 제품검사 중지 ④ 성능인증의 취소 ⑤ 우수품질인증의 취소 ⑥ (제품검사) 전문기관의 지정취소 및 업무정지

구분		권한자	내용
소방시설공사업법	소방시설업	시·도지사	① 거짓이나 그 밖의 부정한 방법으로 등록한 경우 ② 소방시설업의 등록 결격사유에 해당하게 된 경우 ③ 영업정지 기간 중에 소방시설공사등을 한 경우 *🧨등록증 또는 등록수첩을 빌려준 경우
	소방기술 자격수첩, 경력수첩	소방청장	① 거짓이나 그 밖의 부정한 방법으로 자격수첩 또는 경력수첩을 발급받은 경우 ② 소방기술 인정 자격수첩 또는 경력수첩을 다른 사람에게 빌려준 경우 *🧨동시에 둘 이상의 업체에 취업한 경우
위험물안전관리법	안전관리대행기관	소방청장	① 허위 그 밖의 부정한 방법으로 지정을 받은 때 ② 탱크시험자의 등록 또는 다른 법령에 의하여 안전관리업무를 대행하는 기관의 지정·승인 등이 취소된 때 ③ 다른 사람에게 지정서를 대여한 때
	탱크안전성능시험자 (탱크시험자)	시·도지사	① 허위 그 밖의 부정한 방법으로 등록을 한 경우 ② 등록의 결격사유에 해당하게 된 경우 ③ 등록증을 다른 자에게 빌려준 경우
소방의 화재조사에 관한 법률	화재감정기관	소방청장	① 거짓이나 그 밖의 부정한 방법으로 지정을 받은 경우 *🧨거짓 + 감정비용
화재의 예방 및 안전 관리에 관한 법률	소방안전관리자	소방청장	① 거짓이나 그 밖의 부정한 방법으로 소방안전관리자 자격증을 발급받은 경우 ② 소방안전관리자 자격증을 다른 사람에게 빌려준 경우
	화재예방안전진단기관	소방청장	① 거짓이나 그 밖의 부정한 방법으로 지정을 받은 경우 ② 업무정지기간에 화재예방안전진단 업무를 한 경우
소방시설 설치 및 관리에 관한 법률	소방시설관리사	소방청장	① 거짓이나 그 밖의 부정한 방법으로 시험에 합격한 경우 ② 소방시설관리사증을 다른 사람에게 빌려준 경우 ③ 동시에 둘 이상의 업체에 취업한 경우 ④ 관리사의 결격사유에 해당하게 된 경우
	소방시설관리업	시·도지사	① 거짓이나 그 밖의 부정한 방법으로 등록을 한 경우 ② 관리업의 등록결격사유의 어느 하나에 해당하게 된 경우 ③ 관리업의 등록증 또는 등록수첩을 빌려준 경우

소방용품의 형식승인	소방청장	① 거짓이나 그 밖의 부정한 방법으로 형식승인을 받은 경우 ② 거짓이나 그 밖의 부정한 방법으로 제품검사를 받은 경우 ③ 변경승인을 받지 아니하거나 거짓이나 그 밖의 부정한 방법으로 변경승인을 받은 경우
소방용품의 성능인증	소방청장	① 거짓이나 그 밖의 부정한 방법으로 성능인증을 받은 경우 ② 거짓이나 그 밖의 부정한 방법으로 제품검사를 받은 경우 ③ 변경인증을 받지 아니하고 해당 소방용품에 대하여 형상등의 일부를 변경하거나 거짓이나 그 밖의 부정한 방법으로 변경인증을 받은 경우
제품검사 전문기관	소방청장	① 거짓이나 그 밖의 부정한 방법으로 지정을 받은 경우

구분	권한	위탁	위탁사항
소방시설 공사업법	소방청장	실무교육기관 또는 한국소방안전원	소방기술자 실무교육에 관한 업무
		소방시설업자협회	① 방염처리능력 평가 및 공시에 관한 업무 ② 시공능력 평가 및 공시에 관한 업무 ③ 소방시설업 종합정보시스템의 구축·운영
		소방시설업자협회, 소방기술과 관련된 법인 또는 단체	① 소방기술과 관련된 자격·학력 및 경력의 인정 업무 ② 소방기술자 양성·인정 교육훈련 업무
	시·도지사	소방시설업자협회	① 소방시설업 등록신청의 접수 및 신청내용의 확인 ② 소방시설업 등록사항 변경신고의 접수 및 신고내용의 확인 ③ 소방시설업 휴업·폐업 또는 재개업 신고의 접수 및 신고내용의 확인 ④ 소방시설업자의 지위승계 신고의 접수 및 신고내용의 확인
위험물안전 관리법	소방청장	한국소방안전원	① 위험물안전관리자에 대한 안전교육 ② 위험물운반자에 대한 안전교육 ③ 위험물운송자에 대한 안전교육
		한국소방산업기술원	탱크시험자에 대한 안전교육
	시·도지사	한국소방산업기술원	① 다음의 탱크에 대한 탱크안전성능검사 　㉠ 용량이 100만리터 이상인 액체위험물을 저장하는 탱크 　㉡ 암반탱크 　㉢ 지하탱크저장소의 위험물탱크 중 행정안전부령으로 정하는 액체위험물탱크 ② 다음의 완공검사 　㉠ 지정수량의 1천배 이상의 위험물을 취급하는 제조소 또는 일반취급소의 설치 또는 변경(사용 중인 제조소 또는 일반취급소의 보수 또는 부분적인 증설 제외)에 　　따른 완공검사 　㉡ 옥외탱크저장소(저장용량이 50만L 이상인 것만 해당) 또는 암반탱크저장소의 설치 또는 변경에 따른 완공검사 ③ 운반용기 검사
	소방본부장 소방서장	한국소방산업기술원	정기검사

	소방청장	소방서장	**소방청장**은 소방안전관리자 자격의 정지 및 취소에 관한 업무를 **소방서장**에게 **위임**한다.
화재의 예방 및 안전관리에 관한 법률	소방관서장	한국소방안전원	① 소방안전관리자 또는 소방안전관리보조자 선임신고의 접수 ② 소방안전관리자 또는 소방안전관리보조자 해임 사실의 확인 ③ 건설현장 소방안전관리자 선임신고의 접수 ④ 소방안전관리자 자격시험 ⑤ 소방안전관리자 자격증의 발급 및 재발급 ⑥ 소방안전관리 등에 관한 종합정보망의 구축·운영 ⑦ 강습교육 및 실무교육
소방시설 설치 및 관리에 관한 법률	소방청장	국립소방연구원장	**소방청장**은 화재안전기준 중 기술기준에 대한 화재안전기준의 관리·운영 권한을 **국립소방연구원장**에게 **위임**한다.
		한국소방산업기술원	① 방염성능검사 업무(합판·목재를 설치하는 현장에서 방염처리한 경우의 방염성능검사 제외) ② 소방용품의 형식승인 ③ 형식승인의 변경승인 ④ 형식승인의 취소 ⑤ 소방용품의 성능인증 ⑥ 성능인증의 변경인증 ⑦ 성능인증의 취소 ⑧ 우수품질인증 및 그 취소
		한국소방산업기술원 또는 (제품검사)전문기관	제품검사 업무
		소방기술과 관련된 법인 또는 단체	① 표준자체점검비의 산정 및 공표 ② 소방시설관리사증의 발급·재발급 ③ 점검능력 평가 및 공시 ④ 데이터베이스 구축·운영
		화재안전 관련 전문연구기관	건축 환경 및 화재위험특성 변화 추세 연구에 관한 업무

POINT 8 벌칙

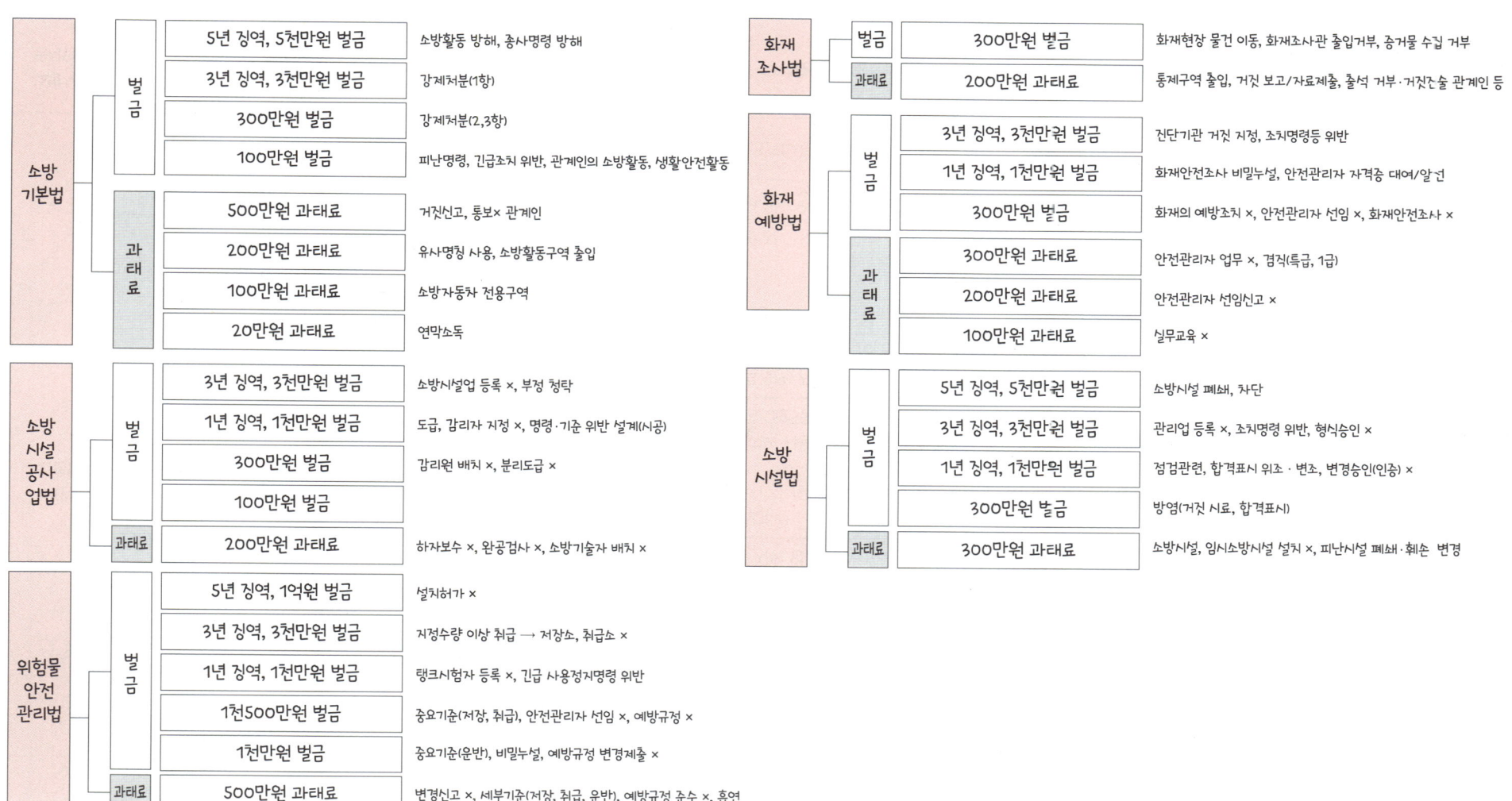

소방기본법

벌금
5년 징역, 5천만원 벌금	소방활동 방해, 총사명령 방해
3년 징역, 3천만원 벌금	강제처분 (1항)
300만원 벌금	강제처분 (2,3항)
100만원 벌금	피난명령, 긴급조치 위반, 관계인의 소방활동, 생활안전활동

과태료
500만원 과태료	거짓신고, 통보× 관계인
200만원 과태료	유사명칭 사용, 소방활동구역 출입
100만원 과태료	소방자동차 전용구역
20만원 과태료	연막소독

소방시설공사업법

벌금
3년 징역, 3천만원 벌금	소방시설업 등록×, 부정 청탁
1년 징역, 1천만원 벌금	도급, 감리자 지정×, 명령·기준 위반 설계(시공)
300만원 벌금	감리원 배치×, 분리도급×
100만원 벌금	

과태료
200만원 과태료	하자보수×, 완공검사×, 소방기술자 배치×

위험물안전관리법

벌금
5년 징역, 1억원 벌금	설치허가×
3년 징역, 3천만원 벌금	지정수량 이상 취급 → 저장소, 취급소×
1년 징역, 1천만원 벌금	탱크시험자 등록×, 긴급 사용정지명령 위반
1천500만원 벌금	중요기준(저장, 취급), 안전관리자 선임×, 예방규정×
1천만원 벌금	중요기준(운반), 비밀누설, 예방규정 변경제출×

과태료
500만원 과태료	변경신고×, 세부기준(저장, 취급, 운반), 예방규정 준수×, 흡연

화재조사법

벌금
300만원 벌금	화재현장 물건 이동, 화재조사관 출입거부, 증거물 수집 거부

과태료
200만원 과태료	통제구역 출입, 거짓 보고/자료제출, 출석 거부·거짓진술 관계인 등

화재예방법

벌금
3년 징역, 3천만원 벌금	진단기관 거짓 지정, 조치명령등 위반
1년 징역, 1천만원 벌금	화재안전조사 비밀누설, 안전관리자 자격증 대여/알선
300만원 벌금	화재의 예방조치×, 안전관리자 선임×, 화재안전조사×

과태료
300만원 과태료	안전관리자 업무×, 겸직(특급, 1급)
200만원 과태료	안전관리자 선임신고×
100만원 과태료	실무교육×

소방시설법

벌금
5년 징역, 5천만원 벌금	소방시설 폐쇄, 차단
3년 징역, 3천만원 벌금	관리업 등록×, 조치명령 위반, 형식승인×
1년 징역, 1천만원 벌금	점검관련, 합격표시 위조·변조, 변경승인(인증)×
300만원 벌금	방염(거짓 시료, 합격표시)

과태료
300만원 과태료	소방시설, 임시소방시설 설치×, 피난시설 폐쇄·훼손 변경

구분	벌칙		내용
소방 기본법	5년 이하 징역 또는 5천만원 이하 벌금		① 소방활동을 위반하여 다음의 어느 하나에 해당하는 행위를 한 사람 　㉠ 위력을 사용하여 출동한 소방대의 화재진압·인명구조 또는 구급활동을 방해하는 행위 　㉡ 소방대가 화재진압·인명구조 또는 구급활동을 위하여 현장에 출동하거나 현장에 출입하는 것을 고의로 방해하는 행위 　㉢ 출동한 소방대원에게 폭행 또는 협박을 행사하여 화재진압·인명구조 또는 구급활동을 방해하는 행위 　㉣ 출동한 소방대의 소방장비를 파손하거나 그 효용을 해하여 화재진압·인명구조 또는 구급활동을 방해하는 행위 ② 소방자동차의 출동을 방해한 사람 ③ 소방활동의 종사명령에 따른 사람을 구출하는 일 또는 불을 끄거나 불이 번지지 아니하도록 하는 일을 방해한 사람 ④ 정당한 사유 없이 소방용수시설 또는 비상소화장치를 사용하거나 소방용수시설 또는 비상소화장치의 효용을 해치거나 그 정당한 사용을 방해한 사람
	3년 이하 징역 또는 3천만원 이하 벌금		① 강제처분에 따른 처분을 방해한 자 또는 정당한 사유 없이 그 처분에 따르지 아니한 자 [제1항]
	300만원 이하 벌금		① 강제처분에 따른 처분을 방해한 자 또는 정당한 사유 없이 그 처분에 따르지 아니한 자 [제2항, 제3항]
	100만원 이하 벌금		① 정당한 사유 없이 소방대의 생활안전활동을 방해한 자 ② 정당한 사유 없이 소방대가 현장에 도착할 때까지 사람을 구출하는 조치 또는 불을 끄거나 불이 번지지 아니하도록 하는 조치를 하지 아니한 사람 ③ 피난 명령을 위반한 사람 ④ 정당한 사유 없이 물의 사용이나 수도의 개폐장치의 사용 또는 조작을 하지 못하게 하거나 방해한 자 ⑤ 정당한 사유 없이 유류, 가스, 전기의 위험시설에 대한 공급차단의 긴급조치를 방한 자
	500만원 이하 과태료	시·도지사, 소방본부장, 소방서장	① 화재 또는 구조·구급이 필요한 상황을 거짓으로 알린 사람 ② 정당한 사유 없이 화재, 재난·재해, 그 밖의 위급한 상황을 소방본부, 소방서 또는 관계 행정기관에 알리지 아니한 관계인
	200만원 이하 과태료		① 한국119청소년단 또는 이와 유사한 명칭을 사용한 자 ② 소방자동차의 출동에 지장을 준 자 ③ 권한 없이 소방활동구역을 출입한 사람 ④ 한국소방안전원 또는 이와 유사한 명칭을 사용한 자
	100만원 이하 과태료		① 소방자동차 전용구역에 차를 주차하거나 전용구역에의 진입을 가로막는 등의 방해행위를 한 자
	20만원 이하 과태료	소방본부장, 소방서장	① 화재로 오인할 만한 우려가 있는 불을 피우거나 연막소독을 하려는 자가 신고를 하지 아니하여 소방자동차를 출동하게 한 자
소방시설 공사업법	3년 이하 징역 또는 3천만원 이하 벌금		① 소방시설업 등록을 하지 아니하고 영업을 한 자 ② 부정한 청탁을 받고 재물 또는 재산상의 이익을 취득하거나 부정한 청탁을 하면서 재물 또는 재산상의 이익을 제공한 자

소방시설 공사업법	1년 이하 징역 또는 1천만원 이하 벌금		① 소방시설업의 **영업정지처분**을 받고 그 영업정지 기간에 영업을 한 자 ② 법에 따른 **명령**과 화재안전**기준**을 위반하여 설계나 시공을 한 자 ③ **감리업무**를 위반하여 감리를 하거나 거짓으로 감리한 자 ④ **공사감리자**를 지정하지 아니한 자 ⑤ 소방시설공사가 설계도서나 화재안전기준에 맞지 않게 공사를 계속할 경우 **소방본부장 또는 소방서장**에게 해야 할 **보고**를 거짓으로 한 자 ⑥ **공사감리 결과**의 통보 또는 **공사감리 결과**보고서의 제출을 거짓으로 한 자 ⑦ 해당 소방시설업자가 아닌 자에게 소방시설공사등을 **도급**한 자 ⑧ **도급**받은 소방시설의 설계, 시공, 감리를 하도급한 자 ⑨ **하도급**받은 소방시설공사를 다시 하도급한 자 ⑩ 소방기술자의 의무를 위반하여 법 또는 명령을 따르지 아니하고 업무를 수행한 자
	300만원 이하 벌금		① 다른 자에게 자기의 성명이나 상호를 사용하여 소방시설공사등을 수급 또는 시공하게 하거나 **소방시설업의 등록증이나 등록수첩을 빌려준 자** ② 소방시설공사 현장에 **감리원**을 배치하지 아니한 자 (감리업자) ③ 감리업자의 **보완 요구**에 따르지 아니한 자 (공사업자) ④ 공사감리 계약을 해지하거나 대가 지급을 거부하거나 지연시키거나 **불이익**을 준 자 (관계인) ⑤ 소방시설공사를 다른 업종의 공사와 **분리하여 도급**하지 아니한 자 ⑥ 소방기술 인정 자격수첩 또는 경력수첩을 **빌려** 준 사람 ⑦ 동시에 **둘 이상의 업체**에 취업한 사람 ⑧ 관계인의 정당한 업무를 방해하거나 업무상 알게 된 **비밀**을 **누설**한 사람
	100만원 이하 벌금		① 소방청장의 감독명령을 위반하여 보고 또는 자료 제출을 하지 아니하거나 거짓으로 한 자 ② 정당한 사유 없이 관계 공무원의 출입 또는 검사·조사를 거부·방해 또는 기피한 자
	200만원 이하 과태료	시·도지사, 소방본부장, 소방서장	① 소방시설업의 등록사항 변경신고, 휴업·폐업 등의 신고, 소방시설업자의 지위승계신고, 착공신고, 공사감리자의 지정 등을 위반하여 신고를 하지 아니하거나 거짓으로 신고한 자 ② 관계인에게 지위승계, 행정처분 또는 휴업·폐업의 사실을 거짓으로 알린 자 ③ 소방시설업자가 관계 서류를 보관하지 아니한 자 ④ **소방기술자**를 공사 현장에 **배치**하지 아니한 자 ⑤ **완공검사**를 받지 아니한 자 ⑥ 3일 이내에 **하자**를 **보수**하지 아니하거나 하자보수계획을 관계인에게 거짓으로 알린 자 ⑦ 감리 관계 서류를 인수·인계하지 아니한 자 ⑧ 소속 감리원의 배치통보 및 변경통보를 하지 아니하거나 거짓으로 통보한 자 ⑨ 방염성능기준 미만으로 방염을 한 자 ⑩ 방염처리능력 평가에 관한 서류를 거짓으로 제출한 자 ⑪ 도급계약 체결 시 의무를 이행하지 아니한 자(하도급 계약의 경우에는 하도급 받은 소방시설업자는 제외한다) ⑫ 하도급 등의 통지를 하지 아니한 자 ⑬ 공사대금의 지급보증, 담보의 제공 또는 보험료등의 지급을 정당한 사유 없이 이행하지 아니한 자 ⑭ 시공능력 평가에 관한 서류를 거짓으로 제출한 자 ⑮ 사업수행능력 평가에 관한 서류를 위조하거나 변조하는 등 거짓이나 그 밖의 부정한 방법으로 입찰에 참여한 자 ⑯ 시·도지사, 소방본부장 또는 소방서장의 감독명령을 위반하여 보고 또는 자료 제출을 하지 아니하거나 거짓으로 보고 또는 자료 제출을 한 자

구분		제조소등에서 위험물을 유출·방출·확산시키는 경우	업무상 과실로 제조소등에서 위험물을 유출·방출·확산시키는 경우	소방시설의 폐쇄·차단 등의 행위를 한 자
	위험발생	1년 이상 10년 이하의 징역 (양벌규정: 5천만원↓ 벌금)	7년 이하의 금고 또는 7천만원 이하의 벌금	5년 이하의 징역 또는 5천만원 이하의 벌금
	상해	무기 또는 3년 이상의 징역 (양벌규정: 1억원↓ 벌금)	10년 이하의 징역 또는 금고나 1억원 이하의 벌금	7년 이하의 징역 또는 7천만원 이하의 벌금
	사망	무기 또는 5년 이상의 징역 (양벌규정: 1억원↓ 벌금)		10년 이하의 징역 또는 1억원 이하의 벌금
위험물안전 관리법	5년 이하 징역 또는 1억원 이하 벌금	① 제조소등의 **설치허가**를 받지 아니하고 제조소등을 설치한 자		
	3년 이하 징역 또는 3천만원 이하 벌금	① 저장소 또는 제조소등이 아닌 장소에서 **지정수량 이상**의 위험물을 저장 또는 취급한 자		
	1년 이하 징역 또는 1천만원 이하 벌금	① **탱크시험자**로 등록하지 아니하고 탱크시험자의 업무를 한 자 ② 정기점검을 하지 아니하거나 점검기록을 허위로 작성한 관계인으로서 허가를 받은 자 ③ 정기검사를 받지 아니한 관계인으로서 허가를 받은 자 ④ 자체소방대를 두지 아니한 관계인으로서 규정에 따른 허가를 받은 자 ⑤ 운반용기에 대한 검사를 받지 아니하고 운반용기를 사용하거나 유통시킨 자 ⑥ 보고 또는 자료제출을 하지 아니하거나 허위의 보고 또는 자료제출을 한 자 또는 관계공무원의 출입·검사 또는 수거를 거부·방해 또는 기피한 자 ⑦ 제조소등에 대한 **긴급 사용정지·제한명령**을 위반한 자		
	1천500만원 이하 벌금	① 위험물의 저장 또는 취급에 관한 **중요기준**에 따르지 아니한 자 ② **변경허가**를 받지 아니하고 제조소등을 변경한 자 ③ 제조소등의 **완공검사**를 받지 아니하고 위험물을 저장·취급한 자 ④ 안전조치 이행명령을 따르지 아니한 자 ⑤ 제조소등의 사용정지**명령**을 위반한 자 ⑥ 수리·개조 또는 이전의 **명령**에 따르지 아니한 자 ⑦ **안전관리자**를 선임하지 아니한 관계인으로서 허가를 받은 자 ⑧ 대리자를 지정하지 아니한 관계인으로서 허가를 받은 자 ⑨ 업무정지**명령**을 위반한 자 ⑩ 탱크안전성능시험 또는 점검에 관한 업무를 허위로 하거나 그 결과를 증명하는 서류를 허위로 교부한 자 ⑪ **예방규정**을 제출하지 아니하거나 변경명령을 위반한 관계인으로서 허가를 받은 자 ⑫ 정지지시를 거부하거나 국가기술자격증, 교육수료증·신원확인을 위한 증명서의 제시 요구 또는 신원확인을 위한 질문에 응하지 아니한 사람 ⑬ 명령을 위반하여 보고 또는 자료제출을 하지 아니하거나 허위의 보고 또는 자료제출을 한 자 및 관계공무원의 출입 또는 조사·검사를 거부·방해 또는 기피한 자 ⑭ 탱크시험자에 대한 감독상 **명령**에 따르지 아니한 자 ⑮ 무허가장소의 위험물에 대한 조치**명령**에 따르지 아니한 자 ⑯ 저장·취급기준 준수**명령** 또는 응급조치**명령**을 위반한 자		

	1천만원 이하 벌금		① 위험물의 취급에 관한 안전관리와 감독을 하지 아니한 자 ② 안전관리자 또는 그 대리자가 참여하지 아니한 상태에서 위험물을 취급한 자 ③ 변경한 예방규정을 제출하지 아니한 관계인으로서 규정에 따른 허가를 받은 자 ④ 위험물의 운반에 관한 중요기준에 따르지 아니한 자 ⑤ 자격요건을 갖추지 아니한 위험물운반자 ⑥ 자격요건을 갖추지 아니한 위험물운송자 또는 운송책임자의 감독·지원을 받지 아니한 위험물운송자 ⑦ 관계인의 정당한 업무를 방해하거나 출입·검사 등을 수행하면서 알게 된 비밀을 누설한 자
	500만원 이하 과태료	시·도지사, 소방본부장, 소방서장	① 지정수량 이상의 위험물을 90일 이내의 기간동안 임시로 저장 또는 취급하는 경우 관할 소방서장의 승인을 받지 아니한 자 ② 위험물의 저장 또는 취급에 관한 세부기준을 위반한 자 ③ 품명 등의 변경신고를 기간 이내에 하지 아니하거나 허위로 한 자 ④ 지위승계신고를 기간 이내에 하지 아니하거나 허위로 한 자 ⑤ 제조소등의 폐지신고 또는 안전관리자의 선임신고를 기간 이내에 하지 아니하거나 허위로 한 자 ⑥ 제조소등의 사용 중지신고 또는 재개신고를 기간 이내에 하지 아니하거나 거짓으로 한 자 ⑦ 탱크시험자의 등록사항의 변경신고를 기간 이내에 하지 아니하거나 허위로 한 자 ⑧ 예방규정을 준수하지 아니한 자 ⑨ 점검결과를 기록·보존하지 아니한 자 ⑩ 기간 이내에 점검결과를 제출하지 아니한 자 ⑪ 제조소등의 지정된 장소가 아닌 장소에서 흡연한 자 ⑫ 제조소등의 관계인이 금연구역임을 알리는 표지를 설치하지 아니하거나 보완이 필요하여 내린 시정명령에 따르지 아니한 자 ⑬ 위험물의 운반에 관한 세부기준을 위반한 자 ⑭ 위험물의 운송에 관한 기준을 따르지 아니한 자 → 제4조(지정수량 미만인 위험물의 저장·취급) 및 제5조 제2항 각 호(지정수량 이상인 위험물의 임시저장) 외의 부분 후단의 규정에 따른 조례에는 200만원 이하의 과태료를 정할 수 있다. 이 경우 과태료는 부과권자가 부과·징수한다.
소방의 화재조사에 관한 법률	300만원 이하 벌금		① 소방관서장 또는 경찰서장의 허가 없이 화재현장에 있는 물건 등을 이동시키거나 변경·훼손한 사람 ② 정당한 사유 없이 화재조사관의 출입 또는 조사를 거부·방해 또는 기피한 사람 ③ 관계인의 정당한 업무를 방해하거나 화재조사를 수행하면서 알게 된 비밀을 다른 용도로 사용하거나 다른 사람에게 누설한 사람 ④ 정당한 사유 없이 증거물 수집을 거부·방해 또는 기피한 사람
	200만원 이하 과태료	소방관서장, 경찰서장	① 소방관서장 또는 경찰서장의 허가 없이 통제구역에 출입한 사람 (다만, 경찰서장이 설정한 통제구역을 허가 없이 출입한 사람에 대한 과태료는 경찰서장이 부과·징수한다.) ② 소방관서장의 명령을 위반하여 보고 또는 자료 제출을 하지 아니하거나 거짓으로 보고 또는 자료를 제출한 사람 ③ 정당한 사유 없이 출석을 거부하거나 질문에 대하여 거짓으로 진술한 사람

화재의 예방 및 안전 관리에 관한 법률	3년 이하 징역 또는 3천만원 이하 벌금		① 화재안전조사 결과에 따른 **조치명령**을 정당한 사유 없이 위반한 자 ② 소방안전관리자의 **선임명령**, 업무 **이행명령**을 정당한 사유 없이 위반한 자 ③ 화재예방안전진단 결과에 따른 소방안전 특별관리시설물의 보수·보강 등 **조치명령**을 정당한 사유 없이 위반한 자 ④ 거짓이나 그 밖의 부정한 방법으로 **화재예방안전진단기관**으로 지정을 받은 자
	1년 이하 징역 또는 1천만원 이하 벌금		① 화재안전조사 시 관계인의 정당한 업무를 방해하거나, 조사업무를 수행하면서 취득한 자료나 알게 된 **비밀**을 다른 사람 또는 기관에게 제공 또는 **누설**하거나 목적 외의 용도로 사용한 자 ② 소방안전관리자 **자격증**을 다른 사람에게 **빌려 주거나 빌리거나** 이를 알선한 자 ③ 화재예방안전진단기관으로부터 화재예방안전진단을 받지 아니한 자
	300만원 이하 벌금		① **화재안전조사**를 정당한 사유 없이 거부·방해 또는 기피한 자 ② 화재의 예방조치에 따른 **소방관서장의 명령**을 정당한 사유 없이 따르지 아니하거나 방해한 자 ③ 소방안전관리자, 총괄소방안전관리자 또는 소방안전관리보조자를 **선임**하지 아니한 자 ④ 소방시설·피난시설·방화시설 및 방화구획 등이 **법령**에 **위반**된 것을 발견하였음에도 필요한 조치를 할 것을 요구하지 아니한 **소방안전관리자** ⑤ 소방안전관리자에게 **불이익**한 처우를 한 관계인 ⑥ 화재예방안전진단 및 안전원의 위탁업무를 수행하면서 알게 된 **비밀**을 이 법에서 정한 목적 외의 용도로 사용하거나 다른 사람 또는 기관에 제공하거나 **누설**한 자
	300만원 이하 과태료	소방청장, 시·도지사, 소방본부장, 소방서장	① 정당한 사유 없이 화재의 예방조치를 위한 **금지행위**의 어느 하나에 해당하는 행위를 한 자 ② 다른 안전관리자와 소방안전관리자를 **겸한 자** (특급·1급) ③ 소방안전관리**업무**를 하지 아니한 특정소방대상물의 관계인 또는 소방안전관리대상물의 소방안전관리자 ④ 소방안전관리**업무**의 지도·감독을 하지 아니한 자(관계인) ⑤ 건설현장 소방안전관리대상물의 소방안전관리자의 **업무**를 하지 아니한 소방안전관리자 ⑥ **피난유도 안내정보**를 제공하지 아니한 자(관계인) ⑦ **소방훈련 및 교육**을 하지 아니한 자(관계인) ⑧ 화재예방안전진단 결과를 제출하지 아니한 자(안전원 또는 진단기관)
	200만원 이하 과태료		① **불**을 사용할 때 지켜야 하는 사항 및 **특수가연물**의 저장 및 취급 기준을 위반한 자 ② 소방설비등의 **설치 명령**을 정당한 사유 없이 따르지 아니한 자 ③ 기간 내에 특정소방대상물의 소방안전관리자 **선임신고**를 하지 아니하거나 소방안전관리자의 성명 등을 **게시**하지 아니한 자 ④ 기간 내에 건설현장 소방안전관리자의 **선임신고**를 하지 아니한 자 ⑤ 기간 내에 소방훈련 및 교육 결과를 **소방본부장 또는 소방서장**에게 제출하지 아니한 자 (특급·1급)
	100만원 이하 과태료		**실무교육**을 받지 아니한 소방안전관리자 및 소방안전관리보조자

구분	제조소등에서 위험물을 유출·방출·확산시키는 경우	업무상 과실로 제조소등에서 위험물을 유출·방출·확산시키는 경우	소방시설의 폐쇄·차단 등의 행위를 한 자
위험발생	1년 이상 10년 이하의 징역 (양벌규정: 5천만원↓ 벌금)	7년 이하의 금고 또는 7천만원 이하의 벌금	5년 이하의 징역 또는 5천만원 이하의 벌금
상해	무기 또는 3년 이상의 징역 (양벌규정: 1억원↓ 벌금)	10년 이하의 징역 또는 금고나 1억원 이하의 벌금	7년 이하의 징역 또는 7천만원 이하의 벌금
사망	무기 또는 5년 이상의 징역 (양벌규정: 1억원↓ 벌금)		10년 이하의 징역 또는 1억원 이하의 벌금

소방시설 설치 및 관리에 관한 법률

3년 이하 징역 또는 3천만원 이하 벌금

① 정당한 사유 없이 특정소방대상물에 설치하는 소방시설의 유지·관리에 관한 **조치명령**을 위반한 자
② 정당한 사유 없이 건설현장의 임시소방시설의 설치 및 관리에 관한 **조치명령**을 위반한 자
③ 정당한 사유 없이 피난시설, 방화구획 및 방화시설의 유지·관리에 관한 **조치명령**을 위반한 자
④ 정당한 사유 없이 소방대상물의 방염에 대한 **조치명령**을 위반한 자
⑤ 정당한 사유 없이 소방시설등의 자체점검 결과에 따른 소방시설등에 대한 수리·교체·정비에 관한 이행계획의 **조치명령**을 위반한 자
⑥ 정당한 사유 없이 위반한 소방용품의 수거·폐기·교체 등에 대한 **조치명령**을 위반한 자
⑦ 정당한 사유 없이 중대한 결함이 있는 소방용품의 회수·교환 또는 판매중지에 대한 **조치명령**을 위반한 자

⑧ **관리업**의 등록을 하지 아니하고 영업을 한 자
⑨ 소방용품의 형식승인을 받지 아니하고 소방용품을 제조하거나 수입한 자 또는 거짓이나 그 밖의 부정한 방법으로 **형식승인**을 받은 자
⑩ 제품검사를 받지 아니한 자 또는 거짓이나 그 밖의 부정한 방법으로 **제품검사**를 받은 자
⑪ 소방용품을 **판매·진열**하거나 소방시설공사에 **사용**한 자
⑫ 거짓이나 그 밖의 부정한 방법으로 성능인증 또는 **제품검사**를 받은 자
⑬ 제품검사를 받지 아니하거나 **합격표시**를 하지 아니한 소방용품을 판매·진열하거나 소방시설공사에 사용한 자
⑭ **구매자**에게 명령을 받은 사실을 알리지 아니하거나 필요한 조치를 하지 아니한 자
⑮ 거짓이나 그 밖의 부정한 방법으로 **(제품검사)전문기관**으로 지정을 받은 자

1년 이하 징역 또는 1천만원 이하 벌금

① 소방시설등에 대하여 스스로 **점검**을 하지 아니하거나 관리업자등으로 하여금 정기적으로 **점검**하게 하지 아니한 자
② 소방시설관리사증을 다른 사람에게 **빌려주거나** 빌리거나 이를 알선한 자
③ 동시에 **둘 이상의 업체**에 취업한 자 (소방시설관리사)
④ **자격정지처분**을 받고 그 자격정지기간 중에 관리사의 **업무**를 한 자
⑤ 관리업의 등록증이나 등록수첩을 다른 자에게 **빌려주거나** 빌리거나 이를 알선한 자
⑥ **영업정지처분**을 받고 그 영업정지기간 중에 관리업의 업무를 한 자
⑦ 제품검사에 합격하지 아니한 제품에 합격표시를 하거나 합격표시를 **위조** 또는 **변조**하여 사용한 자
⑧ 형식승인의 **변경승인**을 받지 아니한 자
⑨ 제품검사에 합격하지 아니한 소방용품에 성능인증을 받았다는 표시 또는 제품검사에 합격하였다는 표시를 하거나 성능인증을 받았다는 표시 또는 제품검사에 합격하였다는 표시를 **위조** 또는 **변조**하여 사용한 자
⑩ 성능인증의 **변경인증**을 받지 아니한 자
⑪ 우수품질인증을 받지 아니한 제품에 우수품질인증 표시를 하거나 우수품질인증 표시를 **위조**하거나 **변조**하여 사용한 자
⑫ 관계인의 정당한 업무를 방해하거나 **출입·검사** 업무를 수행하면서 알게 된 **비밀**을 다른 사람에게 **누설**한 자

	300만원 이하 벌금		① 성능위주설계평가단 또는 규정에 따라 위탁받은 업무를 수행하면서 알게 된 **비밀**을 이 법에서 정한 목적 외의 용도로 사용하거나 다른 사람 또는 기관에 제공하거나 **누설**한 자 ② **방염성능검사**에 합격하지 아니한 물품에 합격표시를 하거나 합격표시를 **위조**하거나 **변조**하여 사용한 자 ③ **방염성능검사**에 **거짓 시료**를 제출한 자 ④ 필요한 조치를 하지 아니한 관계인 또는 관계인에게 **중대위반사항**을 알리지 아니한 관리업자등
소방시설 설치 및 관리에 관한 법률	300만원 이하의 과태료	소방청장, 시·도지사, 소방본부장, 소방서장	① **소방시설**을 화재안전기준에 따라 설치·관리하지 아니한 자 ② 공사 현장에 **임시소방시설**을 설치·관리하지 아니한 자 ③ **피난시설**, 방화구획 또는 방화시설의 폐쇄·훼손·변경 등의 행위를 한 자 ④ 방염대상물품을 방염성능기준 이상으로 설치하지 아니한 자 ⑤ 점검능력 평가를 받지 아니하고 점검을 한 관리업자 ⑥ 관계인에게 점검 결과를 제출하지 아니한 관리업자등 ⑦ 점검인력의 배치기준 등 자체점검 시 준수사항을 위반한 자 ⑧ 점검 결과를 보고하지 아니하거나 거짓으로 보고한 자 ⑨ 이행계획을 기간 내에 완료하지 아니한 자 또는 이행계획 완료 결과를 보고하지 아니하거나 거짓으로 보고한 자 ⑩ 점검기록표를 기록하지 아니하거나 특정소방대상물의 출입자가 쉽게 볼 수 있는 장소에 게시하지 아니한 관계인 ⑪ 관리업의 변경신고 또는 지위승계신고를 하지 아니하거나 거짓으로 신고한 자 ⑫ 지위승계, 행정처분 또는 휴업·폐업의 사실을 특정소방대상물의 관계인에게 알리지 아니하거나 거짓으로 알린 관리업자 ⑬ 소속 기술인력의 참여 없이 자체점검을 한 관리업자 ⑭ 점검실적을 증명하는 서류 등을 거짓으로 제출한 자 ⑮ 명령을 위반하여 보고 또는 자료제출을 하지 아니하거나 거짓으로 보고 또는 자료제출을 한 자 또는 정당한 사유 없이 관계 공무원의 출입 또는 검사를 거부·방해 또는 기피한 자

POINT 9   N차 과태료

1. 일반기준

구분	위반행위	감경사유
소방기본법	최근 1년간	부과권자는 다음의 어느 하나에 해당하는 경우에는 개별기준에 따른 **과태료의 2분의 1** 범위에서 그 금액을 줄여 부과할 수 있다. 다만, **과태료를 체납하고 있는 위반행위자**에 대해서는 그렇지 않다. ① 위반행위가 사소한 부주의나 오류로 인한 것으로 인정되는 경우 ② 위반행위자가 법 위반상태를 시정하거나 해소하기 위하여 노력한 사실이 인정되는 경우 ③ 위반행위자가 화재 등 재난으로 재산에 현저한 손실을 입거나 사업 여건의 악화로 그 사업이 중대한 위기에 처하는 등 사정이 있는 경우 ④ 그 밖에 위반행위의 정도, 위반행위의 동기와 그 결과 등을 고려하여 감경할 필요가 있다고 인정되는 경우
소방시설공사업법	최근 1년간	과태료 부과권자는 위반행위자가 다음의 어느 하나에 해당하는 경우에는 **과태료 금액의 2분의 1**의 범위에서 그 금액을 줄여 부과할 수 있다. 다만, **과태료를 체납하고 있는 위반행위자**에 대해서는 그렇지 않다. ① 위반행위자가 「질서위반행위규제법 시행령」 제2조의2제1항 각 호의 어느 하나에 해당하는 경우 ② 위반행위자가 처음 위반행위를 한 경우로서 **3년 이상** 해당 업종을 **모범적**으로 영위한 사실이 인정되는 경우 ③ 위반행위자가 화재 등 재난으로 재산에 현저한 손실이 발생하거나 사업여건의 악화로 사업이 중대한 위기에 처하는 등의 사정이 있는 경우 ④ 위반행위가 사소한 부주의나 오류 등 과실로 인한 것으로 인정되는 경우 ⑤ 위반행위자가 같은 위반행위로 다른 법률에 따라 과태료·벌금 또는 영업정지 등의 처분을 받은 경우 ⑥ 위반행위자가 위법행위로 인한 결과를 시정하거나 해소한 경우 ⑦ 그 밖에 위반행위의 정도, 위반행위의 동기와 그 결과 등을 고려하여 과태료 금액을 줄일 필요가 있다고 인정되는 경우
위험물안전관리법	최근 1년간	과태료 부과권자는 다음의 어느 하나에 해당하는 경우에는 개별기준에 따른 **과태료 금액의 2분의 1**까지 그 금액을 줄일 수 있다. 다만, **과태료를 체납하고 있는 위반행위자**에 대해서는 그러하지 아니하다. ① 위반행위자가 「질서위반행위규제법 시행령」 제2조의2제1항 각 호의 어느 하나에 해당하는 경우 ② 위반행위자가 처음 위반행위를 한 경우로서 **3년 이상** 해당 업종을 **모범적**으로 경영한 사실이 인정되는 경우 ③ 위반행위가 사소한 부주의나 오류 등 과실로 인한 것으로 인정되는 경우 ④ 위반행위자가 같은 위반행위로 다른 법률에 따라 과태료·벌금·영업정지 등의 처분을 받은 경우 ⑤ 위반행위자가 위법행위로 인한 결과를 시정하거나 해소한 경우 ⑥ 그 밖에 위반행위의 정도, 위반행위의 동기와 그 결과 등을 고려하여 과태료를 줄일 필요가 있다고 인정되는 경우
		부과권자는 고의 또는 중과실이 없는 위반행위자가 「소상공인기본법」 제2조에 따른 소상공인에 해당하고, 과태료를 체납하고 있지 않은 경우에는 다음의 사항을 고려하여 개별기준에 따른 과태료의 100분의 70 범위에서 그 금액을 줄여 부과할 수 있다. 다만, 감경과 중복하여 적용하지 않는다. ① 위반행위자의 현실적인 부담능력 ② 경제위기 등으로 위반행위자가 속한 시장·산업 여건이 현저하게 변동되거나 지속적으로 악화된 상태인지 여부

화재조사법	최근 1년간	과태료 부과권자는 다음 어느 하나에 해당하는 경우에는 개별기준에 따른 **과태료의 2분의 1** 범위에서 그 금액을 줄여 부과할 수 있다. 다만, 줄여 부과할 사유가 여러 개 있는 경우라도 감경의 범위는 2분의 1을 넘을 수 없다. ① 위반행위자가 화재 등 재난으로 재산에 현저한 손실이 발생한 경우 또는 사업의 부도·경매 또는 소송 계속 등 사업여건이 악화된 경우로서 과태료 부과권자가 감경하는 것이 타당하다고 인정하는 경우. 다만, 최근 1년 이내에 소방 관계 법령(「소방의 화재조사에 관한 법률」, 「소방기본법」, 「화재의 예방 및 안전관리에 관한 법률」, 「소방시설 설치 및 관리에 관한 법률」, 「소방시설공사업법」, 「위험물안전관리법」, 「다중이용업소의 안전관리에 관한 특별법」 및 그 하위법령을 말한다)을 2회 이상 위반한 자는 제외한다. ② 위반행위자가 위반행위로 인한 결과를 시정하거나 해소한 경우
화재예방법	최근 1년간	부과권자는 다음의 어느 하나에 해당하는 경우에는 개별기준에 따른 **과태료의 2분의 1** 범위에서 그 금액을 줄여 부과할 수 있다. 다만, **과태료를 체납하고 있는 위반행위자**에 대해서는 그렇지 않다. ① 위반행위가 사소한 부주의나 오류로 인한 것으로 인정되는 경우 ② 위반행위자가 법 위반상태를 시정하거나 해소하기 위하여 노력한 사실이 인정되는 경우 ③ 위반행위자가 처음 위반행위를 한 경우로서 **3년 이상** 해당 업종을 **모범**적으로 영위한 사실이 인정되는 경우 ④ 위반행위자가 화재 등 재난으로 재산에 현저한 손실을 입거나 사업 여건의 악화로 그 사업이 중대한 위기에 처하는 등 사정이 있는 경우 ⑤ 위반행위자가 같은 위반행위로 다른 법률에 따라 과태료·벌금·영업정지 등의 처분을 받은 경우 ⑥ 그 밖에 위반행위의 정도, 위반행위의 동기와 그 결과 등을 고려하여 과태료 금액을 줄일 필요가 있다고 인정되는 경우
소방시설법	최근 1년간	부과권자는 다음의 어느 하나에 해당하는 경우에는 개별기준에 따른 **과태료의 2분의 1** 범위에서 그 금액을 줄여 부과할 수 있다. 다만, **과태료를 체납하고 있는 위반행위자**에 대해서는 그렇지 않다. ① 위반행위가 사소한 부주의나 오류로 인한 것으로 인정되는 경우 ② 위반행위자가 법 위반상태를 시정하거나 해소하기 위하여 노력한 사실이 인정되는 경우 ③ 위반행위자가 처음 위반행위를 한 경우로서 **3년 이상** 해당 업종을 **모범**적으로 영위한 사실이 인정되는 경우 ④ 위반행위자가 화재 등 재난으로 재산에 현저한 손실을 입거나 사업 여건의 악화로 그 사업이 중대한 위기에 처하는 등 사정이 있는 경우 ⑤ 위반행위자가 같은 위반행위로 다른 법률에 따라 과태료·벌금·영업정지 등의 처분을 받은 경우 ⑥ 그 밖에 위반행위의 정도, 위반행위의 동기와 그 결과 등을 고려하여 과태료 금액을 줄일 필요가 있다고 인정되는 경우

2. 개별기준

소방기본법 – 위반행위	과태료 금액(단위: 만원)		
	1회	2회	3회 이상
가. 법 제17조의6제5항을 위반하여 한국119청소년단 또는 이와 유사한 명칭을 사용한 경우	100	150	200
나. 법 제19조제1항을 위반하여 화재 또는 구조·구급이 필요한 상황을 거짓으로 알린 경우	200	400	500
다. 정당한 사유 없이 법 제20조제2항을 위반하여 화재, 재난·재해, 그 밖의 위급한 상황을 소방본부, 소방서 또는 관계 행정기관에 알리지 않은 경우 (관계인)	500		
라. 법 제21조제3항을 위반하여 소방자동차의 출동에 지장을 준 경우	100		
마. 법 제21조의2제2항을 위반하여 전용구역에 차를 주차하거나 전용구역에의 진입을 가로막는 등의 방해행위를 한 경우	50	100	100
바. 법 제23조제1항을 위반하여 소방활동구역을 출입한 경우	100		
사. 법 제44조의3을 위반하여 한국소방안전원 또는 이와 유사한 명칭을 사용한 경우	200		

소방시설공사업법 – 위반행위	과태료 금액(단위: 만원)		
	1차	2차	3차 이상
가. 법 제6조, 제6조의2제1항, 제7조제3항, 제13조제1항 및 제2항 전단, 제17조제2항을 위반하여 신고를 하지 않거나 거짓으로 신고한 경우	60	100	200
나. 법 제8조제3항을 위반하여 관계인에게 지위승계, 행정처분 또는 휴업·폐업의 사실을 거짓으로 알린 경우	60	100	200
다. 법 제8조제4항을 위반하여 관계 서류를 보관하지 않은 경우	200		
라. 법 제12조제2항을 위반하여 소방기술자를 공사 현장에 배치하지 않은 경우	200		
마. 법 제14조제1항을 위반하여 완공검사를 받지 않은 경우	200		
바. 법 제15조제3항을 위반하여 3일 이내에 하자를 보수하지 않거나 하자보수계획을 관계인에게 거짓으로 알린 경우 　1) 4일 이상 30일 이내에 보수하지 않은 경우 　2) 30일을 초과하도록 보수하지 않은 경우 　3) 거짓으로 알린 경우	60 100 200		
사. 법 제17조제3항을 위반하여 감리 관계 서류를 인수·인계하지 않은 경우	200		
아. 법 제18조제2항에 따른 배치통보 및 변경통보를 하지 않거나 거짓으로 통보한 경우	60	100	200
자. 법 제20조의2를 위반하여 방염성능기준 미만으로 방염을 한 경우	200		
차. 법 제20조의3제2항에 따른 방염처리능력 평가에 관한 서류를 거짓으로 제출한 경우	200		

위반행위			
카. 법 제21조의3제2항에 따른 도급계약 체결 시 의무를 이행하지 않은 경우(하도급 계약의 경우에는 하도급 받은 소방시설업자는 제외한다)		200	
타. 법 제21조의3제4항에 따른 하도급 등의 통지를 하지 않은 경우	60	100	200
파. 법 제21조의4제1항에 따른 공사대금의 지급보증, 담보의 제공 또는 보험료등의 지급을 정당한 사유 없이 이행하지 않은 경우		200	
하. 법 제26조제2항에 따른 시공능력 평가에 관한 서류를 거짓으로 제출한 경우		200	
거. 법 제26조의2제1항 후단에 따른 사업수행능력 평가에 관한 서류를 위조하거나 변조하는 등 거짓이나 그 밖의 부정한 방법으로 입찰에 참여한 경우		200	
너. 법 제31조제1항에 따른 명령을 위반하여 보고 또는 자료 제출을 하지 않거나 거짓으로 보고 또는 자료 제출을 한 경우	60	100	200

위험물안전관리법 - 위반행위	과태료 금액(단위: 만원)
가. 법 제5조제2항제1호에 따른 승인을 받지 않은 경우	
1) 승인기한(임시저장 또는 취급개시일의 전날)의 다음날을 기산일로 하여 30일 이내에 승인을 신청한 경우	250
2) 승인기한(임시저장 또는 취급개시일의 전날)의 다음날을 기산일로 하여 31일 이후에 승인을 신청한 경우	400
3) 승인을 받지 않은 경우	500
나. 법 제5조제3항제2호에 따른 위험물의 저장 또는 취급에 관한 세부기준을 위반한 경우	
1) 1차 위반 시	250
2) 2차 위반 시	400
3) 3차 이상 위반 시	500
다. 법 제6조제2항에 따른 품명 등의 변경신고를 기간 이내에 하지 않거나 허위로 한 경우	
1) 신고기한(변경한 날의 1일 전날)의 다음날을 기산일로 하여 30일 이내에 신고한 경우	250
2) 신고기한(변경한 날의 1일 전날)의 다음날을 기산일로 하여 31일 이후에 신고한 경우	350
3) 허위로 신고한 경우	500
4) 신고를 하지 않은 경우	500
라. 법 제10조제3항에 따른 지위승계신고를 기간 이내에 하지 않거나 허위로 한 경우	
1) 신고기한(지위승계일의 다음날을 기산일로 하여 30일이 되는 날)의 다음날을 기산일로 하여 30일 이내에 신고한 경우	250
2) 신고기한(지위승계일의 다음날을 기산일로 하여 30일이 되는 날)의 다음날을 기산일로 하여 31일 이후에 신고한 경우	350
3) 허위로 신고한 경우	500
4) 신고를 하지 않은 경우	500
마. 법 제11조에 따른 제조소등의 폐지신고를 기간 이내에 하지 않거나 허위로 한 경우	
1) 신고기한(폐지일의 다음날을 기산일로 하여 14일이 되는 날)의 다음날을 기산일로 하여 30일 이내에 신고한 경우	250
2) 신고기한(폐지일의 다음날을 기산일로 하여 14일이 되는 날)의 다음날을 기산일로 하여 31일 이후에 신고한 경우	350
3) 허위로 신고한 경우	500
4) 신고를 하지 않은 경우	500

바. 법 제11조의2제2항을 위반하여 사용 중지신고 또는 재개신고를 기간 이내에 하지 않거나 거짓으로 한 경우	
1) 신고기한(중지 또는 재개한 날의 14일 전날)의 다음날을 기산일로 하여 30일 이내에 신고한 경우	250
2) 신고기한(중지 또는 재개한 날의 14일 전날)의 다음날을 기산일로 하여 31일 이후에 신고한 경우	350
3) 거짓으로 신고한 경우	500
4) 신고를 하지 않은 경우	500
사. 법 제15조제3항에 따른 안전관리자의 선임신고를 기간 이내에 하지 않거나 허위로 한 경우	
1) 신고기한(선임한 날의 다음날을 기산일로 하여 14일이 되는 날)의 다음날을 기산일로 하여 30일 이내에 신고한 경우	250
2) 신고기한(선임한 날의 다음날을 기산일로 하여 14일이 되는 날)의 다음날을 기산일로 하여 31일 이후에 신고한 경우	350
3) 허위로 신고한 경우	500
4) 신고를 하지 않은 경우	500
아. 법 제16조제3항을 위반하여 등록사항의 변경신고를 기간 이내에 하지 않거나 허위로 한 경우	
1) 신고기한(변경일의 다음날을 기산일로 하여 30일이 되는 날)의 다음날을 기산일로 하여 30일 이내에 신고한 경우	250
2) 신고기한(변경일의 다음날을 기산일로 하여 30일이 되는 날)의 다음날을 기산일로 하여 31일 이후에 신고한 경우	350
3) 허위로 신고한 경우	500
4) 신고를 하지 않은 경우	500
자. 법 제17조제3항을 위반하여 예방규정을 준수하지 않은 경우	
1) 1차 위반 시	250
2) 2차 위반 시	400
3) 3차 이상 위반 시	500
차. 법 제18조제1항을 위반하여 점검결과를 기록하지 않거나 보존하지 않은 경우	
1) 1차 위반 시	250
2) 2차 위반 시	400
3) 3차 이상 위반 시	500
카. 법 제18조제2항을 위반하여 기간 이내에 점검 결과를 제출하지 않은 경우	
1) 제출기한(점검일의 다음날을 기산일로 하여 30일이 되는 날)의 다음날을 기산일로 하여 30일 이내에 제출한 경우	250
2) 제출기한(점검일의 다음날을 기산일로 하여 30일이 되는 날)의 다음날을 기산일로 하여 31일 이후에 제출한 경우	400
3) 제출하지 않은 경우	500
타. 법 제19조의2제1항을 위반하여 흡연을 한 경우	
1) 1차 위반 시	250
2) 2차 위반 시	400
3) 3차 이상 위반 시	500
파. 제19조의2제3항에 따른 시정명령을 따르지 않은 경우	
1) 1차 위반 시	250
2) 2차 위반 시	400
3) 3차 이상 위반 시	500

하. 법 제20조제1항제2호에 따른 위험물의 운반에 관한 세부기준을 위반한 경우

1) 1차 위반 시	250
2) 2차 위반 시	400
3) 3차 이상 위반 시	500

거. 법 제21조제3항을 위반하여 위험물의 운송에 관한 기준을 따르지 않은 경우

1) 1차 위반 시	250
2) 2차 위반 시	400
3) 3차 이상 위반 시	500

화재조사법 - 위반행위	과태료 금액(단위: 만원)		
	1회	2회	3회
가. 법 제8조제2항을 위반하여 허가 없이 통제구역에 출입한 경우	100	150	200
나. 법 제9조제1항에 따른 명령을 위반하여 보고 또는 자료 제출을 하지 않거나 거짓으로 보고 또는 자료 제출을 한 경우	100	150	200
다. 정당한 사유 없이 법 제10조제1항에 따른 출석을 거부하거나 질문에 대하여 거짓으로 진술한 경우	100	150	200

화재예방법 - 위반행위	과태료 금액(단위: 만원)		
	1차	2차	3차 이상
가. 정당한 사유 없이 법 제17조제1항 각 호의 어느 하나에 해당하는 행위를 한 경우		300	
나. 법 제17조제4항에 따른 불을 사용할 때 지켜야 하는 사항 및 같은 조 제5항에 따른 특수가연물의 저장 및 취급 기준을 위반한 경우		200	
다. 법 제18조제4항에 따른 소방설비등의 설치 명령을 정당한 사유 없이 따르지 않은 경우		200	
라. 법 제24조제2항을 위반하여 소방안전관리자를 겸한 경우		300	
마. 법 제24조제5항에 따른 소방안전관리업무를 하지 않은 경우	100	200	300
바. 법 제26조제1항을 위반하여 기간 내에 선임신고를 하지 않거나 소방안전관리자의 성명 등을 게시하지 않은 경우 1) 지연 신고기간이 1개월 미만인 경우		50	
2) 지연 신고기간이 1개월 이상 3개월 미만인 경우		100	
3) 지연 신고기간이 3개월 이상이거나 신고하지 않은 경우		200	
4) 소방안전관리자의 성명 등을 게시하지 않은 경우	50	100	200

위반행위	1차	2차	3차 이상
사. 법 제27조제2항을 위반하여 소방안전관리업무의 지도·감독을 하지 않은 경우		300	
아. 법 제29조제1항을 위반하여 기간 내에 선임신고를 하지 않은 경우			
1) 지연 신고기간이 1개월 미만인 경우		50	
2) 지연 신고기간이 1개월 이상 3개월 미만인 경우		100	
3) 지연 신고기간이 3개월 이상이거나 신고하지 않은 경우		200	
자. 법 제29조제2항에 따른 건설현장 소방안전관리대상물의 소방안전관리자의 업무를 하지 않은 경우	100	200	300
차. 법 제34조제1항제2호를 위반하여 실무교육을 받지 않은 경우		50	
카. 법 제36조제3항을 위반하여 피난유도 안내정보를 제공하지 않은 경우	100	200	300
타. 법 제37조제1항을 위반하여 소방훈련 및 교육을 하지 않은 경우	100	200	300
파. 법 제37조제2항을 위반하여 기간 내에 소방훈련 및 교육 결과를 제출하지 않은 경우			
1) 지연 제출기간이 1개월 미만인 경우		50	
2) 지연 제출기간이 1개월 이상 3개월 미만인 경우		100	
3) 지연 제출기간이 3개월 이상이거나 제출을 하지 않은 경우		200	
하. 법 제41조제4항을 위반하여 화재예방안전진단 결과를 제출하지 않은 경우			
1) 지연 제출기간이 1개월 미만인 경우		100	
2) 지연 제출기간이 1개월 이상 3개월 미만인 경우		200	
3) 지연 제출기간이 3개월 이상이거나 제출하지 않은 경우		300	

소방시설법 – 위반행위	과태료 금액(단위: 만원)		
	1차	2차	3차 이상
가. 법 제12조제1항을 위반한 경우			
1) 2) 및 3)의 규정을 제외하고 소방시설을 최근 1년 이내에 2회 이상 화재안전기준에 따라 관리하지 않은 경우		100	
2) 소방시설을 다음에 해당하는 고장 상태 등으로 **방치**한 경우		200	
가) 소화펌프를 고장 상태로 방치한 경우			
나) 화재 수신기, 동력·감시 제어반 또는 소방시설용 전원(비상전원을 포함한다)을 차단하거나, 고장난 상태로 방치하거나, 임의로 조작하여 자동으로 작동이 되지 않도록 한 경우			
다) 소방시설이 작동할 때 소화배관을 통하여 소화수가 방수되지 않는 상태 또는 소화약제가 방출되지 않는 상태로 방치한 경우			
3) **소방시설**을 **설치**하지 않은 경우		300	
나. 법 제15조제1항을 위반하여 공사 현장에 **임시소방시설**을 **설치·관리**하지 않은 경우		300	
다. 법 제16조제1항을 위반하여 **피난시설, 방화구획 또는 방화시설**을 **폐쇄·훼손·변경**하는 등의 행위를 한 경우	100	200	300
라. 법 제20조제1항을 위반하여 방염대상물품을 방염성능기준 이상으로 설치하지 않은 경우		200	

마. 법 제22조제1항 전단을 위반하여 점검능력평가를 받지 않고 점검을 한 경우		300	
바. 법 제22조제1항 후단을 위반하여 관계인에게 점검 결과를 제출하지 않은 경우		300	
사. 법 제22조제2항에 따른 점검인력의 배치기준 등 자체점검 시 준수사항을 위반한 경우		300	
아. 법 제23조제3항을 위반하여 점검 결과를 보고하지 않거나 거짓으로 보고한 경우 　1) 지연 보고 기간이 10일 미만인 경우 　2) 지연 보고 기간이 10일 이상 1개월 미만인 경우 　3) 지연 보고 기간이 1개월 이상이거나 보고하지 않은 경우 　4) 점검 결과를 축소·삭제하는 등 거짓으로 보고한 경우		50 100 200 300	
자. 법 제23조제4항을 위반하여 이행계획을 기간 내에 완료하지 않은 경우 또는 이행계획 완료 결과를 보고하지 않거나 거짓으로 보고한 경우 　1) 지연 완료 기간 또는 지연 보고 기간이 10일 미만인 경우 　2) 지연 완료 기간 또는 지연 보고 기간이 10일 이상 1개월 미만인 경우 　3) 지연 완료 기간 또는 지연 보고 기간이 1개월 이상이거나, 완료 또는 보고를 하지 않은 경우 　4) 이행계획 완료 결과를 거짓으로 보고한 경우		50 100 200 300	
차. 법 제24조제1항을 위반하여 점검기록표를 기록하지 않거나 특정소방대상물의 출입자가 쉽게 볼 수 있는 장소에 게시하지 않은 경우	100	200	300
카. 법 제31조 또는 제32조제3항을 위반하여 신고를 하지 않거나 거짓으로 신고한 경우 　1) 지연 신고 기간이 1개월 미만인 경우 　2) 지연 신고 기간이 1개월 이상 3개월 미만인 경우 　3) 지연 신고 기간이 3개월 이상이거나 신고를 하지 않은 경우 　4) 거짓으로 신고한 경우		50 100 200 300	
타. 법 제33조제3항을 위반하여 지위승계, 행정처분 또는 휴업·폐업의 사실을 특정소방대상물의 관계인에게 알리지 않거나 거짓으로 알린 경우		300	
파. 법 제33조제4항을 위반하여 소속 기술인력의 참여 없이 자체점검을 한 경우		300	
하. 법 제34조제2항에 따른 점검실적을 증명하는 서류 등을 거짓으로 제출한 경우		300	
거. 법 제52조제1항에 따른 명령을 위반하여 보고 또는 자료제출을 하지 않거나 거짓으로 보고 또는 자료제출을 한 경우 또는 정당한 사유 없이 관계 공무원의 출입 또는 검사를 거부·방해 또는 기피한 경우	50	100	300

POINT 10 N차 행정처분

1. 일반기준

구분	위반행위	가중/감경사유
소방시설공사업법	최근 1년간	영업정지 등에 해당하는 위반사항으로서 위반행위의 동기·내용·횟수·사유 또는 그 결과를 고려하여 다음 각 목에 해당하는 경우 그 처분을 가중하거나 감경할 수 있다. 이 경우 그 처분이 영업정지일 때에는 그 **처분기준의 2분의 1**의 범위에서 가중하거나 감경할 수 있고, 그 처분이 등록취소(법 제9조제1항제1호, 제3호, 제6호 및 제7호를 위반하여 등록취소¬된 경우는 제외한다)인 경우에는 등록취소 전 차수의 행정처분이 영업정지일 경우 처분기준의 2배 이상의 영업정지처분으로 감경할 수 있다. ① 가중사유 　㉠ 위반행위가 사소한 부주의나 오류가 아닌 고의나 중대한 과실에 의한 것으로 인정되는 경우 　㉡ 위반의 내용·정도가 중대하여 관계인에게 미치는 피해가 크다고 인정되는 경우 ② 감경 사유 　㉠ 위반행위가 고의나 중대한 과실이 아닌 사소한 부주의나 오류로 인한 것으로 인정되는 경우 　㉡ 위반의 내용·정도가 경미하여 관계인에게 미치는 피해가 적다고 인정되는 경우 　㉢ 위반행위자의 위반행위가 처음이며 **5년 이상** 소방시설업을 **모범**적으로 해 온 사실이 인정되는 경우 　㉣ 위반행위자가 그 위반행위로 인하여 검사로부터 기소유예 처분을 받거나 법원으로부터 선고유예 판결을 받은 경우
위험물안전관리법	최근 2년간	처분권자는 다음의 사항을 고려하여 개별기준에 따른 처분을 감경할 수 있다. 이 경우 그 처분이 사용정지 또는 업무정지인 경우에는 그 **처분기준의 2분의 1** 범위에서 처분기간을 감경할 수 있고, 그 처분이 지정취소(제58조제1항제1호부터 제3호까지에 해당하는 경우는 제외한다) 또는 등록취소(법 제16조제5항제1호부터 제3호까지에 해당하는 경우는 제외한¬)인 경우에는 6개월의 업무정지 처분으로 감경할 수 있다. ① 위반행위의 동기·내용·횟수 또는 그 결과 등을 고려할 때 제2호 각 목의 기준을 적용하는 것이 불합리하다고 인정되는 경우 ② 고의 또는 중과실이 없는 위반행위자가 「소상공인기본법」 제2조에 따른 소상공인인 경우로서 해당 행정처분으로 위반행위자가 더 이상 영업을 영위하기 어렵다고 객관적으로 인정되는지 여부, 경제위기 등으로 위반행위자가 속한 시장·산업 여건이 현저하게 변동되거나 지속적으로 악화된 상태인지 여부 등을 종합적으로 고려할 때 행정처분을 감경할 필요가 있다고 인정되는 경우
화재예방법	최근 3년간	**소방안전관리자** 처분권자는 위반행위의 동기·내용·횟수 및 위반 정도 등 다음의 감경 사유에 해당하는 경우 그 **처분기준의 2분의 1**의 범위에서 감경할 수 있다. ① 위반행위가 사소한 부주의나 오류 등으로 인한 것으로 인정되는 경우 ② 위반행위를 바로 정정하거나 시정하여 해소한 경우 ③ 그 밖에 위반행위의 정도, 위반행위의 동기와 그 결과 등을 고려하여 처분을 줄일 필요가 있다고 인정되는 경우 **화재예방안전 진단기관** 처분권자는 위반행위의 동기·내용·횟수 및 위반 정도 등 다음의 감경 사유에 해당하는 경우 그 **처분기준의 2분의 1**의 범위에서 감경할 수 있다. ① 위반행위가 사소한 부주의나 오류로 인한 것으로 인정되는 경우 ② 위반의 내용 및 정도가 경미하여 화재예방안전진단등의 업무를 수행하는데 문제가 발생하지 않는 경우 ③ 그 밖에 위반행위의 정도, 위반행위의 동기와 그 결과 등을 고려하여 감경할 필요가 있다고 인정되는 경우

소방시설법	최근 1년간	처분권자는 위반행위의 동기·내용·횟수 및 위반 정도 등 다음에 해당하는 사유를 고려하여 그 처분을 가중하거나 감경할 수 있다. 이 경우 그 처분이 영업정지 또는 자격정지인 경우에는 그 **처분기준의 2분의 1**의 범위에서 가중하거나 감경할 수 있고, 등록취소 또는 자격취소인 경우에는 등록취소 또는 자격취소 전 차수의 행정처분이 영업정지 또는 자격정지이면 그 처분기준의 2배 이하의 영업정지 또는 자격정지로 감경(법 제28조제1호·제4호·제5호·제7호 및 법 제35조제1항제1호·제4호·제5호를 위반하여 등록취소 또는 자격취소된 경우는 제외한다)할 수 있다. ① 가중 사유 　㉠ 위반행위가 사소한 부주의나 오류가 아닌 고의나 중대한 과실에 의한 것으로 인정되는 경우 　㉡ 위반의 내용·정도가 중대하여 관계인에게 미치는 피해가 크다고 인정되는 경우 ② 감경 사유 　㉠ 위반행위가 사소한 부주의나 오류 등 과실로 인한 것으로 인정되는 경우 　㉡ 위반의 내용·정도가 경미하여 관계인에게 미치는 피해가 적다고 인정되는 경우 　㉢ 위반 행위자가 처음 해당 위반행위를 한 경우로서 5년 이상 소방시설관리사의 업무, 소방시설관리업 등을 모범적으로 해 온 사실이 인정되는 경우 　㉣ 그 밖에 다음의 경미한 위반사항에 해당되는 경우 　　• 스프링클러설비 헤드가 살수반경에 미치지 못하는 경우 　　• 자동화재탐지설비 감지기 2개 이하가 설치되지 않은 경우 　　• 유도등이 일시적으로 점등되지 않는 경우 　　• 유도표지가 정해진 위치에 붙어 있지 않은 경우

2. 개별기준

소방시설공사업법 – 소방시설업 위반사항	행정처분 기준		
	1차	2차	3차
가. 거짓이나 그 밖의 부정한 방법으로 등록한 경우	등록취소		
나. 법 제4조제1항에 따른 등록기준에 미달하게 된 후 30일이 경과한 경우(법 제9조제1항제2호 단서에 해당하는 경우는 제외한다)	경고(시정명령)	영업정지 3개월	등록취소
다. 법 제5조 각 호의 등록 결격사유에 해당하게 된 경우	등록취소		
라. 등록을 한 후 정당한 사유 없이 1년이 지날 때까지 영업을 시작하지 아니하거나 계속하여 1년 이상 휴업한 때	경고(시정명령)	등록취소	
마. 법 제8조제1항을 위반하여 다른 자에게 자기의 성명이나 상호를 사용하여 소방시설공사등을 수급 또는 시공하게 하거나 소방시설업의 등록증 또는 등록수첩을 빌려준 경우	영업정지 6개월	등록취소	
바. 법 제8조제2항을 위반하여 영업정지 기간 중에 소방시설공사등을 한 경우	등록취소		
사. 법 제8조제3항 또는 제4항을 위반하여 통지를 하지 아니하거나 관계서류를 보관하지 아니한 경우	경고(시정명령)	영업정지 1개월	등록취소
아. 법 제11조 또는 제12조제1항을 위반하여 화재안전기준 등에 적합하게 설계·시공을 하지 아니하거나, 법 제16조제1항에 따라 적합하게 감리를 하지 아니한 경우	영업정지 1개월	영업정지 3개월	등록취소
자. 법 제11조, 제12조제1항, 제16조제1항 또는 제20조의2에 따른 소방시설공사등의 업무수행의무 등을 고의 또는 과실로 위반하여 다른 자에게 상해를 입히거나 재산피해를 입힌 경우	영업정지 6개월	등록취소	
차. 법 제12조제2항을 위반하여 소속 소방기술자를 공사현장에 배치하지 아니하거나 거짓으로 한 경우	경고(시정명령)	영업정지 1개월	등록취소
카. 법 제13조 또는 제14조를 위반하여 착공신고(변경신고를 포함한다)를 하지 아니하거나 거짓으로 한 때 또는 완공검사(부분완공검사를 포함한다)를 받지 아니한 경우	경고(시정명령)	영업정지 3개월	등록취소
타. 법 제13조제2항 후단을 위반하여 착공신고사항 중 중요한 사항에 해당하지 아니하는 변경사항을 같은 항 각 호의 어느 하나에 해당하는 서류에 포함하여 보고하지 아니한 경우	경고(시정명령)	영업정지 1개월	등록취소
파. 법 제15조제3항을 위반하여 하자보수 기간 내에 하자보수를 하지 아니하거나 하자보수계획을 통보하지 아니한 경우	경고(시정명령)	영업정지 1개월	등록취소
하. 법 제16조제3항에 따른 감리의 방법을 위반한 경우	경고(시정명령)	영업정지 1개월	등록취소
거. 법 제17조제3항을 위반하여 인수·인계를 거부·방해·기피한 경우	영업정지 1개월	영업정지 3개월	등록취소
너. 법 제18조제1항을 위반하여 소속 감리원을 공사현장에 배치하지 아니하거나 거짓으로 한 경우	영업정지 1개월	영업정지 3개월	등록취소
더. 법 제18조제3항의 감리원 배치기준을 위반한 경우	경고(시정명령)	영업정지 1개월	등록취소
러. 법 제19조제1항에 따른 요구에 따르지 아니한 경우	영업정지 1개월	영업정지 3개월	등록취소
머. 법 제19조제3항을 위반하여 보고하지 아니한 경우	경고(시정명령)	영업정지 1개월	등록취소
버. 법 제20조를 위반하여 감리 결과를 알리지 아니하거나 거짓으로 알린 경우 또는 공사감리 결과보고서를 제출하지 아니하거나 거짓으로 제출한 경우	경고(시정명령)	영업정지 3개월	등록취소
서. 법 제20조의2를 위반하여 방염을 한 경우	영업정지 3개월	영업정지 6개월	등록취소

어. 법 제20조의3제2항에 따른 방염처리능력 평가에 관한 서류를 거짓으로 제출한 경우	영업정지 3개월	영업정지 6개월	등록취소
저. 법 제21조의3제4항을 위반하여 하도급 등에 관한 사항을 관계인과 발주자에게 알리지 아니하거나 거짓으로 알린 경우	경고(시정명령)	영업정지 1개월	등록취소
처. 법 제21조의5제1항 또는 제3항을 위반하여 부정한 청탁을 받고 재물 또는 재산상의 이익을 취득하거나 부정한 청탁을 하면서 재물 또는 재산상의 이익을 제공한 경우			
1) 취득하거나 제공한 재물 또는 재산상 이익의 가액(價額)이 1천만원 이상인 경우	영업정지 3개월	영업정지 6개월	등록취소
2) 취득하거나 제공한 재물 또는 재산상 이익의 가액이 1백만원 이상 1천만원 미만인 경우	영업정지 2개월	영업정지 5개월	등록취소
3) 취득하거나 제공한 재물 또는 재산상 이익의 가액이 1백만원 미만인 경우	영업정지 1개월	영업정지 4개월	등록취소
커. 법 제22조제1항 본문을 위반하여 도급받은 소방시설의 설계, 시공, 감리를 **하도급한 경우**	영업정지 3개월	영업정지 6개월	등록취소
터. 법 제22조제2항을 위반하여 하도급받은 소방시설공사를 다시 하도급한 경우	영업정지 3개월	영업정지 6개월	등록취소
퍼. 법 제22조의2제2항을 위반하여 정당한 사유 없이 하수급인 또는 하도급 계약내용의 변경요구에 따르지 아니한 경우	경고(시정명령)	영업정지 1개월	등록취소
허. 제22조의3을 위반하여 하수급인에게 대금을 지급하지 아니한 경우	영업정지 1개월	영업정지 3개월	등록취소
고. 법 제24조를 위반하여 **시공과 감리**를 함께 한 경우	영업정지 3개월	등록취소	
노. 법 제26조제2항에 따른 **시공능력 평가**에 관한 서류를 **거짓**으로 **제출**한 경우	영업정지 3개월	영업정지 6개월	등록취소
도. 법 제26조의2제1항 후단에 따른 사업수행능력 평가에 관한 서류를 위조하거나 변조하는 등 거짓이나 그 밖의 부정한 방법으로 입찰에 참여한 경우	영업정지 3개월	영업정지 6개월	등록취소
로. 법 제31조에 따른 명령을 위반하여 보고 또는 자료 제출을 하지 아니하거나 거짓으로 보고 또는 자료 제출을 한 경우	영업정지 3개월	영업정지 6개월	등록취소
모. 정당한 사유 없이 법 제31조에 따른 **관계 공무원**의 **출입** 또는 **검사·조사**를 거부·방해 또는 기피한 경우	영업정지 3개월	영업정지 6개월	등록취소

소방시설공사업법 – 소방기술자 위반사항	행정처분기준		
	1차	2차	3차
가. 거짓이나 그 밖의 부정한 방법으로 자격수첩 또는 경력수첩을 발급받은 경우	자격취소		
나. 법 제27조제2항을 위반하여 자격수첩 또는 경력수첩을 다른 자에게 빌려준 경우	자격취소		
다. 법 제27조제3항을 위반하여 동시에 둘 이상의 업체에 취업한 경우	자격정지 1년	자격취소	
라. 법 또는 법에 따른 명령을 위반한 경우			
1) 법 제27조제1항의 업무수행 중 해당 자격과 관련하여 고의 또는 중대한 과실로 다른 자에게 손해를 입히고 형의 선고를 받은 경우	자격취소		
2) 법 제28조제4항에 따라 자격정지처분을 받고도 같은 기간 내에 자격증을 사용한 경우	자격정지 1년	자격정지 2년	자격취소

위험물안전관리법 – 제조소등의 위반사항	행정처분기준		
	1차	2차	3차
가. 법 제6조제1항의 후단에 따른 변경허가를 받지 않고, 제조소등의 위치·구조 또는 설비를 변경한 경우	경고 또는 사용정지 15일	사용정지 60일	허가취소
나. 법 제9조에 따른 완공검사를 받지 않고 제조소등을 사용한 경우	사용정지 15일	사용정지 60일	허가취소
다. 법 제11조의2제3항에 따른 안전조치 이행명령을 따르지 않은 경우	경고	허가취소	–
라. 법 제14조제2항에 따른 수리·개조 또는 이전의 명령을 위반한 경우	사용정지 30일	사용정지 90일	허가취소
마. 법 제15조제1항 및 제2항에 따른 위험물안전관리자를 선임하지 않은 경우	사용정지 15일	사용정지 60일	허가취소
바. 법 제15조제5항을 위반하여 대리자를 지정하지 않은 경우	사용정지 10일	사용정지 30일	허가취소
사. 법 제18조제1항에 따른 정기점검을 하지 않은 경우	사용정지 10일	사용정지 30일	허가취소
아. 법 제18조제3항에 따른 정기검사를 받지 않은 경우	사용정지 10일	사용정지 30일	허가취소
자. 법 제26조에 따른 저장·취급기준 준수명령을 위반한 경우	사용정지 30일	사용정지 60일	허가취소

위험물안전관리법 – 안전관리대행기관의 위반사항	행정처분기준		
	1차	2차	3차
가. 허위 그 밖의 부정한 방법으로 등록을 한 때	지정취소		
나. 탱크시험자의 등록 또는 다른 법령에 의한 안전관리업무대행기관의 지정·승인 등이 취소된 때	지정취소		
다. 다른 사람에게 지정서를 대여한 때	지정취소		

	1차	2차	3차 이상
라. 별표 22의 규정에 의한 안전관리대행기관의 지정기준에 미달되는 때	업무정지 30일	업무정지 60일	지정취소
마. 제57조제4항의 규정에 의한 소방청장의 지도·감독에 정당한 이유없이 따르지 아니한 때	업무정지 30일	업무정지 60일	지정취소
바. 제57조제5항에 따른 변경 신고를 연간 2회 이상 하지 아니한 때	경고 또는 업무정지 30일	업무정지 90일	지정취소
사. 제57조제6항에 따른 휴업 또는 재개업 신고를 연간 2회 이상 하지 아니한 때	경고 또는 업무정지 30일	업무정지 90일	지정취소
아. 안전관리대행기관의 기술인력이 제59조의 규정에 의한 안전관리업무를 성실하게 수행하지 아니한 때	경고	업무정지 90일	지정취소

화재예방법 – 소방안전관리자의 위반사항	행정처분기준		
	1차	2차	3차 이상
가. 거짓이나 그 밖의 부정한 방법으로 소방안전관리자 자격증을 발급받은 경우	자격취소		
나. 법 제24조제5항에 따른 소방안전관리업무를 게을리한 경우	경고 (시정명령)	자격정지(3개월)	자격정지 (6개월)
다. 법 제30조제4항을 위반하여 소방안전관리자 자격증을 다른 사람에게 빌려준 경우	자격취소		
라. 제34조에 따른 실무교육을 받지 않는 경우	경고 (시정명령)	자격정지(3개월)	자격정지 (6개월)

화재예방법 – 화재예방안전진단기관의 위반사항	처분기준		
	1차	2차	3차 이상
가. 거짓이나 그 밖의 부정한 방법으로 안전진단기관으로 지정을 받은 경우	지정취소		
나. 법 제41조제4항에 따른 화재예방안전진단 결과를 소방본부장 또는 소방서장, 관계인에게 제출하지 않은 경우	경고(시정명령)	업무정지 3개월	업무정지 6개월
다. 법 제42조제1항에 따른 지정기준에 미달하게 된 경우	업무정지 3개월	업무정지 6개월	지정취소
라. 업무정지기간에 화재예방안전진단 업무를 한 경우	지정취소		

소방시설법 – 소방시설관리사의 위반사항	행정처분기준		
	1차	2차	3차 이상
가. 거짓이나 그 밖의 부정한 방법으로 시험에 합격한 경우	자격취소		
나. 「화재의 예방 및 안전관리에 관한 법률」 제25조제2항에 따른 대행인력의 배치기준·자격·방법 등 준수사항을 지키지 않은 경우	경고(시정명령)	자격정지 6개월	자격취소

다. 법 제22조에 따른 점검을 하지 않거나 거짓으로 한 경우			
1) 점검을 하지 않은 경우	자격정지 1개월	자격정지 6개월	자격취소
2) 거짓으로 점검한 경우	경고(시정명령)	자격정지 6개월	자격취소
라. 법 제25조제7항을 위반하여 소방시설관리사증을 다른 사람에게 빌려준 경우	자격취소		
마. 법 제25조제8항을 위반하여 동시에 둘 이상의 업체에 취업한 경우	자격취소		
바. 법 제25조제9항을 위반하여 성실하게 자체점검 업무를 수행하지 않은 경우	경고(시정명령)	자격정지 6개월	자격취소
사. 법 제27조 각 호의 어느 하나의 결격사유에 해당하게 된 경우	자격취소		

소방시설법 – 소방시설관리업	행정처분기준		
	1차	2차	3차 이상
가. 거짓이나 그 밖의 부정한 방법으로 등록을 한 경우	등록취소		
나. 법 제22조에 따른 점검을 하지 않거나 거짓으로 한 경우			
1) 점검을 하지 않은 경우	영업정지 1개월	영업정지 3개월	등록취소
2) 거짓으로 점검한 경우	경고(시정명령)	영업정지 3개월	등록취소
다. 법 제29조제2항에 따른 등록기준에 미달하게 된 경우. 다만, 기술인력이 퇴직하거나 해임되어 30일 이내에 재선임하여 신고한 경우는 제외한다.	경고(시정명령)	영업정지 3개월	등록취소
라. 법 제30조 각 호의 어느 하나의 등록의 결격사유에 해당하게 된 경우. 다만, 제30조제5호에 해당하는 법인으로서 결격사유에 해당하게 된 날부터 2개월 이내에 그 임원을 결격사유가 없는 임원으로 바꾸어 선임한 경우는 제외한다.	등록취소		
마. 법 제33조제2항을 위반하여 등록증 또는 등록수첩을 빌려준 경우	등록취소		
바. 법 제34조제1항에 따른 점검능력 평가를 받지 않고 자체점검을 한 경우	영업정지 1개월	영업정지 3개월	등록취소

POINT 11 연기/면제신청

구분	절차(행정안전부령)		대통령령으로 정하는 사유
화재안전조사 (화재예방법)	통지를 받은 관계인 ↔ 소방관서장		① 「재난 및 안전관리 기본법」에 해당하는 재난이 발생한 경우 ② 관계인의 질병, 사고, 장기출장의 경우 ③ 권한 있는 기관에 자체점검기록부, 교육·훈련일지 등 화재안전조사에 필요한 장부·서류 등이 압수되거나 영치되어 있는 경우 ④ 소방대상물의 증축·용도변경 또는 대수선 등의 공사로 화재안전조사를 실시하기 어려운 경우 💣 재질 + 공권
	연기신청	3일 전	
	결과통보	3일 이내	
조치명령등 (화재예방법)	관계인 ↔ 소방관서장		① 「재난 및 안전관리 기본법」에 해당하는 재난이 발생한 경우 ② 경매 등의 사유로 소유권이 변동 중이거나 변동된 경우 ③ 관계인의 질병, 사고, 장기출장의 경우 ④ 시장·상가·복합건축물 등 소방대상물의 관계인이 여러 명으로 구성되어 조치명령등의 이행에 대한 의견을 조정하기 어려운 경우 ⑤ 그 밖에 관계인이 운영하는 사업에 부도 또는 도산 등 중대한 위기가 발생하여 조치명령등을 그 기간 내에 이행할 수 없는 경우 💣 재질 + 여러 경매중
	연기신청	–	
	결과통보	3일 이내	
자체점검 (소방시설법)	관계인 ↔ 소방본·서장		① 「재난 및 안전관리 기본법」에 해당하는 재난이 발생한 경우 (면제신청가능) ② 경매 등의 사유로 소유권이 변동 중이거나 변동된 경우 ③ 관계인의 질병, 사고, 장기출장의 경우 ④ 그 밖에 관계인이 운영하는 사업에 부도 또는 도산 등 중대한 위기가 발생하여 자체점검을 실시하기 곤란한 경우 💣 재질 + 경매중
	면제/연기신청	3일 전	
	결과통보	3일 이내	
자체점검결과 이행계획 (소방시설법)	관계인 ↔ 소방본·서장		① 「재난 및 안전관리 기본법」에 해당하는 재난이 발생한 경우 ② 경매 등의 사유로 소유권이 변동 중이거나 변동된 경우 ③ 관계인의 질병, 사고, 장기출장 등의 경우 ④ 그 밖에 관계인이 운영하는 사업에 부도 또는 도산 등 중대한 위기가 발생하여 이행계획을 완료하기 곤란한 경우 💣 재질 + 경매중
	연기신청	3일 전	
	결과통보	3일 이내	
조치명령등 (소방시설법)	관계인 ↔ 소방관서장		① 「재난 및 안전관리 기본법」에 해당하는 재난이 발생한 경우 ② 경매 등의 사유로 소유권이 변동 중이거나 변동된 경우 ③ 관계인의 질병, 사고, 장기출장의 경우 ④ 시장·상가·복합건축물 등 소방대상물의 관계인이 여러 명으로 구성되어 조치명령등의 이행에 대한 의견을 조정하기 어려운 경우 ⑤ 그 밖에 관계인이 운영하는 사업에 부도 또는 도산 등 중대한 위기가 발생하여 조치명령등을 그 기간 내에 이행할 수 없는 경우 💣 재질 + 여러 경매중
	연기신청	5일 전	
	결과통보	3일 이내	

POINT 12 서류의 보관기간, 보완기한/교육의 시간, 주기

구분	내용	구분	내용
데이터의 보관기간	① 소방청장, 소방본부장 및 소방서장은 소방자동차 운행기록장치에 기록된 데이터(운행기록장치 데이터)를 6개월 동안 저장·관리해야 한다(소방기본법).	교육의 주기	① 3년마다 1회: 위험물운송자, 위험물운반자에 대한 교육 ② 2년마다 1회: 개인에 대한 교육 대부분 ③ 연 1회 이상: 다수에 대한 교육 대부분
서류의 보관기간	① 30년: 구조안전점검 + 연장신청 ○(위험물안전관리법) ② 25년: 구조안전점검 + 연장신청 ×(위험물안전관리법) ③ 10년: 한국소방산업기술원 완공검사 위탁(위험물안전관리법) ④ 3년 – 정기점검(위험물안전관리법) – 소방체험관(소방기본법) – 소방안전교육훈련시설(소방기본법) – 소방지원활동등 기록(소방기본법) ⑤ 2년: 기타 대부분	최초교육	① 1년 이내: 화재조사 전담부서에 배치된 화재조사관(화재조사법) ② 3개월 이내 – 업무대행 감독 소방안전관리자(화재예방법) – 소방안전관리보조자, 경력 + 2년↑(화재예방법) ③ 6개월 이내: 기타 대부분
서류의 보완기한	① 4일: 건축허가등의 동의(소방시설법) ② 7일: 성능위주설계의 절차(소방시설법) ③ 10일 – 소방시설업 등록절차(소방시설공사업법) – 소방시설관리업 등록절차(소방시설법) – 화재감정기관 지정절차(화재조사법) ④ 15일 – 점검능력평가(소방시설법) – 시공능력평가(소방시설공사업법) – 방염처리능력평가(소방시설공사업법) – 소방기술자 실무교육기관(소방시설공사업법)	교육의 시간	(아래 표 참조)

① 강습교육(위험물안전관리법)

구분	안전관리자	위험물운송자	위험물운반자
교육시간	24시간	16시간	8시간

② 실무교육(위험물안전관리법)

구분	안전관리자, 위험물운송자, 탱크시험자의 기술인력	위험물운반자
교육시간	8시간 이내	4시간

③ 강습교육(화재예방법)

구분	특급	1급	2급, 공공기관	3급, 건설현장	업무대행
교육시간	160시간	80시간	40시간	24시간	16시간

④ 실무교육(화재예방법)

구분	소방안전관리자	소방안전관리보조자
교육시간	8시간 이내	4시간

POINT 13 시스템, 정보망

구분	시스템, 정보망	권한자	내용
소방기본법	소방자동차 교통안전 분석 시스템	소방청장	소방청장은 소방자동차의 안전한 운행 및 교통사고 예방을 위하여 운행기록장치 데이터의 수집·저장·통합·분석 등의 업무를 전자적으로 처리하기 위한 시스템을 구축·운영할 수 있다.
	소방정보통신망	소방청장, 시·도지사	소방청장 및 시·도지사는 119종합상황실 등의 효율적 운영을 위하여 소방정보통신망을 구축·운영할 수 있다.
소방시설공사업법	소방시설업 종합정보시스템	소방청장	소방청장은 소방시설업자의 자본금·기술인력 보유 현황, 소방시설공사등 수행상황, 행정처분 사항 등 소방시설업자에 관한 정보, 소방시설공사등의 착공 및 완공에 관한 사항, 소방기술자 및 감리원의 배치 현황 등 소방시설공사등과 관련된 정보를 종합적이고 체계적으로 관리·제공하기 위하여 소방시설업 종합정보시스템을 구축·운영할 수 있다.
화재조사법	국가화재정보시스템	소방청장	소방청장은 화재조사 결과, 화재원인, 피해상황 등에 관한 화재정보를 종합적으로 수집·관리하여 화재예방과 소방활동에 활용할 수 있는 국가화재정보시스템을 구축·운영하여야 한다.
화재예방법	전산시스템	소방청장	소방청장은 통계를 체계적으로 작성·관리하고 분석하기 위하여 전산시스템을 구축·운영할 수 있다.
	전산시스템	소방청장	소방청장은 화재안전조사 결과를 체계적으로 관리하고 활용하기 위하여 전산시스템을 구축·운영하여야 한다.
	종합정보망	소방청장	소방청장은 소방안전관리자 및 소방안전관리보조자에 대한 소방안전관리자 및 소방안전관리보조자의 선임신고 현황 등의 정보를 효율적으로 관리하기 위하여 종합정보망을 구축·운영할 수 있다.
소방시설법	소방시설정보관리시스템	소방청장, 소방본부장, 소방서장	소방청장, 소방본부장 또는 소방서장은 소방시설의 작동정보 등을 실시간으로 수집·분석할 수 있는 시스템을 구축·운영할 수 있다.
	전산시스템		소방청장, 소방본부장 또는 소방서장은 특정소방대상물의 체계적인 안전관리를 위하여 건축허가등의 동의에 따라 제출받은 설계도면의 관리 및 활용 등의 정보가 포함된 전산시스템을 구축·운영하여야 한다.

구분	경력	내용	직급	내용
소방공무원	1년	• 3급 소방안전관리자 • 성능위주설계평가단	소방위	• 소방안전교육사 응시자격심사위원 및 시험위원 • 소방시설관리사 시험위원 • 소방안전관리자 시험위원
	3년	• 2급 소방안전관리자 • 보조기술인력 • 초급 소방공사감리원, 초급점검자 • 소방안전교육훈련시설의 보조강사 • 소방안전교육사 시험응시자격	소방경, 소방위 + 기사	• 소방기술자 실무교육기관
	5년	• 소방안전관리자 강습교육 및 실무교육 강사 • 소방체험관 교수 • 소방안전교육훈련시설의 강사 • 소방시설관리사 시험응시자격	소방위, 경, 령, 정	• 현장지휘훈련
	7년	• 1급 소방안전관리자	소방준감	• 화재안전영향평가심의회의 위원
	10년	• 특급 소방안전관리자시험의 응시자격		
	20년	• 특급 소방안전관리자	과장급 직위 ↑	• 중앙소방기술심의위원의 위원, 화재안전조사위원회의 위원

POINT 15 소방시설업 vs. 소방시설관리업의 등록절차

1. 등록기준: 대통령령

구분	소방시설업					소방시설관리업			
	소방시설업	기술인력 및 자본금			영업범위	관리업	기술인력		영업범위
기준	소방시설 설계업	전문	주	기술사 1명 ↑	ALL	전문	주된	소방시설관리사 5년↑ 1명↑ 소방시설관리사 3년↑ 1명↑	모든
			보조	1명 ↑			보조	그급 & 중급 & 초급 점검자 각 2명↑	
		일반	주	기술사 OR 기사 1명 ↑	아제는 위험한 연장을 장만해!	일반	주된	소방시설관리사 1년↑ 1명↑	1급, 2급, 3급
			보조	1명 ↑			보조	중급 & 초급 점검자 각 1명↑	
	소방시설 공사업	전문	주	기술사 OR 기사 1명 ↑	ALL				
			보조	2명 ↑					
			자본금	1억원 ↑					
		일반	주	기술사 OR 기사 1명 ↑	연 1만↓ 위험물제조소등				
			보조	1명 ↑					
			자본금	1억원 ↑					
	소방공사 감리업	전문	기술사 1명 ↑ 특급, 고급, 중급, 초급 각 분야별 1명 ↑		ALL				
		일반	특급 1명 ↑ 고급 OR 중급 1명 ↑ 초급 1명 ↑		아제는 위험한 연장을 장만해!				
	방염처리업	합합섬!							

2. 등록절차: 행정안전부령

구분	소방시설업 [소방시설공사업법]	소방시설관리업 [소방시설법]

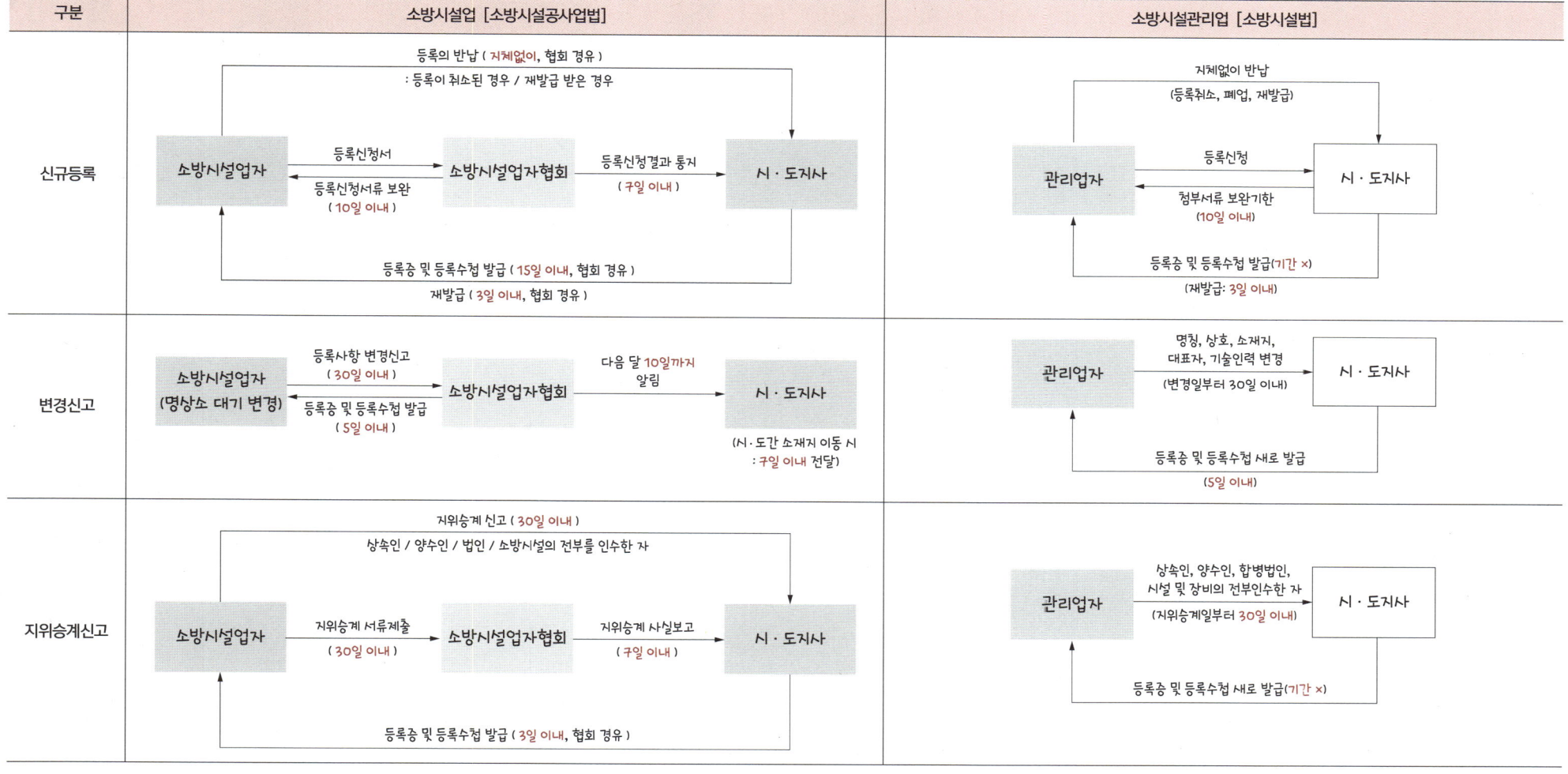

신규등록

등록의 반납 (지체없이, 협회 경유)
: 등록이 취소된 경우 / 재발급 받은 경우

소방시설업자 — 등록신청서 → 소방시설업자협회 — 등록신청결과 통지 (7일 이내) → 시·도지사
← 등록신청서류 보완 (10일 이내)

등록증 및 등록수첩 발급 (15일 이내, 협회 경유)
재발급 (3일 이내, 협회 경유)

지체없이 반납 (등록취소, 폐업, 재발급)

관리업자 — 등록신청 → 시·도지사
← 첨부서류 보완기한 (10일 이내)

등록증 및 등록수첩 발급(기간 ×)
(재발급: 3일 이내)

변경신고

소방시설업자 (명상소 대기 변경) — 등록사항 변경신고 (30일 이내) → 소방시설업자협회 — 다음 달 10일까지 알림 → 시·도지사
← 등록증 및 등록수첩 발급 (5일 이내)

(시·도간 소재지 이동 시 : 7일 이내 전달)

관리업자 — 명칭, 상호, 소재지, 대표자, 기술인력 변경 (변경일부터 30일 이내) → 시·도지사
← 등록증 및 등록수첩 새로 발급 (5일 이내)

지위승계신고

지위승계 신고 (30일 이내)
상속인 / 양수인 / 법인 / 소방시설의 전부를 인수한 자

소방시설업자 — 지위승계 서류제출 (30일 이내) → 소방시설업자협회 — 지위승계 사실보고 (7일 이내) → 시·도지사
← 등록증 및 등록수첩 발급 (3일 이내, 협회 경유)

관리업자 — 상속인, 양수인, 합병법인, 시설 및 장비의 전부인수한 자 (지위승계일부터 30일 이내) → 시·도지사
← 등록증 및 등록수첩 새로 발급(기간 ×)

MEMO